拜德雅
Paideia
人文丛书

U0165033

艺 文 志

我们从未现代过

对称性人类学论集

[法]布鲁诺·拉图尔(Bruno Latour) | 著

刘 鹏 安涅思 | 译

上海文艺出版社
Shanghai Literature & Art Publishing House

献给查理斯（Charis）和艾德里安（Adrian）。

目 录

重拾拜德雅之学

1

中国古代，士之教育的主要内容是德与雅。《礼记》云：
"乐正崇四术，立四教，顺先王《诗》《书》《礼》《乐》
以造士。春秋教以《礼》《乐》，冬夏教以《诗》《书》。"
这些便是针对士之潜在人选所开展的文化、政治教育的内
容，其目的在于使之在品质、学识、洞见、政论上均能符
合士的标准，以成为真正有德的博雅之士。

实际上，不仅是中国，古希腊也存在着类似的德雅兼
蓄之学，即 paideia（παιδεία）。paideia 是古希腊城邦用于
教化和培育城邦公民的教学内容，亦即古希腊学园中所传
授的治理城邦的学问。古希腊的学园多招收贵族子弟，他
们所维护的也是城邦贵族统治的秩序。在古希腊学园中，

一般教授修辞学、语法学、音乐、诗歌、哲学，当然也会讲授今天被视为自然科学的某些学问，如算术和医学。不过在古希腊，这些学科之间的区分没有那么明显，更不会存在今天的文理之分。相反，这些在学园里被讲授的学问被统一称为 paideia。经过 paideia 之学的培育，这些贵族身份的公民会变得"καλὸς κἀγαθός"（雅而有德），这个古希腊语单词形容理想的人的行为，而古希腊历史学家希罗多德（Ἡρόδοτος）常在他的《历史》中用这个词来描绘古典时代的英雄形象。

在古希腊，对 paideia 之学呼声最高的，莫过于智者学派的演说家和教育家伊索克拉底（Ἰσοκράτης），他大力主张对全体城邦公民开展 paideia 的教育。在伊索克拉底看来，paideia 已然不再是某个特权阶层让其后嗣垄断统治权力的教育，相反，真正的 paideia 教育在于给人们以心灵的启迪，开启人们的心智，与此同时，paideia 教育也让雅典人真正具有了人的美德。在伊索克拉底那里，paideia 赋予了雅典公民淳美的品德、高雅的性情，这正是雅典公民获得独一无二的人之美德的唯一途径。在这个意义上，paideia 之学，经过伊索克拉底的改造，成为一种让人成长的学问，让人从 paideia 之中寻找到属于人的德性和智慧。或许，这就是

中世纪基督教教育中，及文艺复兴时期，paideia 被等同于
人文学的原因。

2

在《词与物》最后，福柯提出了一个"人文科学"
的问题。福柯认为，人文科学是一门关于人的科学，而这
门科学，绝不是像某些生物学家和进化论者所认为的那样，
从简单的生物学范畴来思考人的存在。相反，福柯认为，
人是"这样一个生物，即他从他所完全属于的并且他的整
个存在据以被贯穿的生命内部构成了他赖以生活的种种表
象，并且在这些表象的基础上，他拥有了能去恰好表象生
命这个奇特力量"[1]。尽管福柯这段话十分绕口，但他的意
思是很明确的，人在这个世界上的存在是一个相当复杂的
现象，它所涉及的是我们在这个世界上的方方面面，包括
哲学、语言、诗歌等。这样，人文科学绝不是从某个孤立
的角度（如单独从哲学的角度，单独从文学的角度，单独

---

[1] 米歇尔·福柯，《词与物》，莫伟民译，上海：上海三联书店，2001 年，第 459–
460 页。

从艺术的角度）去审视我们作为人在这个世界上的存在，相反，它有助于我们思考自己在面对这个世界的综合复杂性时的构成性存在。

其实早在福柯之前，德国古典学家魏尔纳·贾格尔（Werner Jaeger）就将 paideia 看成是一个超越所有学科之上的人文学总体之学。正如贾格尔所说，"paideia，不仅仅是一个符号名称，更是代表着这个词所展现出来的历史主题。事实上，和其他非常广泛的概念一样，这个主题非常难以界定，它拒绝被限定在一个抽象的表达之下。唯有当我们阅读其历史，并跟随其脚步孜孜不倦地观察它如何实现自身，我们才能理解这个词的完整内容和含义。……我们很难避免用诸如文明、文化、传统、文学或教育之类的词汇来表达它。但这些词没有一个可以覆盖 paideia 这个词在古希腊时期的意义。上述那些词都只涉及 paideia 的某个侧面：除非把那些表达综合在一起，我们才能看到这个古希腊概念的范阈"[1]。贾格尔强调的正是后来福柯所主张的"人文科学"所涉及的内涵，也就是说，paideia 代表着一种先于现代人文科学分科之前的总体性对人文科学的综

---

[1] Werner Jaeger, *Paideia: The Ideals of Greek Culture. Vol. 1*, Oxford：Blackwell, 1946, p. i.

合性探讨研究，它所涉及的，就是人之所以为人的诸多方面的总和，那些使人具有人之心智、人之德性、人之美感的全部领域的汇集。这也正是福柯所说的人文科学就是人的实证性（positivité）之所是，在这个意义上，福柯与贾格尔对 paideia 的界定是高度统一的，他们共同关心的是，究竟是什么，让我们在这个大地上具有了诸如此类的人的秉性，又是什么塑造了全体人类的秉性。paideia，一门综合性的人文科学，正如伊索克拉底所说的那样，一方面给予我们智慧的启迪；另一方面又赋予我们人之所以为人的生命形式。对这门科学的探索，必然同时涉及两个不同侧面：一方面是对经典的探索，寻求那些已经被确认为人的秉性的美德，在这个基础上，去探索人之所以为人的种种学问；另一方面，也更为重要的是，我们需要依循着福柯的足迹，在探索了我们在这个世界上的生命形式之后，最终还要对这种作为实质性的生命形式进行反思、批判和超越，即让我们的生命在其形式的极限处颤动。

这样，paideia 同时包括的两个侧面，也意味着人们对自己的生命和存在进行探索的两个方向：一方面它有着古典学的厚重，代表着人文科学悠久历史发展中形成的良好传统，孜孜不倦地寻找人生的真谛；另一方面，也代表着人文科学努力在生命的边缘处，寻找向着生命形式的外部空间拓展，以延伸我们内在生命的可能。

3

这就是我们出版这套丛书的初衷。不过，我们并没有将 paideia 一词直接翻译为常用译法"人文学"，因为这个"人文学"在中文语境中使用起来，会偏离这个词原本的特有含义，所以，我们将 paideia 音译为"拜德雅"。此译首先是在发音上十分近似于其古希腊词汇，更重要的是，这门学问诞生之初，便是德雅兼蓄之学。和我们中国古代德雅之学强调"六艺"一样，古希腊的拜德雅之学也有相对固定的分目，或称为"八艺"，即体操、语法、修辞、音乐、数学、地理、自然史与哲学。这八门学科，体现出拜德雅之学从来就不是孤立地在某一个门类下的专门之学，而是统摄了古代的科学、哲学、艺术、语言学甚至体育等门类的综合性之学，其中既强调了亚里士多德所谓勇敢、节制、正义、智慧这四种美德（ἀρετή），也追求诸如音乐之类的雅学。同时，在古希腊人看来，"雅而有德"

是一个崇高的理想。我们的教育，我们的人文学，最终是要面向一个高雅而有德的品质，因而我们在音译中选用了"拜"这个字。这样，"拜德雅"既从音译上翻译了这个古希腊词汇，也很好地从意译上表达了它的含义，避免了单纯叫作"人文学"所可能引生的不必要的歧义。本丛书的 logo，由黑白八点构成，以玄为德，以白为雅，黑白双色正好体现德雅兼蓄之意。同时，这八个点既对应于拜德雅之学的"八艺"，也对应于柏拉图在《蒂迈欧篇》中谈到的正六面体（五种柏拉图体之一）的八个顶点。它既是智慧美德的象征，也体现了审美的典雅。

不过，对于今天的我们来说，更重要的是，跟随福柯的脚步，向着一种新型的人文科学，即一种新的拜德雅前进。在我们的系列中，既包括那些作为人类思想精华的**经典作品**，也包括那些试图冲破人文学既有之藩篱，去探寻我们生命形式的可能性的**前沿著作**。

既然是新人文科学，既然是新拜德雅之学，那么现代人文科学分科的体系在我们的系列中或许就显得不那么重要了。这个拜德雅系列，已经将历史学、艺术学、文学或诗学、哲学、政治学、法学，乃至社会学、经济学等多门学科涵括在内，其中的作品，或许就是各个学科共同的精神财富。对这样一些作品的译介，正是要达到这样一个目的：在一个大的人文学的背景下，在一个大的拜德雅之下，来自不同学科的我们，可以在同样的文字中，去呼吸这些伟大著作为我们带来的新鲜空气。

从科学的世界步入研究的世界

在过去的一个半世纪里，科学与社会的关系发生了很大的变化。若要清晰地表述这种变化，我发现最合适的一句话就是，我们已经从科学（Science）转向了研究（Research）。科学意味着确定性；而研究则充满了不确定性。科学是冷冰冰的、直线型的、中立的；研究则是热烈的、复杂的，并且充满冒险。科学意欲终结人们反复无常的争论；研究则只能为争论平添更多的争论。科学总是试图尽可能地摆脱意识形态、激情和情感的桎梏，从而产生出客观性；研究则以此为平台，以便能使其考察对象通行于世。

不幸的是，目前所有的仅仅是科学哲学，而没有研究哲学（Philosophy of Research）。在公众的心灵之中，存在着诸多的表述、陈词滥调，他们将之视为理解科学及其神话的途径，然而，人们却并未付出努力从而使研究成为常识的一部分。如果人们在 150 年前所创立的那个学会[1]是为了促进科学发展的话，那么也十分有必要来考察一下研究促进会（an Association for the Advancement of Research）将是何等模样，它又将导致社会在本质上发生何等变化。

我们绝不可以将科学和社会先行分割而后定义之，它们依赖于同样的基础：它们就像是由同样的"制度"[2]所界定的两个力量分支一样。如果你对此种"力量分割"做出改变，那么你必须立刻改变你对科学之所是以及社会之所能为的观点。

或许，这是自科学产生以来，所出现的最大变化。在与文化的其他部分发生关系的方式上，科学和研究有着完全不同的表现。在第一种模型中，社会就像是桃子那柔软的果肉，而科学则是其坚硬的果核。科学为社会所包围，社会在本质上也异于科学方法之内在的运行方式：社会可

1　拉图尔在此指的是成立于 1848 年的美国科学促进会。——译者注

2　Latour, Bruno (1993), *We Have Never Been Modern*, Cambridge, Mass: Harvard University Press.

以拒绝或者接受科学的成果，也可以对其实践结果表现敌意抑或是友善之情，但是，一方面是科学结构的硬核，另一方面却是其语境（对一种自治的科学而言，它所能做的也只是减缓或者加快其发展速度），这两者之间并无直接联系。一句陈词滥调道破所有天机：在此处的宫殿之中，伽利略在安置自由落体的命运，而在彼处的宫殿里，王子、红衣主教和哲学家们则在讨论人类灵魂的宿命。

科学扩散其结果、道德规范、方法的唯一方式，就是通过教育从而使自己在普通大众中得到普及。在当时，由于年轻的美国对科学并不友好，因此，人们在第一时间创立了这一伟大的学会。时至今日，要在研究与我们犹犹豫豫所称谓的"社会"之间确立联系，将是一件完全不同的事情。

要说明这一点，一个例子就已足够。1997 年 12 月初，由法国肌肉萎缩治疗协会（the French Association for the Treatment of Muscular Distrophy，AFM）召集的一个病人群体，通过电视活动（一个冗长的慈善节目）为其慈善事业募集到 8000 万美元的慈善基金。这种能够导致肌肉障碍的疾病，其病因在基因，因此，到目前为止，该协会在分子生物学领域投入了大量的资金。然而，令众多法国科学团体大跌眼镜的是，这一慈善基金对人类基因组这一基础研究的资助一度超过了法国政府的投入。在这一基金的资助下，科学家们发展出某些原创性的方法来描绘染色体的图谱，而且他们进展得如此之快、如此之深入，因此，他们在《自然》杂志上发表了染色体的第一组图谱——他们自诩该成果甚至令美国人都大吃一惊！[1][2] 接着，在完成了这些工作之后，他们解散了自己所建立的用以描绘染色体图谱的实验室，从而倾其全力投入对基因治疗的探索，即便这是一条漫漫无期的冒险之路。

法国肌肉萎缩治疗协会所在的那栋建筑物（位于巴黎南部的宜维［Ivry］）的自身结构，就表明了将科学与外在社会相隔离这一隐喻的局限：第一层是病区，有坐着轮椅的病人；第二层是实验室；第三层是管理部门；到处都是下一期募捐节目的海报和来访的捐赠者。科学在何处？社会又在何处？现在，它们被纠缠到一起，永远都难以再

1　Weissenbach, Jean, et al. (1992), "Asecond-generation linkage map of the human genome", *Nature 359*.

2　Cohen, D. and I. Chumakov, J. Weissenbach (1993), "A first-generation physical map of the human genome", *Nature 366*.

分开。太超乎寻常了，病人们竟然利用基因决定论（在很多领域，这都被作为增强自然之决定论意味的一种方法）作为获得额外自由的工具。

正如最近某些迹象表明的，在很多其他的疾病领域[1]，诸多的决定都是由病人、病人的家庭及其代表共同做出的，他们与某些具有新定位的科学共同体保持了紧密的联系：现在，病人们制定了他们自己的科学政策，仿佛这已成为例行公事。在这些例子中，社会的角色已经全然不同于其在传统模型中的模样。病人们不再苦等着科学一点一点地进入其日常生活，这种苦等意味着，对于疾病治疗方向的科学进步，他们除了接受与拒绝外，别无选择。他们不再企盼着基因、病毒或者疫苗能够将他们的主观苦楚转变为客观决定。他们根据自身之需，接管了疾病的确诊工作以及科学政策的调整工作；他们绝对不会再指望科学能够提供确定性，他们接受了自己所必须共同承担的研究风险。毫无疑问，"病人"一词从未包含如此多的行动和如此少的忍耐！

如何才能最好地表达出研究与社会之间的这一新政

---

1 Epstein, Steven (1996), *Impure Science. Aids, Activism and the Politics of Knowledge*, Berkeley: University of California Press.

呢？在我看来，"集体实验"的观念至少可以帮助我们理解其当下的精神实质。[1]

美国科学促进会创立之初，在科学家——当时这还是个新词——的心目中，科学应该一点一点地解决大多数的社会弊病。因此，人们也就认为科学可以消灭贫穷、迷信以及人类的其他蠢行。至少可以说，科学越是进步，人类的生活也就越好。对现代性的渴望——凭借着这种渴望，人们狂热地献身于科学事业——便可归因于这种绝对的确定性：存在一个时间箭矢，它非常清晰地将人类黑暗的过去（在此处，激情和客观性混杂而居）与一个更加光明的未来（在彼处，人性不会再将事实与价值、客观性与主观性混淆起来）区分开来。对永无止境的现代化（就像是一种永无止境的神话一样）的坚信，成为大多数科学家惊人力量的源泉，而且，这种现代化能够将人类陈腐的过去与开化的未来截然分开。

试图缩小荣耀的先辈与我辈之间的距离是毫无用处的。在一个半世纪之后，世易而时移！谁还会再相信对科学的

1　Callon, Michel (1994), "Is Science a Public Good. Fifth Mullins Lecture, Virginia Polytechnic Institute, 23 March 1993", *Science, Technology and Human Value* 19(4): 395-424.

这样一种纯粹的召唤——而且，就此而言，永无止境的前沿又在哪里？可以肯定的是，社会的科学化已经产生出诸多美妙的废墟，但这绝不是一个更好的社会。

不过，我们必须小心谨慎，以免曲解在期望与现实之间那不断扩大的裂缝。很多人都说，科学的美梦已经破碎了，现代化已是油尽灯枯，原先所认定的良善之所现在则充满弊诟，时间的箭矢也绝不再指向进步性：面向下一个世纪的，与其说是一条康庄大道，倒不如说是一盘意大利面。甚至可以说，科学"没有未来"。科学应该被暴露于阳光之下、应该被彻底地揭露无遗，就如同被人类历史上这一最强的腐蚀剂所摧毁的一切幻想一样。上帝死后，人类开始从理性起飞。

对于这一巨变，我的解释是截然不同的，因为我从我们在那一卑微的"科学论"领域里所做的田野工作中得到了些许启发。科学或许已经死了，但是研究却将永存！我相信，仍然存在着一个"时间的箭矢"，但是，它以一种新的方式区分了过去与将来。在过去，物与人纠缠在一起；在将来，它们将以一种无以复加的方式更加纠缠在一起！

举例来说，没有人会相信生态学争论会渐行渐止，直到不再有人关心环境的程度。[1]与科学家和政治家一样，实践者亦不指望科学来简化其生活的网络——相反，他们倒希望研究能够增加在其集体生活中必须面对的实体的数量。

正是在这一关键时刻，"集体实验"的观念体现出它全部的分量。多年以来，欧洲人的生活与一种所谓的"疯牛病"交织在一起。对于那些与流行病学、非常规蛋白质、兽医监管、肉类的追踪管理、行业立法等相关的科学问题，人们盼望其进步，但从未有人想一劳永逸地将"科学事实"从"意识形态""品味"和"价值"的社会语境中剥离出来。相反，人们盼望着出现一些意想不到的结果，不管这些结果对由肉类、部长、骨头、蛋白质、病毒和食用牛所组成的复杂网络会产生什么影响！[2]

这就是最大的改变之处。科学已不再步入一个混沌的社会之中，接着为之制定秩序、简化其组分、终结其争论。它根本就没有进入社会，而只是为构成集体实验的其他所

1　Western, D. and R. Wrigh, eds (1994), *Natural Connections: Perspectives in Community-based Conservation,* Washington D.C.: Island Press.

2　Beck, Ulrich (1992), *Risk Society: Towards a New Modernity*, London: Sage.

有组分增加了一些新内容（就如那美妙而又出人意料的朊病毒，它为普鲁兹奈〔Pruziner〕赢得了诺贝尔奖）。尽管科学家们对此持保留意见，但是他们却从未终止过政治：他们为集体过程加入了新的成分。在那些代表了人类及其需求的代言人之外，他们新加入了那些代表了——我该如何称呼之呢？——非人类及其需求的代言人。

当实体的规模被考虑在内并与至高之善发生冲突时，这种纠缠甚至更加强烈。在《科学》杂志最近的一篇评论文章中[1]，科学家们以墨西哥暖流的名义声称，由于大西洋含盐量的变化，墨西哥暖流正面临消失的危险。这样一篇文章就是我正在试图界定的研究与社会之间的新政的一个典型例子：一个非常巨大的新实体进入集体实验，也被增加到那构成人类与非人类之共同社会的组分的名单之中。除了朊病毒之外，又加入了墨西哥暖流！诸如此类的杂志每周都将大量的新实体加入人类的交往之中，那又有谁会希望我们与它们相分离呢？现在，只有一件比死亡和税收更加确定的事情，那就是，相比过去而言，将来会有更多此类奇怪的野兽。

1　Broecker, W.S. (1997), "Thermohaline circulaton, the Achilles heel of our climate system: will man-made CO_2 upset the current balance", *Science* 278: 1582-1588.

尽管有点后知之明，但我们现在仍然明白了，到如今依然被视为科学发展之阻力的"社会"的定义方式，从一开始就是一个拙思劣想。自始至终，人们一直都是在削弱科学主张之真理性和确定性的意义上来使用"社会的"这一形容词的——如果人们说，一个结果是"社会建构的"，这就是说，它是错误的，至少从科学的角度来看确实如此。科学与社会之间的这场你死我活的角力，不再是人们的唯一选择。现在，出现了另外一种选择。对科学那古老的口号——一个学科越是独立，这个学科就越好——而言，现在，与之相反，我们提出了一个更加现实的行动呼吁：一个科学学科越是与其他领域相涉，这个学科就越好。

当然如此，这也就意味着，我们不得不改造我们的认识论，不得不调整我们的政治制度，不得不颠覆社会科学的定义方式。伽利略在他那昏暗的狱房中独自喃喃自语："不过，它是在运动！"；之前在京都（Kyoto）所召开的一次会议中，在同一所宫殿的同一个房间里，各国的政府首脑、说客和科学家们济济一堂，共同讨论地球该何去何从。如果我们比较这两个例子，就知道科学和研究之间的差别了。[1]

现在，科学家可以进行选择了：要么继续坚持一种理想科学的观念，这与 19 世纪中期的境况相适应；要么向我们所有人、向大众（hoi polloi）阐述一种理想研究的观念，这更与当下我们所有人都深涉其中的集体实验相适应。

自科学革命以降，所有的罪恶都有充分的时间从门户洞开的潘多拉之盒中逃出。只有一件东西被留在盒内：希望。现在，或许是从中收获希望的时候了。

布鲁诺·拉图尔

1　Biagioli, Mario and C. Galileo (1993), *The Practice of Science in the Culture of Absolutism*, Chicago: Chicago University Press.

拉图尔哲学的人类学特质

本书的核心是对旧有现代性概念的批判，并以"科学论"（Science Studies）的工作为基础建构一种新的非现代性。本书法语版的副标题提到了"对称性人类学"这一概念，换句话说，本书的目的是发展一种对称的人类学，以替代原初不对称的人类学。因此，这一概念中的两个词"对称性"和"人类学"就成为理解本书的关键。要想理解这两个概念，我们就必须从拉图尔进入科学论领域的缘起谈起。

一、拉图尔为何会采用人类学的方法

拉图尔是在 1970 年代后半叶进入科学论领域的。考虑到这一领域在当时的发展状态，按照逻辑线索，人们可能会产生这样一个疑问：尽管科学知识社会学（Sociology of Scientific Knowledge）在 1970 年代取得了巨大的成功，但是它遭遇了进一步发展的瓶颈，这种瓶颈有两个表现：一是其宏观因果视角导致了社会建构科学的过程性缺失（宏观的社会因素如何建构具体的科学知识）；二是其历史分析视角使科学知识社会学迷失于故纸堆的海洋（当代大科学体制实际上为科学知识社会学提供了更现实的研究案例，当然，历史分析尽管有难度，但并没有向科学知识社会学提出理论难题）。对这两个问题的可能解决方向是转向微观视角和实践研究，转向生活世界中的科学。这样，我们便很容易得出一个推论：拉图尔采用了人类学田野调查的方式，选择实验室作为切入点，是因为他意识到科学知识社会学的这两个瓶颈，从而做出了一项自觉的选择。

这种说法既有其合理性又有其片面性。说其合理，是因为拉图尔的工作确实从这两个方面对科学知识社会学何去何从进行了回答，他的回答也确实影响了后来的科学知识社会学的进一步发展[1]；说其片面，是因为此说法蕴含了一种预设：拉图尔非常熟悉科学知识社会学在 1970 年代的发展，因此他非常自觉地从这两个方面为科学知识社会学

---

1 很多学者都承认受到了拉图尔的影响。比如，皮克林、马尔凯等。

的进一步发展寻求出路，这与拉图尔本人的学术历程并不相符；而且，这一说法会导致我们无法深刻理解拉图尔后来的"块茎"本体论（林奇对拉图尔的定位，尽管拉图尔对此稍有微辞，但也基本认可这一定位）和经验形而上学或实存主义立场（拉图尔的自我定位）的确立。事实上，拉图尔在开始实验室研究之前，根本不知道科学知识社会学的存在。

拉图尔和伍尔迦在《实验室生活》第二版的后记中写道，在1975年，"拉图尔教授对科学知识毫不知悉；他的英语水平非常差；而且，对科学的社会研究这一领域的存在，也丝毫不了解"，因此，"他以一位典型的民族志学者的立场，进入了一个完全陌生的环境之中"[1]。拉图尔后来回忆说，甚至到了1976年，当他遇到大卫·艾杰（David Edge）的时候，"他［艾杰］的英语口音如此奇怪，我根本无法理解他说了什么，不过，他也根本听不懂我的英语，准确地说，那简直就是稍加修饰的法语……"当然，按照拉图尔的说法，是艾杰帮助他了解到科学论的学术圈子。[2]

---

1 Bruno Latour and Steve Woolgar, *Laboratory Life: The Construction of Scientific Facts*, Princeton, NJ: Princeton University Press, 1986, p. 273.

2 Bruno Latour, "In Memory: David Edge," *Social Studies of Science*, 2003, 33(2): 191.

这事实上说明，拉图尔在开始实验室研究之前，对科学知识社会学丝毫没有了解。因此，前文说法的合理性就不成立了。既然事实不是这样，那么，拉图尔为何会选取实验室作为研究科学的切入点呢？

要理解这一点，我们需要从拉图尔本人的经历谈起。拉图尔最初接受的是哲学和圣经解释学的教育[1]，后来接受了人类学的训练。拉图尔曾到非洲的一支维和部队中服兵役，按其自述，他在那里以一种恰当的方式接受了人类学的训练[2]，这种恰当的方式就是实践的方式，或者说他从进入社会科学领域伊始就是一位实践人类学家。拉图尔当时面临一个非常具体的问题：在很多技术学校中，老师们发现非洲学生在三维视觉方面存在很大的"缺陷"，而这些学校的教育

---

1 拉图尔的中学生涯是在一所天主教学校度过的，为了准备中学毕业会考，拉图尔接触到他人生中的第一个哲学家——尼采（拉图尔本人对此也颇感奇怪，一所天主教学校竟然教习尼采！）。这对其后来的研究产生了很大的影响——主要表现为对意识哲学的无视以及对力量的强调，甚至其《非还原》（*Irréductions*）一书完全采取了尼采箴言式的写作风格。中学毕业之后，拉图尔进入了位于第戎的勃艮第大学读书，在此接受了哲学和圣经解释学的教育；大学毕业前夕，他通过了中学教师资格考试，从而获得了在中学教授哲学的资格（法国很多哲学家在大学毕业后都有在中学教授哲学的经历）。随后，他进入了当时刚刚建立的图尔大学进一步攻读哲学和圣经解释学，并于 1975 年获得博士学位，其博士论题为查尔斯·拜吉（Charles Péguy）的神学理论，论文题目为"解释与本体论：对耶稣复活之文本的分析"（Exégèse et ontologie: une analyse des textes de résurrection）。

2 Bruno Latour, "An interview with Latour," interviewed by T. Hugh Crawford, *Configurations*, 1993, 1(2): 247-268.

体制完全是法国教育的翻版。因此，问题就出现了：在同样的教育模式下，为什么法国学生能够迅速地接受某些训练，而非洲人却总是慢半拍呢？传统而言，人们偏爱用颇为牵强的认知因素、用非洲文化的精神实质等原因来解释非洲学生的"缺陷"。但是拉图尔认为，这些宏大的社会因素和抽象的形而上学实体无法为这一问题提供合理的答案；真正的原因是，这些非洲学生大多来自偏远的乡村地区，在进入学校之前，他们根本未曾接触过诸如三维画图之类的问题，因此，这种绘图法对他们而言完全是一个"谜"。由此，拉图尔开始怀疑所有有关认知能力的文献的正确性，甚至开始怀疑科学思维和前科学思维之间的分界。进而，他提出了一个问题："如果我们使用在研究科特迪瓦的农民时的方法，去研究一流的科学家，对在科学推理与前科学推理之间的宏大划界而言，会发生什么呢？"[1] 如此，拉图尔萌发了对科学进行人类学考察的意念。[2]

1　Bruno Latour and Steve Woolgar, *Laboratory Life: The Construction of Scientific Facts*, Princeton, NJ: Princeton University Press, 1986, p. 274.

2　事实上，法国科学哲学一直强调认识论的考察需要以科学史和科学实践为基础，尽管传统认识论者更多强调科学的理论内涵。阿尔都塞将这种方法称为"民族志"。因此，拉图尔对科学的人类学考察，也是对法国科学哲学"民族志"方法的延续和推进。关于阿尔都塞的评价，参见 Louis Althusser, "Presentation for Georges Canguilhem's Philosophy of Science," in *A Materialist Way*, ed. Warren Montag, London/New York: Verso, 1998, p. 163。

　　这种意念很快就同拉图尔一贯的研究兴趣结合起来，拉图尔从学生时代开始就着迷于对真理的发生机制的思考。他说，"从一开始，对哲学、神学和人类学而言，我所感兴趣的事情都是一样的——我想对制造真理的各种方式进行说明"[1]。在其学术生涯中，不管是他在学生时代的学术训练、早期实验室研究工作与后继的行动者网络理论等思想；在其理论定位上，不管是早期的微观社会建构主义还是后期的认识论与本体论的合一立场，都可以在这一点上达到统一。对当代大科学的研究体制来说，研究制造真理之方式的最好地点自然就是实验室。这样，拉图尔的实验室研究就具有了认识论的动机。

　　认识论的动机还需要转化为现实的可能性。1973 年，拉图尔结识了一位著名的法国科学家罗歇·吉耶曼（Roger Guillemin）[2]，吉耶曼认可拉图尔的研究，并邀请他到其所工作的乔纳斯·索尔克生物研究所进行人类学考察。这就为拉图尔的实验室研究提供了现实的可能性。在博士毕业之后，凭借吉耶曼的邀请信，拉图尔获得了福布莱特基金

1　Bruno Latour, "An interview with Latour," interviewed by T. Hugh Crawford, *Configurations*, 1993, 1(2): 249.

2　吉耶曼与拉图尔同为勃艮第戎人，出生于第戎，拉图尔出生于小城波纳。

的资助，开始了他在吉耶曼实验室为期近两年的人类学考察（1975年10月至1977年8月）。

我们可以看出，拉图尔对科学进行人类学考察的意愿、实验室研究的主观动机和现实可能性，都与科学知识社会学无关。那么，他与科学知识社会学之间又是什么关系呢？从我们掌握的资料来看，拉图尔第一次与科学知识社会学的正式接触发生在1976年。这一年，拉图尔参加了两次学术会议，一次是在伯克利召开的"科学史中定量方法的运用"学术会议，在这次会议上，拉图尔结识了伍尔迦，并带领伍尔迦参观了索尔克实验室。[1]同年，拉图尔参加了在康奈尔大学召开的科学的社会研究学会（4S学会，Society for Social Studies of Science）的第一次年会，并向会议提交了一篇文章，这是拉图尔在科学论领域的第一篇公开性的论文。[2]不过，拉图尔后来道出了艾杰对这篇文章的评价，"当他［艾杰］读到我所写的东西的时候，他根本就不相信其中的哪怕一个字：'完美的修辞之花'，

1　Steve Woolgar, "Ontological Disobedience—Definitely! (Maybe)," *in A Disobedient Generation*, eds. Stephen P. Turner and Alan Sica, Chicago: University of Chicago Press, 2005: 309-324.

2　Arie Rip, Citation for Bruno Latour, "1992 Bernal Prize Recipient," *Science, Technology and Human Values*, 1993, 18(3): 379-383.

这是我所得到过的最高赞扬。"[1]经过这两次会议，拉图尔与科学论领域的主要学者建立了学术联系，当然，最重要的就是他与伍尔迦之间合作的建立，这使拉图尔的法国背景与伍尔迦的科学论背景很好地结合起来，最终产生了《实验室生活》一书。

从更深层次来看，拉图尔的非洲人类学考察为他提供了一种形而上学的批判资源。在传统科学哲学中，人们一般会将科学的根基奠定在超越于生活世界的实在或理性之上。然而，实在和理性的超越性，使哲学家们对科学的辩护脱离了现实的、活生生的生活世界，进入了形而上学的抽象本体层面。这进一步使传统科学哲学陷入了一个难以辩护的怪圈：实在论者无法为具体的科学与抽象实在之间的符合关系以及历史上科学的替代性发展提供认识论辩护；反实在论者又无法为科学的有效性提供本体论的根基，其根本原因都在于生活世界中的科学与超越于生活世界的形而上学之间的对立。拉图尔的人类学考察，使他认识到在现实的生活实践中，抽象的

1　Bruno Latour, "In Memory: David Edge," *Social Studies of Science*, 2003, 33(2): 191。拉图尔本人后来也认为，"它并不是一篇多好的文章"（私人交流，2009年5月19日）。

形而上学实体实际上无法获得通达生活世界的道路，而传统做法则混淆了科学的抽象的类存在（如其所言单数的大写的科学[La Science]）与科学的具体的现实实存（其所谓的复数的小写的科学[les sciences]）之间的关系。因此，他开始抛弃先验形而上学的概念资源：实在、理性、精神、心灵等，开始将哲学的视野投放到具体的科学实践之中，以期找回生活世界中的科学，恢复科学的本真状态。

二、《实验室生活》中的人类学

显然，当拉图尔最初开始实验室研究时，他对人类学的理解主要还是方法论的，即通过田野调查、案例研究和参与式观察的方法，从当代科学的运作机制中，寻求对与科学相关的认识论主题的分析。不过，由于拉图尔当时主要关注人类学的方法论层面，这就导致拉图尔在《实验室生活》中碰到了一个难以解决的矛盾。

在《实验室生活》中，拉图尔所使用的学术资源主要包括以下方面：第一是法国科学哲学，特别是巴什拉的思想，这使拉图尔将自己的工作定位在本体论领域；同时，法国传统科学哲学主张抛弃超越性的统一科学的概念，坚持立足于具体科学进行哲学反思，从而形成了一种局域认识论（epistemologie régionale），这也为拉图尔将分析视角奠定在具体的科学实践之上确立了理论传统。第二是强纲领，这使拉图尔将自己的本体论工作定位在社会建构主义，为拉图尔提供了社会学的分析框架，尽管这一框架在几年之后就遭到了拉图尔的抛弃。第三是人类学，除了在北非服兵役期间的人类学实践外，拉图尔也受到了加芬克尔的常人方法论的影响，它的作用在于使拉图尔能够将自己的本体论建构主义以一种微观分析和田野考察的形式展开，这便造就了其本体论的微观社会建构主义。第四是符号学，特别是格雷马斯的符号学理论，尽管拉图尔当时对这件武器的使用尚未充分，因为它与强纲领并不能完全兼容，它的作用是使拉图尔得以对本体论的微观建构过程做出细致的修辞学分析，这在一定程度上影响了后来科学修辞学的发展。简单地说，人类学和符号学为拉图尔提供了方法论，巴什拉为拉图尔提供了新的分析对象，强纲领为拉图尔提供了根本的分析框架。这样，科学在生活世界中的本真状态，就开始呈现在拉图尔面前。拉图尔将自己的研究称为"科学人类学"（anthropology of science）[1]，这时的人类学在拉图尔的思想体系中主要表现为一种方法论诉求，这种诉求可总结为以下几点：

1. 微观视角

生活世界中的科学由于其具体性、现实性、琐碎性和复杂性，尤需一种微观的分析视角。这一视角包含两个方面：科学人类学的基础是第一手的经验材料，其对象是科学研究的一个具体场点。

对于材料的收集，拉图尔主张采取一种民族志的考察方法，其核心点就是参与式观察，也就是说，拉图尔将人们对象牙海岸原始部落的研究方法——"通过与部落成员一起吃住、分担他们的辛劳、几乎就成为他们中的一员，来研究这些'野性思维'的信念系统或者物质生产过程"——借鉴过来，对科学家部落进行了仔细的"现

1　不管科学人类学这一术语是不是拉图尔的首创，但拉图尔确实是较早对实验室展开人类学考察的学者之一。他自称最早展开了实验室研究，柯林斯也这样认为。不过，林奇早在 1974 年就开始了对实验室的研究，塞蒂纳与拉图尔一样，她的田野考察工作也于 1975—1977 年展开；但是，相较而言，《实验室生活》一书是他们中最早以书本形式出版的著作，塞蒂纳和林奇的著作则分别出版于 1981 年和 1985 年，因此人们通常会把拉图尔当成科学人类学的第一人。关于柯林斯的评价，参见 H. M. Collins, "Review of *Laboratory Life: The Construction of Scientific Facts* by Bruno Latour and Steve Woolgar," *Isis*, 1988, 79(1): 148。

场"（in situ）"观察"，考察研究对象的"日常活动"，深入其"最私密的方方面面"，然后将这些观察呈现为一手的研究报告。[1]

在研究场点的选择上，拉图尔最初的做法是对科学论文进行文本分析（或符号学分析）。[2]但是，如果只立足于对文本的结构性分析（静态分析），而忽视文本的生产和制造过程（动态分析），那么结果仅仅是看到了科学真理制造机制的一小部分，而忽视了科学论文扎根于其中的丰富的实践活动，即生活世界中的科学。从拉图尔一贯的立场（研究真理机制的制造过程）来看，如果从现代科学中科学陈述的集中生产地（科学实验室）入手，科学中的修辞与文本将会获得更鲜活的实践生命力。因此，实验室就成为拉图尔科学人类学最合适的研究场点。

这两点综合起来便构成了拉图尔的微观人类学视角，即扎根于实验室并从对陈述和事实的微观建构过程的分析中，将它们的建构过程展现出来。

1　参见 Bruno Latour and Steve Woolgar, *Laboratory Life: The Construction of Scientific Facts*, Princeton, NJ: Princeton University Press, 1986, pp. 28-29, 151.

2　Bruno Latour and Paolo Fabbri, "La rhétorique de la science: pouvoir et devoir dans un article de sciences exacte," *Actes de la recherche en sciences sociales*, 1977, 13(1): 81-95.

2. 陌生人立场

参与式观察的一个逻辑后继是观察者（有时候也被称为分析者，即对实验室进行研究的社会学家［当然，拉图尔和伍尔迦也自称为常人方法论学者］）的身份问题。拉图尔有时候将自己的身份表述为"外行人"（outsider）、"外行的观察者"（outsider observer），有时候也自称为"陌生人"（stranger）、"素朴的观察者"（naïve observer）。[1] 简单而言，这就是在进行科学考察时坚持一种陌生人立场。[2]

这种陌生人立场，首先要求"搁置我们对研究对象的既有的熟悉感"，保持一定的"分析距离"[3]。如何做到这一点呢？拉图尔的做法是，不要相信科学家本人对其工作的描述，其实质是搁置认识论，"在对科学活动的描述中避免使用认识论的概念"[4]。如果"一个以科学为研究对象

1　参见 Bruno Latour and Steve Woolgar, *Laboratory Life: The Construction of Scientific Facts*, Princeton, NJ: Princeton University Press, 1986, pp. 19, 20, 54, 254.

2　林奇指出，拉图尔的这种陌生人策略来自舒茨（Schutz），拉图尔本人对此不置可否。不过，从其著作可以看出，这一原则很明显来自人类学。

3　Bruno Latour and Steve Woolgar, *Laboratory Life: The Construction of Scientific Facts*, Princeton, NJ: Princeton University Press, 1986, pp. 29, 275.

4　Bruno Latour and Steve Woolgar, *Laboratory Life: The Construction of Scientific Facts*, Princeton, NJ: Princeton University Press, 1986, p. 153.

的学者试图披上科学家的外衣、获得科学家的身份、承担科学家的角色的话"，拉图尔甚至认为这是不"道德的"。因此，"我们并不想，也不意欲成为科学家。我们不可避免地将自己限定在不可知论的立场之上"[1]。当然，其不可知论立场的对象主要是科学。这显然是对布鲁尔认识论对称性原则的继承。

陌生人立场的另外一个重要推论就是，搁置"认知"与"社会"的分界。拉图尔认为，他们的观点与其说是分析这种二分的哪一方面对理解科学更为恰当，倒不如说是去理解科学活动过程中这一分界是如何运作的。因此，他们将科学家"对这些概念的使用作为一种有待考察的现象"，而不是一个理所当然的前提。[2] 概言之，他们不是要在认知与社会之间进行选择以便为科学确立根基，而是研究这种分界的产生和发挥作用的方式。这在一定程度上是对认识论对称性的超越，预示了广义对称性的可能性（这一概念是由米歇尔·卡隆［Michel Callon］明确提出的）。

不过，陌生人立场遭到了很多人的批判。柯林斯批评说，

1　Bruno Latour, "Insiders & Outsiders in the Sociology of Science; or, How can We Foster Agnosticism?," *Knowledge and Society*, 1981(3): 212.

2　Bruno Latour and Steve Woolgar, *Laboratory Life: The Construction of Scientific Facts*, Princeton, NJ: Princeton University Press, 1986, p. 27.

"他［拉图尔］相信，外行的观点是有价值的……［但是］在我们看来，重要的是尽可能彻底地了解你所研究的群体，然后再'使你自己远离'这个群体。"[1] 柯林斯的方法简单来说，就是先入乎其内，而后出乎其外；拉图尔则主张先出乎其外，而后入乎其内。这两种方法孰优孰劣，是一个颇费笔墨的问题；在此只需指出一点，如果我们将微观社会学理论的目标界定为对现实世界的真实描述，那么一种理论合理与否的标准就在于能否将现实世界的丰富性展现出来。因此，两者在一定程度上并不矛盾，因为拉图尔在开始对科学的研究之后，实际上也在试图向科学家学习，甚至去操作科学家们所进行的实验，只有在此基础上，才可能展开对科学的进一步讨论。

林奇的批判主要集中于作为陌生人之观察者的背景立场。简单而言，尽管拉图尔说要使用陌生人原则，但他的立场实际上抛弃了科学家和认识论者的观点，背后接受的却是社会学家的讨论方式。[2] 因此，他们所谓的素朴的观察

1　成素梅，《科学知识社会学的宣言——与哈里·柯林斯的访谈录》，载于《哲学动态》2005 年第 10 期，第 51 页。

2　Michael Lynch, "Technical Work and Critical Inquiry: Investigations in a Scientific Laboratory," *Social Studies of Science*, 1982, 12(4): 506-510.

者仅仅是一位"火星人"[1]。用科学哲学的术语来说，就是"观察渗透理论"的反身运用，进一步的推论便是，社会学家也没有一种中立性的语言。当然，拉图尔从来没有认为自己能提供一种中立的社会学语言；相反，他非常严肃地承认，自己的社会学和人类学工作也是一种建构。这就引入了对反身性的讨论。

3. 反身性问题与二阶建构

拉图尔认为科学人类学的第四个特点就是对反身性的强调。当然，对反身性的讨论应该来自强纲领中的第四个信条。[2] 拉图尔和伍尔迦明显承认，反身性应该运用于社会学自身，即承认人类学家之表述的建构性质。反身性是与"可错性问题"（the problem of fallibility）联系在一起的，也就是说，"一切形式的描述、报告、观察等总是会被否定"，因此，社会学家的文本也只是"建构关于故事之建构的故事"[3]。这样，他们从一阶的事实建构过渡到二阶的社会学

---

1 Michael Lynch, "Technical Work and Critical Inquiry: Investigations in a Scientific Laboratory," *Social Studies of Science*, 1982, 12(4): 507; Michael Lynch, *Scientific Practice and Ordinary Action*, Cambridge: Cambridge University Press, 1993, p. 98.

2 大卫·布鲁尔，《知识和社会意象》，艾彦译，北京：东方出版社，2001年，第8页。

3 Bruno Latour and Steve Woolgar, *Laboratory Life: The Construction of Scientific Facts*, Princeton, NJ: Princeton University Press, 1986, pp. 282-283. 本文引用部分的强调均为原文所加。

自身的建构。[1] 在此意义上，他们说，"我们并没有宣称对所有有目的的实践者的活动给出事无巨细的描述"，即不承认中立描述的存在。进而，"我们对生物学实验室中事实建构的说明，既不比科学家自己的说明好也不比它坏"，人类学家和科学家唯一的区别在于，"他们［科学家］拥有实验室"[2]。这一立场贯穿了拉图尔学术生涯的始终，在2005 年出版的《重组社会》（*Reassembling the Social*）一书中，他也仍然承认行动者网络理论所提供的表述，也是现实世界之不确定性的一个来源，即科学家的结论不具有认识论的特权，社会学家的观点同样如此。拉图尔在扉页中用一幅漫画，确切地表明了自己的这一看法。[3]

1　在对拉图尔的讨论中，一般来说社会学和人类学可以替用。拉图尔本人在著作中也经常是社会学和人类学交互使用，不过，他在大多数情况下都是在人类学的意义上来使用社会学一词的，或者说强调的是一种微观层面的社会学。

2　Bruno Latour and Steve Woolgar, *Laboratory Life: The Construction of Scientific Facts*, Princeton, NJ: Princeton University Press, 1986, pp. 28, 257.

3　参见 Bruno Latour, *Reassembling the Social: An Introduction to Actor-Network Theory*, Oxford; New York: Oxford University Press, 2005。行动者网络理论的法语表述为 sociologie de l'acteur réseau，缩写为 SAR，卡隆将之英译为 actor-network theory，缩写为 ANT。这一缩写恰巧与英文 ant（蚂蚁）一词相同。拉图尔指出，坚持用行动者网络理论考察某一社会现象的研究者，应该像蚂蚁一样慢行、近视、谨慎，力求展现真实的现实过程，避免从微观现象到宏观结构的过快跳跃。用这一比喻，拉图尔意在表明行动者网络理论与社会建构主义划清了界限。

综合而言，拉图尔人类学方法的核心是以参与式观察为考察手段、以微观分析为论证方式，描绘出科学在生活世界中的建构过程。其蕴含的形而上学立场是，科学是具体的、现实的，而非抽象的、超越的，进而，科学（包括科学陈述与科学事实）的建构过程就需要人们对科学的生活世界展开考察，哲学的先验论证被拒斥。

在1986年出版的《实验室生活》第二版中，拉图尔和伍尔迦删除了副标题中的"社会"一词[1]。两位作者对此的解释是，"社会"是一个不断招致误解的词，虽然默顿学派和爱丁堡学派仍然坚持使用这一概念，但科学的社会研究对"社会"一词的使用已经"使它毫无意义"。作者承认，尽管他们最初已经认识到这一点，但并未将之清晰地表达出来，因此他们在该书第二版的后记中用"'社会'的逊位"来表明心迹。进而，他们说，"承认这一术语［社会建构］已经完全丧失其意义，对我们而言并不是什么难以启齿之事"[2]。在此，拉图尔和伍尔迦如此强烈地表达了他们与爱丁堡学派决裂的愿望，但又对此惜墨如金，其原因在于科学技术论（Science and Techology Studies，S&TS）在 1980 年代中期发生了一场学科危机，这一危机既来自学科外部（如哲学家阵营和传统的社会学家阵营），也来自其内部（如对反身性、话语分析等的争论），面对这场危机，拉图尔和伍尔迦既想与爱丁堡学派划清界线，但又无法否认该书与爱丁堡学派纠缠不清的联系，因此不得不对此欲言又止。在其个人网站上，拉图尔曾经更加清楚地表明过

1　1979 年 第 一 版 的 标 题 是 "Laboratory Life: The Social Construction of Scientific Facts"，1986 年第二版的标题是 "Laboratory Life: The Construction of Scientific Facts"。

2　Bruno Latour and Steve Woolgar, *Laboratory Life: The Construction of Scientific Facts*, Princeton, NJ: Princeton University Press, 1986, p. 281.

自己对《实验室生活》的态度："布鲁诺·拉图尔先生是社会建构主义者吗？答案：并不完全是。……即便是当时［《实验室生活》第一版之时］'社会'一词的含义也更加类似于'实践'的含义，它并不是试图使用利益、权力、社会结构等诸如此类的因素来解释科学。"从上述材料来看，拉图尔似乎在表明自己从 1979 年开始就是一位实践建构主义者。

拉图尔的这一自我定位，主要有两个理由：第一，他（和伍尔迦）强调了实验室内的物质性因素（仪器）；第二，他们改变了对社会的定义。然而，这两个理由都难以成立。

首先，以社会建构统摄物质建构。《实验室生活》一书对陈述和事实的物质建构和社会建构都进行了讨论，然而这两者之间却难以保持一致，因为前者将科学引向了物质世界，后者则指向社会世界。

拉图尔物质建构的思想一定程度上来自巴什拉，巴什拉指出"事实是被制造出来的"（Les faits sont faits），并提出了"现象技术"（phénoménotechnique）的概念，拉图尔实际上是从人类学考察的角度实践了巴什拉的这一哲学立场。其基本观点是，事实或陈述都是相对于一定的实验仪器和实验操作而存在的，如果离开了这些仪器和操作，陈述将丧失其认识论根基，而事实也将失去其本体论地位。不过，事实最初并不是事实，它是通过实验室的微观建构从而获得事实地位的，这是拉图尔在本体论维度上与传统实在论与建构论之间最大的差异。

因此，在拉图尔看来，事实的本体论地位并不是固定不变的，它成为一条变化的轨迹。科学家最初面临的仅仅是一些数据，在某种程度上，这些数据是杂乱无章的，这也是观察者进入实验室所看到的最初情形。数据通过获取意义而获得秩序，意义则通过承载它们的科学陈述的模态变化展现出来，模态变化的原因又是科学家之间的磋商，而磋商最终将人们引向了利益、信念、类比等微观社会学因素。这样，科学就从最初的物质建构过渡到社会建构。

仪器在此的作用与实践建构中仪器的地位存在根本差别。在此，仪器和社会是彼此分离的，仪器负责产生铭写，而社会则赋予铭写以意义；对实践建构而言，仪器是实验室内物质性因素的一个代表，其作用在于与理论、研究对象和作为研究者的主体之间的相互博弈，从而构成科学研究的一种稳定状态，也就是说，物质因素和社会因素自始至终都是缠绕在一起的。因此，此时的拉图尔仍然是一个社会建构主义者。

其次，以社会建构统摄人类学的微观分析。强纲领的目的是提供一种社会学解释，但将科学与利益联结起来，必然要求一种宏观的研究进路。这一进路要求社会必须是一种超越性的存在，进而其研究框架就是社会决定论。因此，布鲁尔将"社会"界定在本体论的实在层面，其作用就是为科学之建构提供一个坚实的基础。拉图尔则指出，"我们的讨论所关注的是科学事实的社会建构，但这种社会建构带有一个限制条件，即我们是在一种特定的意义上来使用'社会'一词的……"[1]这种"特定的意义"就是要将社会概念具体化、微观化、可见化，这是由拉图尔的人类学立场决定的，因为这一立场的首要要求就是一种微观的分析视角。拉图尔将社会从本体论的本质性层面具体化到实存（existence）层面或者说现象层面，使之从不可见的成为可见的，从抽象的、大写的社会存在成为具体的、小写的社会实存；这样，社会学家的任务就是切实分析这种可见的社会因素建构科学和事实的具体过程。就此而言，拉图尔认为自己超出了社会建构主义的范围，进入了实践建

---

1 Bruno Latour and Steve Woolgar, *Laboratory Life: The Construction of Scientific Facts*, Princeton, NJ: Princeton University Press, 1986, p. 32.

构层面。

但恰如前文指出的，拉图尔将科学事实的最后确定或科学陈述之模态的最终稳定的原因归结为磋商；这里的磋商概念，完全是在作为社会存在的主体领域之间展开的，与拉图尔后来在《非还原》中对磋商概念的本体论改造完全不一样。[1] 因此，他事实上还是将科学的最终决定权控制在主体的领域，在这一点上，他与布鲁尔是相同的；不同点仅仅在于前者强调微观，后者强调宏观。

最后，向强纲领致敬。拉图尔的哲学立场，也可以从他对强纲领的态度中显露出来。在方法论上，拉图尔认可布鲁尔的经验主义进路，而且同样将之视为一种科学方法，在《实验室生活》的扉页上，拉图尔引用了布鲁尔《知识和社会意象》中的一句话向其致敬，"如果不以某种彻底的方式将社会学应用于科学知识，那么这将意味着科学不能够科学地认识自身。"当然，相较而言，拉图尔采取了一种更加彻底的经验主义进路，即对科学实验室的人类学

1　拉图尔指出，"隐得来希否定一切，却又赞同一切，因为任何事物，就其自身并出于其自身而言，既非可通约又非不可通约。不管赞同的是什么，否定总会在赞同之上产生。不管距离何其遥远，总会存在一个基础，理解在其上得以确立。换句话说，万物都是可磋商的。"参见 Bruno Latour, "Irreductions," in *The Pasteurization of France*, Cambridge, Massachusetts: Harvard University Press, 1993, p. 183.

考察。从认识论的角度看，拉图尔对布鲁尔的对称性原则和公正性原则也持赞同态度，"我们是在布鲁尔的意义上来使用这一术语［强纲领］的。我们特别的兴趣点在于布鲁尔在强纲领中表述为'公正性'的方面"，"正如巴恩斯的论证所表明的，对信念采取一种对称性的分析进路，是确实有必要的"，因此，我们要"避免科学史的某些基本的内在矛盾和对称性特征的缺失"，"追随布鲁尔，我们可以认为'逻辑上'的可能道路受到了流行信念的影响"，"逻辑推理不可能与其社会根基相隔离"。而且，对磋商之重要性的强调，拉图尔也援引了布鲁尔的工作，"可靠性的观点本身就从属于磋商"。进而，拉图尔希望能够"为科学社会学之强纲领的可行性提供一个有说服力的论据"。当然，尽管布鲁尔的工作未能推进到本体论，但拉图尔在本体论上仍然坚持了布鲁尔的因果解释模型，如其指出，"对于一个具有如此明显稳定性的事实，如果能够为其社会建构的过程提供证明，那么，我们认为这将会为科学社会学之强纲领提供一个颇具说服力的证据。"[1]

概言之，从拉图尔的分析策略及其对强纲领的态度来

---

[1] 参见 Bruno Latour and Steve Woolgar, *Laboratory Life: The Construction of Scientific Facts*, Princeton, NJ: Princeton University Press, 1986, pp. 149, 23, 107, 136, 186, 106.

看，《实验室生活》基本上坚持了强纲领的社会建构主义
立场。只不过由于他的特殊背景，他开始强调实验室物质
实践的重要性和微观分析视角的必要性，但它们最终仍被
归属于社会建构主义的立场之下。也正是在此意义上，蒂
利将《实验室生活》视为强纲领的代表作之一[1]，尽管这一
评价并不是十分到位。

三、行动者网络理论中的人类学

进入 1980 年代以后，拉图尔与卡隆、阿克什等人一道，
共同发展出行动者网络理论（ANT）。在法语中，他们更
多使用转译社会学（sociologie de la traduction；sociology
of translation）或行动者网络社会学（sociologie de l'acteur
réseau；SAR），在将这一名称翻译为英语时，卡隆选定了
行动者网络理论这一译法。行动者网络理论通过对人类学
和符号学的扩展[2]，解决了《实验室生活》中所面临的物质
性建构与社会性建构之间的矛盾。

1　Nicholas Tilley, "The Logic of Laboratory Life," *Sociology*, 1981, 15: 117.

2　拉图尔对符号学使用方式的变化以及符号学在其非现代理论体系中的地位，可参
见刘鹏，《拉图尔后人类主义哲学的符号学根基》，载于《苏州大学学报（哲学社会科
学版）》，2015 年第 1 期，第 22-28 页。

1. 人类学能否被用以研究西方社会

人类学诞生于 19 世纪西方与非西方文明的交汇处，其特殊性在于，它是一个典型的西方学科，但其考察对象却又是非西方的。这一学科属性，反映了传统人类学尽管未被言明但一直蕴含其中的一个前提：人类学只适用于对非西方文明的研究，因为这些文明仍处于孔德所说的实证科学之前的阶段，处于科学与政治混杂的前现代时期。因此，翻开任何一本早期的人类学著作，我们都会发现在土著人的世界中，经济、文化、自然知识、技术，甚至宗教、巫术等都是混为一体的。如马林诺夫斯基所说的库拉，将土著人的经济行为、社会联系、神话传说、巫术以及自然与技术知识联系到一起 [1]；而列维 - 斯特劳斯则直接指出土著人"永远在串接线头"，不管这些线头是"物理的、社会的，还是心理的方面" [2]，一切在土著人那里都是一个整体。正如拉图尔所说，"自从列维 - 布留尔的时代以来，人类学就一直对科学兴趣不减，不过，这里的科学指的是他者的科学"，这里所谓他者的科学，即非西方社会

---

[1] 布罗尼斯拉夫·马林诺夫斯基，《西太平洋上的航海者》，张云江译，北京：中国社会科学出版社，2009 年，第 59-63 页。

[2] 列维 - 斯特劳斯，《野性的思维》，李幼蒸译，北京：商务印书馆，1997 年，第 306 页。

的土著科学。拉图尔以食火鸟为例进行了说明，"他们为何会将食火鸟排除在鸟类之外呢？这在人类学家看来是一个值得研究的问题；现代分类学家为何会将食火鸟视为鸟类呢？这个问题不在人类学家的考察范围之内。他们〔人类学家〕要么将此视为理所当然，要么将此留给了科学史家。"[1] 因此，人类学家自觉地在自己与科学史家之间做了分工，他们所关注的是非西方社会的土著科学、前现代科学，而科学史家所关注的则是西方社会的现代科学。当然，这一分工背后所预设的则是普遍性的现代西方科学与地方性的前现代土著知识之间的本质分界。[2]

那么，人类学能否被用于研究西方社会呢？20 世纪中期以后，人类学家确实开始了对西方社会的反身性研究，特拉维克将这类研究称作"回归派"[3]，拉图尔则称之为"从热带返乡的人类学"（参见本书 4.4 节）。不过，与其在

1　Bruno Latour, "Postmodern? No, simply amodern: steps towards an anthropology of science," *Studies in the History and Philosophy of Science*, 1990, vol. 21, No. 1, p. 145.

2　在非洲进行人类学考察时，拉图尔就已经开始质疑这种区分。在《行动中的科学》中，拉图尔以库页岛土著中国人的知识与法国人的现代地理知识之间的关系为例，对这种区分进行了批判。当然，拉图尔的意思并不是说这两种知识毫无差别，而只是说这种差别并非现代与前现代之间的本质性差别，仅仅表现为网络规模的大小。《我们从未现代过》一书对此进行了更为哲学化的讨论。

3　沙伦·特拉维克，《物理与人理：对高能物理学家社区的人类学考察》，刘珺珺、张大川等译，上海：上海科技教育出版社，2003 年，第 7 页。

东方所开展的研究相比，人类学对西方社会的研究有一个明显的不同，即他们将科学排除在其研究视域之外，这是因为传统人类学存在的前提就是将西方文明与非西方世界区别对待，后者处于前科学、前现代时期，因此在人类学家眼中，他们的自然知识和整个社会融为一体，而前者则已经进入现代社会。在哲学层面上，现代社会的根本特征就是客体与主体之间，进而是事实与价值之间的二分，因此，人类学家在分析非西方世界时所使用的整体性进路就具有适用性了。由此，拉图尔指出，"从热带返乡的人类学"丧失了人类学中最"本真的某些东西"（参见本书第205页）、丧失了"古老的人类学的基质"（参见本书第99页），因为人类学家"将自己的研究领域仅仅局限于理性的边缘和碎片地带或者是超出理性的领域"（参见本书第205页），于是，当人类学家"面对西方的经济学、技术和科学时，自身的边缘性使其畏缩不前"（参见本书第206页）。那么，能否将对西方社会的人类学研究和人类学的宝贵"基质"同时保留下来呢？拉图尔认为是可以的，这就是科学人类学所要做的工作。

当然，并不是所有的科学人类学都能做到这一点。依据对人类学的不同理解，科学人类学可以分为多个层面。

从方法论层面而言，人类学的基本特征是对某个陌生群落的参与式观察，在此意义上，科学人类学的含义就是强调用人类学的参与式观察方法来研究陌生的科学家群落。不过，方法论层面的科学人类学与传统人类学的前提之间并不一定会发生冲突，也就是说，如果单纯停留在方法论层面，古老人类学的"基质"仍然难以体现。从认识论层面来说，如果坚持简单的社会建构主义立场，进而将所有科学都视为社会建构之物，其所带来的文化相对主义或"绝对的相对主义"立场，塑造了所有文化之间的绝对分割，这种做法实际上是以绝对的差异抹杀差异本身。在此意义上，绝对的相对主义与其理性主义对手普遍主义之间在根本思路上仍然是一致的，如拉图尔所言，"尽管普遍主义者宣称这样一种普遍的准绳是存在的，但是绝对的相对主义者却欣然否定此类事物的存在。他们的态度可能有所差异，但是两个群体都坚持认为，诉诸某种绝对准绳对他们的争论而言至关重要"（参见本书第 230 页）。

那么，何种科学人类学才能够既保留传统人类学的特质，又能够对现代科学本身展开分析呢？拉图尔指出，只有人类学自身具有了对称性，这一愿景才能达成。

2. 科学人类学：从认识论的对称性到广义对称性

　　科学人类学要想突破方法论的禁锢，必须在认识论上祛除科学哲学在哲学家和社会学家之间所做的传统分工。在传统科学哲学那里，科学在认识论上是客观的、理性的，进而科学就与具体的人类活动无关，正是在此意义上，逻辑实证主义者将科学奠基于祛人性的中立观察和一套逻辑准则之上，而波普尔也才强调"没有认识主体的认识论"[1]。既然科学就其真理性而言，与具体的人类实践无关，那么哲学家的工作也就仅仅是为其真理性寻找一个祛除了时空情境的普遍标准，于是，"发现的语境"与"辩护的语境"的区分就成为必要[2]，而历史学家所要做的就是根据这种标准重构科学思想的历史进程。不过，尽管科学是在历史中进步的，但这里的历史并不具有认识论的含义，它所代表的仅仅是一种"逻辑时间"[3]，于是，拉卡托斯所说的科学史的"合理重建"[4]也才成为可能。既然与人相关的一切因

1　卡尔·波普尔，《客观知识：一个进化论的研究》，舒炜光、卓如飞、周柏乔、曾聪明等译，上海：上海译文出版社，2005年，第123页。

2　H. 赖欣巴哈，《科学哲学的兴起》，伯尼译，北京：商务印书馆，2011年，第178页。

3　Georges Canguilhem, *Études d'histoire et de philosophie des sciences*, Paris: J. Vrin, 1983, p. 22.

4　伊姆雷·拉卡托斯，《科学研究纲领方法论》，兰征译，上海：上海译文出版社，2005年，第129页。

素都被驱离,那么,社会学也就无法进入科学的认识论核心。于是,社会学所能做的工作就仅仅是分析科学发展的外围性、偶然性特征以及当科学发展偏离理性轨道时为这种偏离寻求社会解释,这就是默顿学派的任务。由此,按照传统分工,社会学无法进入科学的认识论内核,科学人类学的工作也就无从谈起。

为改变这一状况,布鲁尔等人提出了"强纲领",其核心是要求对"真理与谬误、正确与错误"同等对待,进而主张,不管正确的科学还是错误的意识,都有其偶然的社会成因。[1]这样,布鲁尔就塑造了一种认识论的对称性原则。不过,"布鲁尔所界定的对称性原则很快就陷入了死胡同",因为尽管这一原则消解了科学哲学家在认识论上的不对称性,但它将"真理与谬误"同时归结于某种社会结构。在此意义上,它仍然是不对称的,因为"它搁置了自然,从而使'社会'这一极承担起所有的解释重任"(参见本书第195页)。也就是说,布鲁尔的对称性仅仅是用社会实在论取代了传统科学哲学的自然实在论,这就导致布鲁尔无法解释科学与非科学之间真实存在的差异。为解决这一难题,卡隆、拉图尔等

1　大卫·布鲁尔,《知识和社会意象》,艾彦译,北京:东方出版社,2001年,第7-8页。

人提出了"广义对称性"原则。学界通常认为，这一原则在本体论上抹杀了自然和社会之间的差别，但这种理解仅仅把握了此原则的表面含义，并未理解其实质内涵。这一原则所真正要求的是"人类学家必须要将自己摆在中点的位置上，从而可以同时追踪非人类和人类属性的归属"（参见本书第196页），这里所说的中点就是拟客体。拟客体的概念借用自法国哲学家塞尔，在塞尔那里，拟客体指代人类在赋予自然以秩序之前的混沌状态，例如，游戏中的角色、运动场上的足球、教室里的课桌等都是拟客体，这些"拟客体是主体的标识"，也是"主体间性的建构者"。[1]也就是说，这些拟客体的介入，塑造了主体的实存性身份。与塞尔相同，拉图尔同样强调拟客体是人与物之间的一种杂合体，处于自然和社会两极的中间，自然和社会仅仅是人类赋予拟客体以秩序之后的结果。

我们可以通过具体的科学研究过程来考察自然和社会是如何被制造出来，而后这种制造性的痕迹又是如何被抹去的。科学家在进行科学研究时，无从知晓自然是什么、社会是什么，他们所能做的仅仅是在一定的科学传统之下，

1　Michel Serres, *The Parasite*, Baltimore/London: The Johns Hopkins University Press, 1982, p. 227.

操纵并不断修正仪器的运作，最终得到数据，完成论文。但论文一旦完成并得到科学界的认可，那么，论文中所展现出来的自然就获得了超越性。可以看出，人们在这里进行了双重转换。以巴斯德对细菌的研究为例，最初人们要研究的是物自体意义上具有自存性的细菌，但我们无法依靠一种沉思式的科学研究模式找到细菌的本质，所能做的仅仅是通过一系列实验操作来考察细菌的某些属性，在此意义上，巴斯德所界定的细菌，实际上对应的是一系列实验操作，于是物自体的本质被转变为拟客体（即细菌）的实存。但当科学研究结束、"黑箱"被关闭之后，细菌的实存性定义，则被重新转变为本质性定义，即人们认为巴斯德的细菌就是物自体意义上的细菌。于是，超越性的自然（细菌）被制造出来。接着，科学家们对此又进行了一个"翻转"操作，即将这一超越性的细菌置于科学研究之前，于是传统科学哲学所说的自然实在论就产生了：巴斯德并非建构了细菌，他仅仅发现了细菌。因此，自然的超越性仅仅是一个假象，这种假象之所以会产生就是因为人们在科学实践结束后用细菌来指称一种"物"，而将真实过程中的"行动"黑箱化了。[1] 进而，我们可以说，"既然

1　Bruno Latour, *Pandora's Hope*, Cambridge, MA: Harvard University Press, 1999, p. 120.

一场争论的解决是对自然之表征的原因，而非结果，因此，我们永远不能用最终的结局——自然——来解释一场争论如何以及为何能够得以解决"[1]。

巴斯德对细菌的研究是否如社会建构主义所说是由社会利益决定的呢？如果确实如此的话，那么利益必须要成为一个稳定的本体论概念，然而，不管是对巴斯德的案例研究还是其他社会学家的工作都表明，利益同样具有建构性，由此，伍尔迦要求"更加反身性地关注利益解释的解释结构"[2]。在巴斯德成为一名生物化学家并在实验室里制造出有效的炭疽疫苗之前，炭疽热病的定义要素主要由动物、农场、卫生专家、统计学家，甚至卫生部长等构成，法国农民面对农场中发生的炭疽热病束手无策；同样，在法国的媒体、经济以及政治话语中，细菌的地位并不存在；但在此之后，炭疽热病的定义发生了改变，它成为由"炭疽杆菌引起的疾病"，而农民获得了疫苗之后，他们与炭疽热病之间的力量对比关系也发生了颠覆性变化，对媒体、企业家、政治家等而言，

1　Bruno Latour, *Science in Action*, Cambridge, MA: Harvard University Press, 1987, p. 99.

2　Steve Woolgar, "Interests and Explanation in the Social Study of Science," *Social Studies of Science*, 1981(11): 373.

如果不关注细菌、不关注作为生物化学家（而不再是此前单纯的结晶学家）的巴斯德，那么他们的工作将会失去一个非常强有力的支持，诸如此类。[1] 由此，巴斯德和细菌彻底地改造了法国社会的经济、政治和文化结构，正是在此意义上，拉图尔将《微生物：战争与和平，附〈非还原〉》一书的英文版标题确定为"法国的巴斯德化"。于是，"既然一场争论的解决是社会达成稳定的原因，因此我们不能用社会来解释争论如何以及为何能够得以解决。"[2] 因此，社会实在论也就不复存在。

既然自然实在论和社会实在论都是在科学研究完成之后人们通过"翻转"操作所带来的假象，那么，我们就只能将自然和社会作为"同一稳定化过程的双重结果"（参见本书第 195 页），而非科学的基础或原因。进而，自然与社会之间的区分也就仅仅是人们的一个事后建构，因为在科学研究的过程之中，人们不会强调何为自然、何为社会，就如巴斯德一方面争取与细菌的联合，另一方面又通过细菌建立起与农民的联盟一样，所以对巴斯

1 Bruno Latour, *The Pasteurization of France,* Cambridge, Massachusetts: Harvard University Press, 1993, pp. 111-116.

2 Bruno Latour. *Science in Action*, Cambridge, MA: Harvard University Press, 1987, p. 144.

德的成功而言，一切都是本质性的、构成性的：缺失了
细菌，巴斯德的研究将无从谈起；缺失了农民，巴斯德
的细菌也只能是细菌，而无法成为彻底改造法国社会的
一个新的行动者——疫苗。当然，细菌与社会是被建构的，
但这并不代表它们就不是真实的，相反，正是其建构性
保证了其真实性，因为它们的存在要以建构为前提，在
此意义上，认识论和本体论被统一起来，知识与实在是
在科学实践的过程中被同时建构出来的，这就是建构主
义实在论的核心内涵。于是，自然和社会成为"问题的
一部分，而不是解决方案的一部分"（参见本书第196页）。
由此可见，广义对称性一方面为人类学家破除了现代性
的客观主义以及后现代性的相对主义所带来的认识论禁
锢；另一方面又为之驱散了这两种立场背后所隐藏的本
体论迷雾，正是在这双重意义上，拟客体的原初含义开
始显现出来：自然与社会仅仅是人类赋予世界以事后秩
序的产物，而在秩序化之前，世界所存在的仅仅是拟客体。
不过，在破除了禁锢和迷雾之后，拉图尔发现了另外一
个问题：既然自然与社会、科学与社会之间的二分是虚
假的，那么，那个更为一般意义上的二元论又该何去何
从呢？

3. 对称性人类学的形而上学意义

"参与式观察"是人类学的典型研究方法，拉图尔当然也认可这一方法。不过，正如上文所说，这一方法忽视了人类学的"基质"，因此，拉图尔认为"参与式观察"尽管是必要的，但并不是人类学特质的全部。拉图尔通过对格雷马斯符号学的后结构主义改造重新找回了人类学的这一"基质"，并赋予其一个更加鲜明的称号："经验哲学"或"实践形而上学"。[1]

符号学的核心立场是其内在指称模型。格雷马斯认为，语词的意义并非来自外在世界，因为很多语词无法找到其外在的对应物。因此，其含义只能来自话语本身，而指称的真实性实际上也仅仅是通过话语层的操作所带来的一种"意义效应"，格雷马斯称之为"指称错觉"。[2]拉图尔借用了格雷马斯的内在指称模型，但是消解了符号学所坚持的深层语法结构。进而，科学概念所指代的，并非处于科学实践之下的不可见的客体，也非处于科学实践之上的社会结构，而是内在于科学实践的行动，就如巴斯德所说的

1 Bruno Latour, *Reassembling the Social: An Introduction to Actor-Network Theory*, Oxford; New York: Oxford University Press, 2005, p. 50.

2 Algirdas Julien Greimas and Joseph Courtes, *Semiotics and Language: An Analytical Dictionary*, Bloomington: Indiana University Press, 1982, p. 261.

细菌并非物自体而仅仅是对一系列实验过程的描述一样。同时，行动要按照"非还原性原则"（principe d'irréductibilité）展开，即"万物就其自身而言，既非可还原亦非不可还原至他物"[1]，这里的意思是说，万物并无内在于其自身的本质界定，它们都需要在与他物的关系中得到界定。由此，拉图尔将萨特的口号"实存先于本质"改造为"本质即实存，实存即行动"[2]。在此基础上，近代二元论哲学的先验主体被改造为经验存在的人，而先验客体则被替换为现实中的物。皮克林正是针对这一观点提出了自己的批评：拉图尔的符号学立场消解了人与物之间的差别[3]。实际上，拉图尔并不否认人与物之间的差别，正如拟客体的概念所告诉我们的，人与物并不是独立的存在，其当下实存的获得，都是另外一段不可见时空中不同力量之间凝结和固化的产物，只不过，当我们看到人或物的瞬时存在时，我们反而忘记了他们所拥有的这段历史。在此意义上，拉图尔在解构主

---

1 Bruno Latour, Pasteur: *guerre et paix des microbes, Suivi de Irréductions*, Paris: La Découverte, 2011, p. 243.

2 Bruno Latour, *Pandora's Hope*, Cambridge, MA: Harvard University Press, 1999, p. 123.

3 安德鲁·皮克林，《实践的冲撞——时间、力量与科学》，邢冬梅译，南京：南京大学出版社，2004年，第14页。林奇准确地指出，拉图尔没有认为所有行动者都是等价的。参见 Michael Lynch, *Scientific Practice and Ordinary Action*, Cambridge: Cambridge University Press, 1993, p. 111。

体与客体的先验性的同时，在经验哲学的立场上重塑了一种人与物的哲学。

首先，人不是先验主体，而是一种具身化的存在。我们以拉图尔的两个概念"内折"和"插件"来展开讨论。内折是指人在与物的交流过程中，会不断将物的属性折叠到自身体内，就如香水制造业中的辨香师在辨香器的训练之下可以在很短的时间内强化鼻子对气味的辨识能力一样，这种能力并非人先天具有，它是物之属性内折的结果，只不过，当内折完成之后，人们就会忘记这一过程，进而才会将这些属性误认为是某种先验主体的外显。在此意义上，主体性似乎具有了流动的特征，其流动的前提就是"插件"的存在。插件是一个网络术语，当我们打开网页时，有时必须要下载某些插件，才能实现某种功能。人要实现其主体性，也必须要不断下载插件：住宿宾馆时，人们必须要出示身份证，才能成为具有住宿可能性的主体；在超市购物时，消费者也必须要借助于标签、商标、条形码、消费向导等才能获得理性行为的能力。因此，人只有"认同某些流动的插件，然后将这些插件下载下来，才能够获得现场的、暂时的权能"，才能获得其主体性，在此意义上，我们可以说，主体性并"不是你自己的属性"[1]。进而，主体性成为在人与物的集体中流通的一种属性，"成为与某种特定实践体联系在一块的、可部分获得或部分丧失的东西"[2]。

其次，与人一样，物也并非先验客体，它同样需要在与人的属性交流中获得界定。一方面，物也会内折人的属性，就如减速带是人类交通规则不断内折的产物，进而成为人类规则的执行者一样（拉图尔称之为"平躺的警察"[3]）。于是，我们可以说，"我们将行动委派到行动者之上，现在，它们也分享了我们的实存"[4]。另一方面，物也会对人类的行为进行规约，就如在拉图尔对门的讨论中，人类构造出不同的门就会对人产生不同的反向规约。只添加铰链的门要求人们主动关门才能避免墙 – 洞的悖论，铰链与门童的结合弱化了这一悖论，但强化了对门童的规约，当自动门产生后，它对人们进出门的时间以及对门的操作能力又提

1 Bruno Latour, *Reassembling the Social: An Introduction to Actor-Network Theory*, Oxford; New York: Oxford University Press, 2005, pp. 204-213.

2 Bruno Latour, "On Recalling ANT," in *Actor Network Theory and After*, eds. J. Law and J. Hassard, Malden, MA: Blackwell, 1999, p. 23.

3 Bruno Latour, "Where Are the Missing Masses?," in *Shaping Technology-Building Society*, eds. W. E. Bijker and J. Law, Cambridge: MIT Press, 1992, p. 244.

4 Bruno Latour, *Pandora's Hope*, Cambridge, MA: Harvard University Press, 1999, p. 190.

出了新的要求。正是在对规约的这种讨论中，物的力量彰显出来。于是，物一直都在改变着人，而那样一个"乌托邦"的客体能够做到这些吗？[1] 进而，我们可以说，物也具有了道德力量，这就是拉图尔所说的社会学中的"丢失质量"（missing mass）[2]。

可见，拉图尔对人与物的界定，其根本出发点是人类学的经验主义与对符号学进行实践形而上学改造的产物，一切都要以现实中人与物交杂的"集体"（collective）为出发点，正如塞尔所言，"拟客体并非客体，然而它却又是客体，因为它并非主体，因为它仍存在于世上；它也是一个拟主体，因为它表示或指代了一个主体，没有它，这一主体将难以成为主体。"[3] 也正是在此意义上，拉图尔说，"外在的世界并不存在，这并不是说世界本身不存在，而是说不存在内在的心灵。"[4] 由此，拉图尔通过对人与物的讨论，完成了对现代二元论哲学中两个最重要概念的替代。

---

1 Bruno Latour, *Aramis, or the Love of Technology*, Cambridge, MA: Harvard University Press, 1996, p. Ⅷ.

2 Bruno Latour, "Where Are the Missing Masses?," in *Shaping Technology-Building Society*, eds. W. E. Bijker and J. Law, Cambridge: MIT Press, 1992, p. 225.

3 Bruno Latour, *Aramis, or the Love of Technology*, Cambridge, MA: Harvard University Press, 1996, p. 225.

4 Bruno Latour, *Pandora's Hope*, Cambridge, MA: Harvard University Press, 1999, p. 296.

不过，如果先验主体与先验客体并不存在，那么，按照此两者建构出来的现代性又该如何解释呢？这就涉及拉图尔对人类学与现代性关系的讨论，这也是拉图尔对称性人类学的核心所在。

4. 科学人类学与非现代性

现代性的核心特征是自然与社会、客体与主体的二分，上文讨论已经否定了这两种二分的存在，既如此，现代社会又是如何诞生的呢？拉图尔认为，这是现代人在"纯化"和"转译"这两种实践方式之间进行多重操作的结果。

转译是指现实中人与物之间进行交流的方式，现代人通过这种操作在越来越大的尺度上将人与物交杂在一起，从马车到汽车、从结绳记事到网络通信，所有这一切都是转译带来的结果。但问题在于，真实存在的转译实践却被一种虚假的纯化实践给消解了。纯化是指从主体和客体两极出发，把现实中存在的杂合体（hybrid）纯粹化，从而在二元论的概念框架内消解拟客体的杂合属性。不管是笛卡尔还是康德、实在论者还是社会建构主义者，他们要么从客体极出发，要么以主体极立基，从而把纷繁复杂的现实纯化为单一的实体。现代人的诀窍是，纯化实践尽管仅仅是一种理论，在现实中并不存在，但它却掩盖了真实的转译实践；转译实践尽管是真实的，但现代人却拒绝承认其本体论地位，"与前现代人相比，现代人只具有一个显著的特征，即他们拒绝将诸如拟客体之类的事物概念化"（参见本书第 229 页）。于是，现代人一方面从事着制造自然和社会的工作，另一方面却又强调两者的超越性，就如同空气泵和利维坦都是人类的建构物[1]，但它们却又都凭借纯化的工作摆脱了人类实践。在这种言行不一中，现代制度既"相信人类与非人类之间的全然二分，同时又抵消了这种二分，这样它就造就了无敌的现代人"（参见本书第 77 页）。

于是，现代人拥有了一个"内在的宏大分界"，即客体与主体、自然与社会之间的二分；当现代人进一步用这一宏大分界来审视自己的历史时，他们发现自己开始将前现代时期混杂在一起的自然和社会彻底分离开了，于是，他们在自己身上塑造了一个时间箭头，进步的观念就诞生了：自然与社会各就其位，科学与政治各司其职，它们之间越是分裂，现代化的程度就越高，现代人也就越进步。这样，内在的宏大分界就塑造了西方人自己的时间割裂，

1　史蒂文·夏平、西蒙·谢弗，《利维坦与空气泵：霍布斯、玻意耳与实验生活》，蔡佩君译，上海：上海世纪出版集团，2008 年，第 327 页。

"通过那些不断发生的可怕的革命，他们已经将自己与过去的联系完全切断。"（参见本书第 269 页）不过，西方学者在对非西方的土著文明进行了人类学考察之后，发现只有西方人才能够将自然与文化、科学与社会区分开来；而在他者那里，"自然与社会、符号与事物在事实上都是共存的"（参见本书第 204 页）。于是，当西方人拥有一种客观的科学时，非西方人所拥有的却只是一种文化。至此，内在的宏大分界输出为外在的宏大分界，并且塑造了一种空间的割裂：西方人与非西方人的二分。这样，现代人在发明现代制度的同时，也创造了自身和他者的历史，并且将之永远抛在了身后。

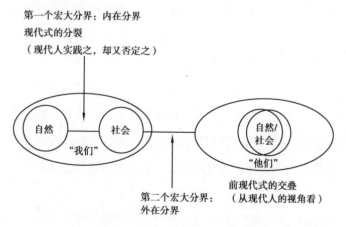

现代人的双重分界（参见本书第 203 页）

既然现代社会从未存在过，甚至说"我们从未现代过"，那么，我们一直处于何种社会之中呢？首先，这肯定不是后现代，因为既然现代性都未曾存在，后现代也就成为无的之矢；其次，这肯定也不可能是前现代，前现代人限制了拟客体的增殖并且彻底无视自然与社会、人与物之间的差别。基于此，拉图尔重塑了一种非现代制度。这一制度保留了现代人所一直从事的拟客体增殖的工作（即转译），抛弃了其口头宣称的纯化工作；保留了前现代人对事物与符号之区别的否认，抛弃了其对自然秩序与社会秩序的无差别混同、地方中心主义与种族中心主义以及对规模的限制；同时，也将后现代主义的解构概念从语言的牢笼中抽离出来，并将之奠基于拟客体的增殖之上，从而重构了一种更具积极意义的建构主义。我们可以看出，这一制度的核心是将"非现代世界的领域"奠基于自然和社会之间的"中间王国"（参见本书第101页），奠基于拟客体、杂合体之上，一切都要在实践的基础之上进行重新解释。于是，我们可以说，我们真的从未现代过，我们一直生活在一个杂合的非现代世界之中。非现代的世界中仍然存在着进步，只不过进步的标准不再是科学与社会的分裂程度，而是各种要素的杂合程度，如果我们能够在越来越大的尺度上将人与物、自然与社会杂合起来，那么进步就一直在发生。

至此，人类学具有了对称性。它不再将非西方社会视为一种文化而西方社会却拥有独特的客观科学，它开始打破事物与符号、自然与社会的界限，并在此基础之上重构了人与物的"集体"和"议会"，重构了一种非现代制度。古老的人类学"基质"被找了回来，并且在帮助我们认识非西方人的同时，也更加真实地认识了西方人自身。

按照拉图尔的说法，本书是以更为法国化的写作方式，对其此前工作的哲学总结，同时也是将科学论"推到文化大众的视野之中"（参见本书第 lxxiii 页）的一次尝试。这次尝试无疑是成功的，它体现在拉图尔对现代性的讨论方式已经成为当代有关现代性的研究中非常重要的一种进路。事实上，本书（以及拉图尔写作此书所依据的那几篇公开发表的论文）并非拉图尔第一次对现代性进行的思考，早在《微生物：战争与和平》的第二部分《非还原》中，拉图尔对现代性的这种批评思路已经基本形成了。在该书中，拉图尔强调，现代世界的一个标准是，在科学、法律、经济、宗教等之间进行分割，正是基于这种分割所带来的纯粹性，西方人才说自己的文化并不是诸多文化之中的一种；

因为在其他文化中，法律、经济、宗教、技术等都是混杂在一起的。

但是，"白种人并不是正确的。他们也不是最强大的"，他们的大炮常常哑火，他们在毒箭面前也无能为力，他们的发动机故障不断，传教士的《圣经》就像是墓地一样沉默，他们的药物甚至还不如草药疗效更好，如此等等。但是，他们为什么会变得强大呢？答案很简单，他们坚信自己的纯粹性，但是又坚持彼此之间的共谋。管理者感兴趣的是各种规章制度，他们将成就归结为其文明；地理学家仅仅谈论科学及其进步；商人仅仅关注黄金、贸易以及伦敦的股票交易所；士兵仅仅是遵从命令；工程师则将其机器的有效性归结为进步。尽管他们之间也互相指责，但是，他们很清楚，"恰恰是因为其他人的存在，他们才能够在岛上立足"[1]。传教士要依靠士兵和商人，商人需要传教士和科学家的帮助，而科学家也太过弱小以致无法单独在海外立足，因此他们也需要管理人员来为其开道。很明显，作为个体的他们非常弱小，但是"他们一起前来，每一个从其自身来看是分裂的、

1 Bruno Latour, "Irreductions," in *The Pasteurization of France*, Cambridge, Massachusetts: Harvard University Press, 1993, p. 202.

孤立的，但是所有都被一个整体所支撑"[1]。现在，与那些土著人相比，他们结合成了一个力量的联盟，因此他们变得强大了。

这些纯粹性正是现代世界得以存在的根基。但是，这些纯粹性从未存在过。如果没有了商业、发明家、金融家和机械师，机器根本就不可能存在；自然不存在，社会不存在，科学也不存在，如此等等。"'现代世界'之力量的根源被误解了，其有效性也被归结于那些从未运动过也从未说过话的事物之上，我们似乎又一次在谈论魔法。"[2] 因此，"我们所要做的全部就是，将我们一谈到自己时就会使之分离开来的那些事物，重新黏合起来"，而且，"我们必须成为我们自身世界的人类学家"。[3] 现在，如果有人再问："现代世界存在吗？""答案真的非常简单，从未存在过现代世界，或者，如果说它存在的话，那它也仅仅是在我们说'现代风格'的时候，

1　Bruno Latour, "Irreductions," in *The Pasteurization of France*, Cambridge, Massachusetts: Harvard University Press, 1993, p. 203.

2　Bruno Latour, "Irreductions," in *The Pasteurization of France*, Cambridge, Massachusetts: Harvard University Press, 1993, p. 209.

3　Bruno Latour, "Irreductions," in *The Pasteurization of France*, Cambridge, Massachusetts: Harvard University Press, 1993, pp. 209-210.

而它也就仅仅是一种风格。”[1]

《非还原》的目标是建构一种包罗一切的新的形而上学体系，因此它不可能非常详细地展开每一个主题；同时，与在大部分其他著作中从不吝惜笔墨的写作手法相比，拉图尔在《非还原》中所采用的箴言式的写作风格，也使他不可能非常细节化地展开对现代性的考察。于是，本书便应运而生。当然，这并不是质疑本书的重要性，而只是表明该书是拉图尔思想发展中的一个重要环节。该书所采取的批判性与建构性并行的讨论方式，也预示了拉图尔在此之后的工作方向。批判性主要体现在对现代性的否定上，建构性又表现在他对一种新的非现代性（仅仅在理论上是新的，在现实中它一直存在）理论的确立上。于是，在本书中，拉图尔便将工作的重点之一放到如何对这种非现代性进行更为细致的考察之上。因此，在一定意义上，本书既是对拉图尔 1980 年代工作的一次哲学总结，也是对其1990 年代以后哲学研究的一种预示。

感谢拜德雅图书工作室的邹荣、任绪军、梁静怡三位编辑在本译稿修订过程中付出的艰辛努力，感谢我的两位

1　Bruno Latour, "Irreductions," in *The Pasteurization of France*, Cambridge, Massachusetts: Harvard University Press, 1993, p. 207.

学生刘兆晖、易晗珂在文字校对方面所做的工作，也感谢国家社科基金项目"拉图尔科学哲学思想研究"、江苏高校"青蓝工程"优秀青年骨干教师培养资助项目、江苏社科优青科研资助项目对此次修订的支持。

刘鹏

2020 年 11 月 17 日

- 英文版谢辞 -

本书的英文版和法文版之间存在诸多不同。例如，我对某些图表进行了改动，并增加了3.2节；另外，在不改变全书总体结构的前提下，对某些论证进行了强化或者澄清。我之所以没有使用经验例证，是为了保持本书的思辨风格——这恐怕可以说是非常高卢式的风格。在参考文献中，读者会发现大量的案例研究著作，其中也包括我所做的几项案例研究。在完成了几本经验著作之后，在此，我努力通过讨论某些与此领域相涉的哲学思想，试图将一个渐渐浮现的新领域——科学论——推到文化大众的视野之中。

为了使此书看上去至少不是荒唐无聊之作，许多人都付出了努力。在他们中间，我要特别感谢鲁克·波尔坦斯基（Luc Boltanski）、弗朗西斯·沙托雷诺（Francis Chateauraynaud）、伊丽莎白·克莱维瑞（Elizabeth Claverie）、吉拉尔·德·维斯（Gerard de Vies）、弗朗索瓦·戈泽（François Gèze）和伊莎贝拉·斯唐热（Isabelle

Stengers）。

我也非常感谢哈里·柯林斯（Harry Collins）、厄南·麦克穆林（Ernan McMullin）、吉姆·格里斯默（Jim Griesemer）、米歇尔·伊扎尔（Michel Izard）、克利福德·格尔茨（Clifford Geertz）和彼特·加里森（Peter Galison），我曾在他们的讨论会上介绍过本书的某些论证。

第 2 章的部分内容曾发表于《后现代？不，仅仅是非现代：走向科学人类学》（Postmodern? No, simply amodern: steps towards an anthropology of science. An essay review）一文，此文载于《科学史与科学哲学研究》（Studies in the History and Philosophy of Science 21：［1990］145-71）。第 3 章的某些论证曾以另一种形式发表于《社会学转向之后的另一个转向：慢慢步入非现代世界的科学论》（One more turn after the social turn: easing science studies into the non-modern world）一文，此文载于《科学的社会维度》（E. McMullin, ed., The Social Dimensions of Science, Notre Dame: Notre Dame University Press, 1992, pp. 272-92）一书。

我们从未现代过

对称性人类学论集

Nous n'avons jamais été modernes
Essai d'anthropologie symétrique

1 危机

1.1 杂合体的增殖

像往常一样，我又拿起一份报纸，在报纸的第 4 页，我了解到今年的测量数据表明，南极洲的情形不容乐观：臭氧层空洞在不断扩大。随着我继续往下阅读，文章将我的注意力从高层大气化学家那里引向了阿托化学公司（Atochem）和孟山都公司（Monsanto）的首席执行官，他们正在改进其生产线以取代那些无辜的氟氯碳化合物（chlorofluorocarbon），先前人们指责这些化合物是导致生态圈破坏的罪魁祸首。几段之后，这篇报道接着写到，主要工业国家的政府首脑们深受化学、制冷器、空气浮尘和惰性气体的困扰。不过，文章最后指出，气象学家与化学家之间的观点并不一致，他们在与人类活动无关的周期性波动这一问题上发生了争执。正因为如此，实业家们不知道该怎么办，而政府首脑们也同样举棋不定。我们应该继续等下去吗？现在是否已经太晚？在该报这一页的最下方，第三世界国家和生态学者们也对此表示怀疑，他们讨论了相关的国际政策、延期偿付、子孙后代的权利和发展权等问题。

这篇文章将化学家的反应与政治上的反应联系在一起。这样一条线索就像是将最艰深的科学与最肮脏的政治联系起来，将千里之外的高空与里昂（Lyon）郊区的工厂联系起来，将全球范围内人们面临的威胁与迫在眉睫的地方选举或即将进行的董事会议联系起来。地平线、股票、时政、行动者（actor）——所有这些事物之间都是不可通约的，然而在这里，它们却被同一个事件串联起来。

接着，在报纸的第6页，我读到，巴黎嘉莱（Gallo）教授的实验室中的培养基感染了艾滋病毒；希拉克（Chirac）先生和里根（Reagan）先生则庄严地宣称我们无法重现这一发现的真实历史；相关化工行业进展迟缓，立场激进的病患团体所强烈要求的药物尚未面世，这种传染病在撒哈拉以南的非洲不断蔓延。再次，政府首脑、化学家、生物学家、绝望的患者和实业家又发现，他们共同纠缠在一段不确定的经历之中，而生物学和社会则杂糅其内。

该报第8页讲述了有关日本主导的计算机和芯片的发展历史；第9页分析了人们是否有权进行冷冻胚胎的实验；在第10页，我们得知了一场森林大火所产生的浓烟，夺去了很多博物学家所极力保护的珍稀生物的生命；第11页谈到了鲸，它们被戴上装有无线电追踪装置的项圈；同一页还谈到了法国北部的一个矿渣场，因其孕育出一个珍惜植物群落，因此刚刚被确定为生态保护区；在第12页，围绕着避孕药具，教皇、法国大主教、孟山都公司、输卵管和德克萨斯原教旨主义者们非常奇怪地被聚集到一起；在第14页，作者在对高清电视的介绍中，将德洛尔（Delors）先生、汤姆逊公司、欧洲经济共同体、标准化委员会、日本（又是日本）和电影制造商放到了一起，即便仅仅是将标准改动哪怕几行，也会导致数十亿法郎的耗费，同时将影响到数以百万计的电视机、大量的电影和不计其数的工程师，还很可能会使众多首席执行官举步维艰。

　　幸运的是，报纸上还有几页，颇能让人放松身心，报道的全都是政治问题（激进党的一次会议），另外还有文学副刊，里面充斥着小说家们自鸣得意的论调（"我深爱着你……可你却一点都不爱我"）。如果没有此类话题来慰藉我们的情绪，我们很可能将陷入糊里糊涂的境地。而在其他版面，此类混合报道仍在不断增加，它们勾画出科学、政治、经济、法律、宗教、技术和小说之间彼此纠结的情形。如果说阅读报纸是现代人的一种祈祷方式，那么今天，我成了一个非常奇怪的人：我一边做着祈祷，一边读着这些杂糅的报道。所有的文化、所有的自然，每天都在不断地重新组合并纠缠在一起。

然而，似乎没有人觉得这有什么问题。经济、政治、科学、论著、文化、宗教和地方事务，报纸的这些版面仍然保持不变，仿佛并没有发生什么反常的事情。最微小的艾滋病毒，将你的注意力从性转移到不省人事者，接着又转移到非洲、组织培养、脱氧核糖核酸（DNA）和旧金山，但是分析人士、思想家、记者和决策者将会把病毒所追踪的这一网络切割成很细微的薄片，于是我们就只会发现单独的科学、经济、社会现象、地方新闻、情感和性。按下再无辜不过的喷雾按钮，你可能开始你的南极洲之旅，接着可能来到加利福尼亚大学欧文分校、里昂雄伟的山脉、惰性气体的化学反应，紧接着还可能到联合国，但是这一脆弱的线索也可能会被分割为诸多琐碎的片段，就像真的存在着诸多纯粹的学科一样。无论如何，这似乎是在向我们诉说：请大家不要将知识、利益、争议和权力混合起来！请不要将天与地、全球性舞台与地方性场景、人类与非人类（nonhuman）混合起来！"但是，这种杂合体却在从事着这种混合性工作，"你可能会这样说，"它们将我

们的世界编织在一起！"分析家的回应却是"假装它们都
不存在吧"。他们已经用一把利剑将戈耳迪之结（Gordian
knot）[1]斩断。车轭被斩断：有关事物的知识被放置到左边，
权力和人类政治则被放置到右边。

1.2　将戈耳迪之结重新系上

　　大约 20 年前，我和我的朋友们就一直在研究这些复
杂的情形：我们生活于智识文化之中，却不知道如何为之
分类。由于找不到一个更好的称呼，我们称自己为社会学
家、历史学家、经济学家、政治科学家、哲学家或者人类
学家。但是，对于这些庄严的学科标签，我们总是会加入
一个限定词："科学技术的"。英美人士将之称为"科学
论"（science studies）[2]或者"科学、技术与社会"（science,
technology and society）。不管我们使用了什么样的名号，
我们都会尽可能将精确知识与权力运作（我们可以称之为
自然与文化）之间的二分割裂状态重新交织起来，从而试

1　戈耳迪（Goldust）是希腊神话中小亚细亚佛律基亚的国王，他曾将一架马车置于
宙斯神庙之中，并用绳索在车轭上打了一个非常复杂的死结，神谕凡能解开此结者，
便是"亚洲之王"。后来，它被亚历山大大帝挥剑斩开。——译者注
2　关于"science studies"一词，国内存在诸多译法。本书采用日本和国内学术界的
译法，即"科学论"。——译者注

图再次系上戈耳迪之结。我们的身份并不一致，在科研机构中的职位也不尽相同，其中一半是工程师，一半是哲学家。我们属于"第三类知识分子"（tiers instruits）[1]（Serres，1991），我们并没有寻求某种准确的角色定位，只是选择在吸引我们的地方追踪这一杂合状态。为了能够在不同的情形中自由地来回穿梭，我们依赖于转译（translation）或者网络（network）这类概念。网络，比系统（system）这一概念更加有韧性，比结构（structure）这一概念更富历史性，比复杂性（complexity）这一概念更富经验性，这一观点将是我们摆脱这些错综复杂情形的阿里阿德涅线团（Ariadne's thread）[2]。

然而，我们的工作并没有得到人们的理解，因为我们的批评者所使用的范畴将之割裂为三个部分：自然、政治与话语（discourse）。

当唐纳德·麦肯齐（Donald MacKenzie）在描述洲际导弹的惯性制导系统时（MacKenzie，1990），当米歇尔·卡隆（Michel Callon）在描述燃料电池的电极时（Callon，

---

1 米歇尔·塞尔（Michel Serres）用"tiers instruits"指代既拥有完备的科学知识，又具有良好的人文素养或文化素养的人。——译者注

2 阿里阿德涅是希腊神话中克里特国王弥诺斯的女儿，曾给其情人一个线团帮助其逃离迷宫。后来，"阿里阿德涅线团"常用来表示脱离困境的办法。——译者注

1989），当托马斯·休斯（Thomas Hughes）在描绘爱迪生（Edison）的白炽灯灯丝时（Hughes，1983），当我在描述路易·巴斯德（Louis Pasteur）对炭疽热细菌所造成的改变时（Latour，1988b）或者当我在描述罗杰·吉耶曼（Roger Guillemin）对大脑缩氨酸的分析时（Laour and Woolgar，［1979］1986），批评人士认为我们是在谈论科学和技术。既然这些都是边缘性的话题，最多也不过表明了一种纯工具性或计算性的思维，因此，那些对政治或精神感兴趣的人认为有理由对此不加关注。然而，这种研究并不讨论自然或者知识，不讨论那些自在之物（things-in-themselves），而是讨论所有这些事物被连接到我们的集体或者主体周围的方式。我们所谈论的并不是某些工具性思想，而恰恰是社会的实质（substance）。麦肯齐动员了整个美国海军甚至是国会来讨论其惯性制导系统；卡隆动员了法国电力公司（EDF）和雷诺公司以及法国能源政策的相关人士，以解决实验室中电极研究的相关困难；围绕着爱迪生灯泡的白炽灯灯丝，休斯对整个美国社会进行了重组；以巴斯德的细菌为线索，我们也可以洞见整个法国社会；如果不将大脑缩氨酸与一定的科学团体、设备和实践——所有这些累赘什物与方法、理论原则和神经元之间都毫无相似性——

4

联系在一起，我们也就难以理解缩氨酸。

　　"不过，能肯定的一点是，你们所高谈阔论的恰恰就是政治，你们不过就是将科学真理还原为纯粹的政治利益，将技术的有效性还原为一种策略性的操控。"这是对我们的第二点误解。倘若事实并未占据我们出于崇拜而为之准备的一个既边缘又神圣的位置，那么它似乎立刻就可以被还原为纯粹的局部偶然性和拙劣的诡计。然而，科学论所讨论的并不是社会语境和不同社会力量之间的利益关系，而是它们与集体（collective）和客体之间的相互关联。海军的组织方式已经被其办公地点与武器弹药存放地点之间的关系所深深改变；法国电力公司和雷诺汽车公司之所以采取了完全不同的立场，这取决于它们是否对燃料电池或者内燃机进行了投资；使用电力前后的美国，是两个完全不同的国度；19世纪的社会背景发生了改变，原因在于当时社会上存在着大量的受微生物感染的弱势群体或者穷人；对于那些躺在分析者的操作台上并且丧失意识的人而言，我们对他们的描述，要以他们的干脑（dry brain）是否释放神经递质或者他们的湿脑（moist brain）是否分泌荷尔蒙为依据。我们的研究并不是重复使用社会学家、心理学家和经济学家关于社会语境或者主体的论述，并将之运用到硬科学（hard science）之上——这就是我使用"集体"
一词来描述人类与非人类之间的关系，用"社会"来指称
集体之一部分的原因。当然，对后者而言，这种划分是由
社会科学发明的。情境和技术内容也在不断地发生改变。
在某些集体性的事物（这一观点是由我们所提供的）中，
认识论者不可能再确认其早期的概念和理论；与之类似，
集体中充满着我们所展现的事物，在这些集体中，我们也
不可能指望人文科学能够确认出早期混战状态下的权力游
戏。与蜘蛛网相比，阿里阿德涅所编织的那个精致的网络
更加难以洞察。

  "不过，如果你们不是在谈论自在之物或者自在之人   5
（humans-among-themselves），那么你们所谈论的一定是
话语、表征（representation）、语言、文本和修辞。"这
是对我们的第三点误解。是的，对于那些将外在的指称物
（referent）（自然之物）与说话者（现实或社会语境）区
分开来的人而言，他们可能只是在谈论某些重要的效果或
者语言游戏。但是，当麦肯齐在考察惯性制导系统的演变时，
他所谈论的是一些能够将人类置于死地的装置；当卡隆追
随科学文献中的线索时，他所谈论的不仅是修辞学，也包
含了工程策略（Callon *et al.*, 1986）；当休斯分析爱迪生

的记事本时，门罗公园的内部世界马上就变成了整个美国的外部世界（Hughes，1983）。当我描述巴斯德对细菌的证明时，我动员了 19 世纪的整个社会，而不仅仅是某些伟人们的著作；当我分析对大脑缩氨酸的发明或发现时，我确实是在谈论缩氨酸本身，而不仅仅是它们存在于吉耶曼教授实验室之中的表征物。然而，修辞学、文本策略、文字、表现手法、符号——所有这些都是很重要的，但是在一个新的结构中，它们对自然事物和社会语境同时产生了影响，只不过，它们无法从这一个还原到另外一个。

我们的智识生活已经偏离正轨。如果认识论、社会科学、文本科学仍保持分离状态，它们也将各有其优势。如果我们正在从事的事业同时跨越了这三个领域，人们对此将难以理解。面对这些精致的社会技术网络，面对这些有趣的转译，这三个业已确立的学科将会怎么做呢？第一个群体将会抽取出我们的概念，却从根本上禁绝这些概念与社会或修辞之间的关联；第二个群体会把其中的社会和政治维度切割出来，并且摒除网络中所有的客体；最后是第三个群体，他们会保留我们的话语和修辞，但是会根除我们的工作中任何与实在或者权力游戏相关的内容——对此，他们似乎有种"谈虎色变"（horresco referens）之感。在

我们的批评者看来，我们头顶之上的臭氧层空洞、心中的
道德律令以及那些独立的文本，每一个都非常有趣，但只
有当它们被分割开来时，才会如此。用一个精致的梭子将
天空、工业、文本、灵魂和道德律令编织到一起——这不
仅无法实现，而且不可理喻、不合时宜。

1.3 批判立场(critical stance)的危机

批评家发展出三条进路来对我们的世界展开分析：自
然化进路（naturalization）、社会化进路（socialization）和
解构主义进路（deconstruction）。在此，我们用 E. O. 威尔
逊（E. O. Wilson）、皮埃尔·布迪厄（Pierre Bourdieu）
和雅克·德里达（Jacques Derrida）——可能有点不公平——
作为这三条研究进路的代表性人物。当威尔逊谈论自然化
现象时，社会、主体以及各种形式的话语都消失了。当布
迪厄在分析权力场（fields of power）时，科学、技术、文
本和活动的内容也都隐蔽不见。当德里达在讨论真理效应
（truth effects）时，要相信大脑神经元或者权力游戏的真
实存在，那将是一件非常幼稚的事情。这每一种批评进路，
就其自身而言，都非常强健有力，但都难以与其他两种相

6

容。难以想象在一项研究中，人们能够同时将臭氧层空洞视为自然化的、社会化的和解构性的现象。同样，也难以想象，一项研究能够同时囊括三种立场：现象的本质已经被牢固确立，权力策略也可以被预判，然而，只有意义效应（meaning effects）才具有唯一重要性，这些效应所反映的不过是某一言说者可怜的错觉与人们对某一本质的可悲的幻象。这是一个多么荒诞的大杂烩！只要认识论者、社会学家和解构主义者保持一定的距离，而每一种批判理论又能凭借其他两种理论的弱点来强化自己，我们的智识生活就仍然清晰可辨。我们当然可以赞扬科学，也可以扮演权力游戏，或者否定那些信奉实在之人，但是我们却难以将这三者（就像三种强酸试剂一样）混杂到一起。

于是，两者只能择其一。要么，在科学论领域内，我和我的同事们所追踪的网络是虚假的，而批评者又是正确的，他们将这些网络边缘化、片段化为三个截然不同的领域：事实、权力和话语；要么我们所描述的网络是真实的，它们确实也在这些伟大批评者之间架起了桥梁：不管怎么样，它们仍然既不是客观的，也不是社会性的，亦不是话语的效应，即便它们具有真实性、集体性和话语性。要么我们须自行消失，因为我们总是在传播坏消息；要么批判理论自身就得面临危机，因为它并不能容纳这些网络。是的，科学事实确实是被建构出来的，但是它们并不能被简单地还原为社会维度，因为这一维度中仍然充斥着许多客体，这些被动员起来的客体同时也在建构社会。是的，这些客体是真实的，但是它们看起来非常像社会行动者，以致其难以被还原为由科学哲学家所发明的"外在"的实在。在这种双重建构——科学在建构社会的同时，社会也在建构科学——中的能动者（agent）是从一系列的实践中突现出来的，当然，对于这种实践，解构的概念并无多大用处。臭氧层空洞太具有社会性，太具有可叙事性，这样它就难以被化归为真实的自然现象；工厂以及国家首脑们的策略中也充斥着化学反应，因此难以被简单地还原为权力和利益；对生态圈的讨论太过真实又太过社会化，从而难以将之归约为明确的意义效应。如果我们说网络既如自然般真实，又如话语般具有可叙事性，甚至如社会般具有集体性，我们是否错了？我们是为了研究它们而放弃所有这些批判性资源，还是在普遍意义上赞成这三种理论进而停止对它们的研究呢？我们所试图展现的这些微妙的网络，似乎成为被伊朗、伊拉克和土耳其所分割的库尔德人，一旦夜幕降临，他们就溜过边境彼此联姻，而他们也梦想着能够建

7

立一个共同的家园，从而从分裂他们的这三个国家中独立出来。

如果不是人类学家使我们习惯了平心静气地直面这一天衣无缝的结构形式——我所谓的"自然—文化"，因为它或多或少像是一种文化（参见本书 4.5 节）——我们对此两难境地将束手无策。一旦人种志学者（ethnographer）投身田野工作，哪怕是其中最理性的研究者也完全可能将神话、种性科学（ethnosciences）、家谱、政治结构、技术、宗教、史诗和其所研究对象的某些特殊仪式等诸多类别填充到一本著作之中。如果派她去研究阿拉佩什人（Arapesh）或者阿丘雅人（Achuar），去研究韩国人或者中国人，他们将会在同一个叙事中，将当地人对天国及其祖先的看法，将他们盖造房子的方式，种植山药、树薯或者大米的方法，政府组织方式和宇宙论全部编织到一起。在海外人类学家的著作中，没有一本著作会将实在性、社会性和叙事性分开。

如果这位分析者能够做到洞察入微，那么她所追溯的网络将会与我们在自身的西方世界中追踪微生物、导弹或燃料电池时勾画出来的社会技术混杂体（sociotechnical imbroglios）完全一样。我们也有杞人忧天的时候，也会将人们反对喷雾剂的姿态与天的禁忌联系起来，也会不得不考虑法律、权力和道德，进而理解科学所告诉我们的有关高层大气化学的内容。

确实如此，我们并非野蛮不化之人。因此，所有人类学家都不会以那种方式来研究我们自身，也不能以这种姿态来对待我们的文化，抑或是我所说的"自然—文化"，就如在其他地方我们对其他文化的所作所为。为何？因为我们是现代人，我们的社会结构不再是一张无缝之网，分析的连续性也就难以为继。对传统的人类学家而言，并不存在，也不可能存在、不应该存在任何一种有关现代世界的人类学（Latour，1988a）。种性科学在某些方面可能会与社会和话语联系在一起（Conklin，1983），但科学却不会如此。甚至可以说，恰恰是因为人种志学者们无法用同样的方法研究自身，因此当他们出发到达热带地区以研究其他人类时，才能够保持批判的头脑并与研究对象保持一定的距离。批判层面上的这种三分状态使人种志学者能够重建前现代人的不同群体之间的连续性，从而对人种志学者起到保护作用。也只有凭借在国内区分了三者，人种志学者在国外才能够如此大胆地将三者结合起来。

现在，对于这种两难境地的表述已经发生了改变。要么不对现代世界展开人类学的分析——进而，我们完全有理由无视那些声称能够对祖国展开社会技术网络分析的声音；要么对现代社会展开人类学分析，但不可避免的是这

8 需要我们对现代社会的定义做出改变。我们从一个非常局限性的问题——我们为什么难以理解网络？人们为什么会忽视科学论的研究？——过渡到一个更加宽泛的、更加经典的问题：成为一个现代人意味着什么？前辈们对我们所指出的构成了整个世界的网络表现出了惊奇之态，但在这种惊奇的背后，我们发现了人们仍未理解的人类学的根基。幸运的是，我们从几个大事件中获得了帮助，这些持批判观点的小鼹鼠们，终于葬身于自己的洞穴之中。由于这些事件的发生，处于转折之中的现代社会变得更加容易接受人类学的考察。自从德·盖尔忙特夫人（Madame de Guermantes）[1]举办她的宴会以来，我们就已经知道，只有经历了犹如"一战"一样的大灾难，智识文化才会多多少少地改变其习惯，开始向圈外的那些后起之秀敞开自己的大门。

1　法国小说《追忆似水年华》（*A la recherche du temps perdu*）中的人物。——译者注

1.4 1989：奇迹之年

岁月之河一如既往地流淌着，但 1989 年却似乎是非同寻常的。对今天的我们而言，柏林墙（Berlin Wall）的倒塌意味着社会主义在德国的落幕。标榜自由的西方世界难掩其喜悦之情，它成为冷战的胜利者。

然而，这种胜利也只是昙花一现。在巴黎、伦敦和阿姆斯特丹，第一届全球国家会议也在 1989 这一特殊之年召开：某些观察人士认为，这象征着资本主义的终结，也代表着它试图全方位、无限制地征服自然计划的破产。资本主义试图将人与人之间的剥削重新界定为人对自然的剥削，但它将二者无限制地夸大了。被镇压者又回来了，带着复仇的愤怒：那些理应被解救而摆脱死亡的群众，现在却成千上万地堕入了贫困的深渊。自然，那理应被我们所完全掌控的自然，现在却以同样的方式在全球范围内支配着我们、威胁着我们。又是一个奇怪的辩证法（dialectic）：过去的奴隶成为人类的所有者和支配者，它突然向人类宣称——正是你们招致了生态的灭绝和全球性的饥荒。

柏林墙的倒塌与无限自然的终结之间的对称（symmetry）是多么完美，只有那些富人的西式民主（democracy）才看不到这些。那些强大的西方国家能够通过摧毁其他国家并将其人民推入赤贫的深渊，以挽救自己的人民和乡村。因此，这是一个双重惨剧：前社会主义国家以为可以通过模仿西方社会来解决它们的这两个问题；西方世界认为它已经摆脱了这两个问题，并坚信为其他国家提供了榜样，尽管它使地球及其人类陷入困境。西方世界认为它是世界上唯一的聪明人，并认为这会使它无限地获得成功，殊不知它很可能已经失去了一切。

看到了吧，最美好的愿望也都误入歧途，我们这些西方世界的现代人多少应该丧失了一点自信心吧。难道我们尽力所做的不正是要终止人类间的剥削吗？难道我们穷力而为的不正是要成为自然的主人和所有者吗？我们那高贵的品行在这对孪生使命中表露无遗，一个是在政治舞台上，另外一个是在科学和技术领域之中。然而，我们也应该回忆一下我们的青年时代，尽管狂热不已但也不是傻子，就像德国的年轻一代望着他们双鬓斑白的父母，并且问："我们过去错在哪里？我们可以说连自己也一无所知吗？"

美好的愿望并不具有合理的依据，对此的怀疑使我们不得不做出回应，这些回应包括以下两种方式：有人认为，我们无须竭尽所能地去终结人与人之间的剥削关系；其他人则认为，我们必须停止对自然的奴役。但他们却异口同声：让我们成为坚定的反现代人（antimodern）吧。

人们的这两种回应表明了他们所持有的仅仅是一种不完备的怀疑主义，而后现代主义（postmodernism）从一个不同的理论制高点出发，对此进行了恰当却又含糊的总结。后现代人并不相信社会主义和"自然主义"这两种承诺，当然，后现代人也非常谨慎，他们对其也并不是全盘否定。他们在信念与怀疑之间保持中庸，期待着千年盛世的终结。

最后，对于那些拒绝生态学之蒙昧主义或者反社会主义之蒙昧主义的人而言，对于那些无法满足于停留在对后现代持怀疑态度的人而言，他们决定继续前行，似乎一切都未改变，他们决绝地坚持现代性。他们继续坚信科学的承诺或者解放事业的承诺，抑或是同时相信二者。然而，在艺术、经济学、政治学、科学或者技术领域，他们对现代化（modernization）的信仰看起来却似乎并不具有多少合理性。在艺术长廊和音乐大厅，不管是从建筑物的外观还是从国际组织的内部结构来看，人们都可以感觉到这种内核已经不存在。成为现代人，这一愿望似乎也踟蹰不前，有时甚至显得落伍。

不管我们是反现代的、现代的还是后现代的，从1989　10
奇迹之年的双重溃败来说，我们的立场都受到置疑。不过，如果我们将1989年准确地视为一种双重崩溃并顺着思想的线索继续摸索前行，我们就会发现这种双重崩溃实际上也给了我们两个教训，而且它们之间的完美对称性使我们能够用一种新的眼光来回顾往昔。

那么，如果我们从未现代过，会发生什么呢？接下来，比较人类学将应运而生。网络也将占据一席之地。

1.5　成为一个现代人意味着什么？

对于现代性这一概念而言，每个思想家或者新闻记者都有其不同的视角，然而，不管以何种方式来界定这一概念，他们最终都指向了时间维度。就时间而言，"现代的"这一形容词所指称的是一种新的控制形式、一种加速前进、一种割裂，也是一场革命。但是，当"现代的""现代化"和"现代性"这些词语出现时，我们却反而是在界定那陈旧而又牢固确立的过去。而且，这些词语总是会陷入争执与吵闹的泥淖，胜利者和失败者、古代人和现代人拥挤其中。因此，毫无疑问，"现代的"具有双重的不对称性（asymmetry）：它既是指对时间之正常通道的一种割裂，也是指那场充斥着胜利者与被征服者的战斗。如今，如果我们同时代的许多人都不愿意使用这一形容词，如果我们使用了诸多前置词来修饰它，这是因为我们对自己是否有能力来维持这种双重的不对称——我们无法继续指明那不可逆转的时间箭头，更不会对胜利者予以褒奖——丧失了信心。在无穷无尽的争吵中，古代人和现代人互有胜负，而且我们也无法确定革命到底是终结了旧政体还是使之开花结果。因此，怀疑主义就获得了一个奇怪的称呼——"后"现代，尽管连它自己都不清楚，它是否有能力替代现代。

别走得那么快：我们需要反思现代性的定义，并解释后现代性的一些特征，还要理解我们为什么不再全身心地致力于支配与解放的双重任务。为了给予科学和技术的网络以一席之地，我们是否有必要穷力而为呢？是的，理当如此，穷力而为。

本书的假定是，"现代的"所指称的是两组完全不同的实践形式，而且如果要想使其发挥效用，就必须将其区分开来。不过，人们最近却将其混淆起来。第一组实践形式通过"转译"将两种完全不同的存在形式——自然和文化——混合起来。第二组实践形式通过"纯化"（purification）创造了两种完全不同的本体论领域：人类与非人类。如果没有第一组实践，纯化实践将是无效的、无意义的。如果

11

没有第二组实践，那么转译的工作也很可能会减慢速度并且缩小范围，甚至可以忽略不计。第一组实践与我所谓的网络相对应；第二组实践我则将其称为现代的批判立场（the modern critical stance）。举例而言，在高层大气化学、科学和工业策略、国家首脑的当务之急以及生态学家的忧虑之间，存在一条连续性的链条，第一组实践就与此相关，而第二组实践则分割了自然世界、社会、话语三者，其中，自然世界始终存在，社会充满了可预测的、稳定的利益和关切，话语则独立于指称和社会。

只要我们将转译和纯化这两种实践割裂开来，那么，我们就成了真正的现代人——这就是说，我们会欣然同意

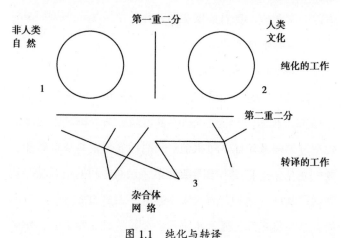

图 1.1 　纯化与转译

批判方案，即便这一方案仅仅是通过下半部分的杂合体的增殖而发展起来的。一旦我们将注意力同时直接投射到纯化与杂合的工作之中，我们就立马不再是完全现代的了，我们的未来也开始改变。这是因为当我们回望过去时，我们会意识到在过去的历史时期中，这两组实践一直都在起作用，而这样的历史正在走向终结。而且，我们的过去也会发生改变。最后，如果我们确实从未现代过——至少在此批判的意义上——我们一直所力求维持的与其他的自然—文化（nature-culture）之间的关系很可能也将发生改变。相对主义（relativism）、统治或支配、帝国主义、错误的意识、不同思想之间的融合（syncretism）——人类学家将所有这些问题归结在"宏大分界"（Great Divide）这一松散表达的术语之下——都将获得不同的解释，进而，比较人类学也会发生改变。

　　转译或者转义（mediation）的工作，与纯化的工作之间存在何种联系呢？这正是我要解释的问题。我的假定——这一假定还太过粗糙——是后者使前者成为可能：我们越是强迫自己不思考杂合体，它们之间的杂合状况就会越严重——这就是现代人的悖论，正是因为意识到当下我们所处的特殊境遇，才使我们发觉了这一悖论。第二个

12

问题与前现代人和其他类型的文化相关。我的假定——同样也是太过简单——是，由于其他文化的全部精力都用在杂合体之上，它们也就排除了杂合体的增殖。正是这种差别可以解释他们（其他的文化）与我们（西方人）之间的宏大分界，并且也为我们最终解决相对主义的问题找到了一条道路。第三个问题与当前的危机相关：如果现代性非常有效地完成了其双重任务，即分裂（separation）和增殖，那么，为何如今又要试图阻止我们成为一个现代人从而削弱自己呢？因此，最后的问题来了，这也是最难的一个：如果我们不再是现代人，如果我们不再将增殖的工作与纯化的工作分离开来，我们将会成为什么人呢？如果没有现代性，启蒙运动（Enlightenment）可能发生吗？我尚且粗糙的前提是，我们将不得不放慢脚步，通过对怪物之存在进行官方的表征，从而重新矫正和调整增殖的任务。是否需要一种新型的民主？一个扩展到万物范围内的民主？为了回答这一问题，我将对前现代人、现代人，甚至后现代人分别予以阐述，以期辨识出其可承继的特征以及破坏性的特征。

我很清楚，对于这样一本简短的著作而言，需要解决的问题太多了。正如尼采（Nietzsche）所说，思考复杂的问题，就像是洗冷水澡，你必须很快地跳进去，再很快地跳出来。

13

2　制度

2.1　现代制度

现代性通常都是以人类主义（humanism）为基础进行界定的，当然，有的定义是为了庆祝"人"的诞生，有的则是为了宣告"人"的终结。但是，这一惯例本身就是现代式的，因为它保持了一种不对称性。它忽视了"非人类"——物，或者客体，或者兽类——的同时诞生，让人同样感到奇怪的是，上帝从一开始就被搁置，他靠边站了。现代性最初也是与那三种实体一起诞生的，后来，它才掩饰了这种孪生关系并且对这三种共生体加以区别对待。当然，作为这种区别对待的后果，处于下方的杂合体也在持续不断地增殖。我们必须重构出这种双重分裂：一方面是人类与非人类之间的分裂，另一方面是天堂与尘世之间的分裂。

我们可以将这一分裂跟司法系统与政府行政部门之间的分割进行一番比较。这种分割可能无法说明各种复杂的层次关系、交叉影响以及法官与政客之间不断谈判的过程。但是，凭此否认这种分割的效用也是有失公允的。在自然界与社会界之间的现代分裂也具有同样的制度特征，当然也存在一个差别：直到今天，从未有人将科学家和政治家放到一块进行研究，这是因为两者之间似乎并不存在什么中间位置。在某种意义上，对这种双重分裂的最根本信仰已经确立起来，进而，这种分裂被视为本体论上的双重差异。只要人们能够勾画出一个对称性的空间，进而重新确立人们的共同理解，并以此将自然力和政治力之间的分裂组织起来，人们就立马可以从现代的牢笼里走出来。

14　　就像我们在谈论美国宪法[1]修正案时一样，一般而言，人们将用来界定这种理解和分割的通行文本称为一部宪法。是谁起草这一文本的呢？对政治性宪法而言，这一任务落到了法理学家和开国元勋的肩上，但目前他们的工作仅仅完成了三分之一，因为他们落下了科学的力量和杂合体的工作。对物的自然界而言，这是科学家的任务，不过他们同样也仅仅完成了三分之一，因为他们似乎假装忽视了政治的力量，甚至在他们不断制造杂合体的时候，他们依旧否认了杂合体的作用。对转译的工作而言，制定制度的任

1　constitution 一词在法语和英语中，有"宪法"和"制度"两层含义。在本小节中，拉图尔以文本性的"宪法"引出对抽象制度的讨论。因此，constitution 在此处翻译为宪法，在本书其他地方则翻译为"制度"。——译者注

务需要由那些以前文所勾画出的奇特网络为研究对象的人来承担。但是这些以科学为研究对象的人仅仅完成了契约的一半，因为他们并没有解释那些在其上展开的，并为杂合体的增殖提供说明的纯化的工作。

谁将完成整个制度的构建呢？涉及国外的各种集体时，人类学一直都擅长于一次性处理所有问题。事实上，正如我们所看到的，每一位人种志学者（ethnologist）都能够将下述内容囊括在单独一本著作之中：具有影响力的各种力量的界定，人类、神和非人类之间的权力分配，共识的达成机制，宗教与权力之间的关联，祖先，宇宙论，财产权，植物和动物分类学。很显然，人种志学者不会分开写三本书：一本讨论知识，一本讨论权力，另外一本讨论实践。他们只会单独写一本书，就像菲利普·德斯高拉（Philippe Descola）所做的那样：在其名著（Descola，［1986］1993）中，他试图总结出生活在亚马逊地区的阿丘雅人的制度。

然而，阿丘雅人尚未彻底通过家庭的符号网络征服自然。当然，文化领域是无所不包的，在其中，我们发现了动物、植物和灵魂（其他印第安社会将之放入自然的领域）。因此，阿丘雅人并没有面临在两个封闭的、无可克服的对立世界——人类社会的文化世界与动物社会的自然世界——之间的矛盾境地。不过，这种社会性依然会在某一点上戛然而止，对人类而言，取而代之的则是一个绝对陌生的蛮荒世界。与文化领域相比，这片小小的自然领域似乎微乎其微，其中所存在之物，人类也难以与之交流。在被赋予了语言能力的存在者［aents］中，人类是其中最完美的体现，而与之相对的，则是那些被剥夺了言语能力的事物，它们存在于诸多并行的却又无可接近的世界之中。交流能力的丧失通常会被归因于灵魂［wakan］的缺失，灵魂能够影响特定的生物物种，大多数的昆虫和鱼，家禽以及许多植物，由此成为一种机械的、无足轻重的存在。但是，有时候交流的缺失却是距离的结果：星星和流星的灵魂，鉴于其距离太过遥远，而且变动不居，因此，它们无法对人类的语言做出反应。（p. 399）

假使存在一种以现代世界为研究对象的人类学，那么其任务将在于以同样的方式描述政府的各个分支机构（当然也包括自然和硬科学的各个部分）是如何组织起来的，解释这些分支机构发生分离的方式和原因，以及那些将之聚合到一起的各种措施。人种志学者在研究我们的世界时，需要站在一个共同的位置上，那里散布着各种角色、行动和能力——正是这些角色、行动和能力使人们能够将某一实体界定为动物或物质，而将另外一种实体判定为自由能动者，也能帮助人们界定某种实体天生具有意识，另一种是机械性的，再有一种则毫无意识且没有任何能力。人种志学者甚至要在对物质、法律、意识和动物灵魂进行界定——或不进行界定——的不同方式之间进行比较，同时避免将现代式的形而上学作为其立足点。正如法律领域的宪法界定了公民和国家的权利和义务、司法体系的运转及权力的让渡一样，这一制度（Constitution，我使用了大写字母 C，其目的在于与政治性的宪法加以区分）也界定了人类与非人类，界定了他们的特性和关系、他们的能力和编组方式。

如何描述这一制度呢？17 世纪中叶正是此制度形成的初期，当时自然哲学家罗伯特·波义耳（Robert Boyle）和政治哲学家托马斯·霍布斯（Thomas Hobbes）就科学力量与政治力量的分配这一问题进行了激烈的争论。我将以此为例来集中讨论这一问题。有一本非常出色的著作已经对社会语境与（脱离了社会语境的）自然之间的双重创造进行了透彻的分析，若非如此，我选择这一案例必定是武断之举。我将以波义耳和霍布斯以及他们的后人和追随者为线索，对这一段漫长的历史进行简单总结——我在此无法完整地回溯这段历史，或许其他更有学识的人会乐于承担这一任务。

2.2 波义耳及其客体

史蒂文·夏平（Steven Shapin）和西蒙·沙佛（Simon Schaffer）的著作（Shapin & Schaffer, 1985）标志着以科学为严肃对象的比较人类学的真正开端。乍一看，这本书似乎只是为爱丁堡学派（Edinburgh school）的科学论工作（Barnes and Shapin, 1979; Bloor, ［1976］1991）以及大量的科学社会史（Shapin, 1982）和知识社会学（Moscovici, 1977）工作中的那一口号提供了一个范例："认识论的问题也就是社会秩序的问题。"如果我们将这两个问题割裂开来，将其中一个归属于哲学，将另一个归属于社会学或政治学，那么，我们将无法对其中的任何一类问题做出公正的判断。但是，夏平和沙佛将这个一般性的纲领发挥到极致——首先，对于认识论和社会学之分裂的历史开端，他们提供了一种替代性描述；接着，彻底消解了人们先前赋予社会语境在解释科学时的优先权，尽管这种消解在某种程度上仅仅是无意之举。

　　我们并没有将政治视为仅仅发生在科学之外围进而能够强行进入科学的东西。[波义耳所建立的]实验共同体不遗余力地推进并且向人们展现这种分界话语（boundary-speech）。我们需要做的是将这些话语放回具体的历史情境之中，并且解释这种习惯性的话语得以发展起来的原因。如果我们想认真对待此考察的历史本性的话，那么我们就不能不假思索地将这些行动者的话语当作解释资源。此类语言是如何使政治从科学中脱离出来的呢？这正是我们需要理解和解释的问题。我们并不赞同当前科学史学界的许多观点，这些观点认为人们应该少去谈论科学的"内部"和"外部"，他们认为自己已经超越了此类过时的范畴。还差得远呢，我们甚至都还未开始理解其中的相关问题。我们仍然需要做的是理解分界约定（boundary-convention）是如何形成的：根据历史记载，考察科学行动者们如何根据自己的（而非我们的）分界分配其条目，同时，依旧根据历史记载，考察他们又是如何根据如此分配的条目而采取行动的。我们不应该将任何分界体系视为所谓"科学"的自明属性。（Shapin & Schaffer，1985，p. 342）

在这一长段文字中，两位作者并没有表明，英格兰的社会语境能够解释波义耳物理学的发展和霍布斯数学理论的失败。他们触及了政治哲学的根基。他们并没有"以他们的社会语境来定位波义耳的科学工作"或者展示出政治影响科学教条的方式，而是考察波义耳和霍布斯为了创造出一种新的科学和一种［社会］语境以及此两者之间的分界而展开的斗争。他们并不是想利用社会语境来解释科学的内容，因为在波义耳和霍布斯达成其各自的目标并解决其分歧之前，并不存在这种新的方法。

夏平和沙佛著作的魅力在于他们成功地发掘出霍布斯的科学工作（这些工作一直被政治科学家们所忽视，因为作为政治科学家们眼中的英雄，霍布斯狂野的数学想象力令他们感到局促不安），并且唤醒了人们对波义耳的政治理论的记忆（科学史学家们对此也采取了忽视策略，因为他们倾向于掩盖他们的英雄在组织方面的成就）。夏平和沙佛并没有试图使用一种不对称的方法将科学归属于波义耳，而将政治理论分配给霍布斯；相反，他们勾勒出一个完美的四分仪（quadrant）：波义耳拥有一种科学和一种政治理论，霍布斯也拥有一种政治理论和一种科学。如果这两位英雄式的思想家相差十万八千里的话——例如，假设一位是追随帕拉塞尔苏斯（Paracelesus）[1]的哲学家，另一位则是博丹（Bodin）[2]风格的立法者——那么这个四分仪就没有多大意思了。然而幸运的是，他们两人几乎在所有事情上的看法都相当一致。他们渴望一位国王，希望建立议会以及听话而又统一的教会，他们同时又是机械论哲学的狂热信奉者。不过，尽管两人都是彻底的理性主义者，但是，他们从实验、科学推理、政治论证，当然，最重要的还是从空气泵（air pump）中所希望得到的东西却大相径庭。尽管他们在其他任何事情上都保持一致，但是他们之间的分歧足以使之成为实验室中理想的实验材料、成为新人类学家完美的果蝇。

波义耳非常谨慎地避免谈论真空泵（vacuum pump）。如果将水银试管倒置于一个装有同样物质的盆中，那么在试管上方会形成托里拆利空间（Toricellian space），这一发现引起了很大的争议。波义耳在对这些争论进行条分缕析之后，宣称他并未偏袒实空论者（plenist）与虚空论者（vacuist）争论之中的任何一方，他所做的仅仅是测量空气的重量。波义耳（模仿奥托·冯·盖里克［Otto von

---

1　帕拉塞尔苏斯是 16 世纪德国的炼金术家和哲学家。——译者注
2　博丹是 16 世纪法国的政治哲学家。——译者注

Guericke］的做法）研制出一种仪器，使用这种仪器能够永久性地将空气从一个透明的玻璃容器中抽出来。当时，鉴于成本、制造的复杂度和新颖度，这相当于现代物理学中的一个重要设备。这已经是大科学（Big Science）了。波义耳的设备具有一个最大的优点，即在一系列构思巧妙的封闭空间和容器的帮助下，它们能够使观察者看到玻璃试管内部的情况，并允许人们引导甚至控制实验的发展。由于空气泵的活塞、厚玻璃容器和垫圈并不能满足实验的要求，因此波义耳不得不将技术研究推进一大步，例如，要保证能够完成他最关心的实验——在真空中嵌入另外一个真空，他将托里拆利试管放入密闭空气泵的玻璃壁之内，并由此在倒置的试管顶端得到了一个初始空间。接着，他让一位技术人员（技术人员并不仅限于这一位，而且他们也并未现于人前［Shapin, 1989］）操作空气泵，并通过减少空气的分量，从而使水银柱高度下降，直到接近水银盆中的水银平面。波义耳进行了多次实验，来探测其对手所假设的以太风（ether wind）是否存在，并对大理石柱的黏附力、小动物窒息实验，甚至是蜡烛熄灭实验进行解释——这些实验后来流行于 18 世纪以降的娱乐物理学（la physique amusante）¹ 之中。

　　恰值英国内战正酣之际，波义耳选择了一种为古老的经院哲学传统所不齿的论证方式——以意见作为论证方法。波义耳及其同事放弃了必然性推理（apodeictic reasoning）的确定性，反而支持一种信念。这种信念并不是那些轻信耳食之论的大众脑袋中疯癫无矩的想象，而是人们获取同行支持的一种新机制。波义耳并没有将自己的研究奠基于逻辑学、数学或者修辞学之上，而是依赖于一种准司法性的隐喻：在实验场地获得可靠之人、可信之人、诚实之人的证言，便可以证实事实或事态（matter of fact）的存在，即便他们并不了解这一事实的真正本性。这样，波义耳发展出时至今日仍在发挥作用的经验主义风格（Shapin，1984）。

　　波义耳所寻求的并非这些绅士们的个人意见，而仅仅是令其观察在封闭且被严密保护的实验室空间之内所产生出来的人工现象（Shapin，1990）。具有讽刺意味的是，

1　娱乐物理学，意指随着近代科学的发展，西方出现了一些被称作"科学－魔术工作室"或"科学剧院"的场所，这些场所的运营者有时也自称为科学家或物理学家，实际上多为魔术师，他们的演出融合了科学和魔术，于是，科学以一种独特的方式成为那个时代大众娱乐生活的一部分。学者们一般将 la physique amusante 翻译为 amusing physics，本书的英文版将该短语翻译为 parlour physics，容易让人误解为早期科学家经常在私人场所乃至自家住所中所进行的物理学研究。——译者注

建构主义的关键问题——事实完全是在实验室中被建构出来的吗？（Woolgar，1988）——却恰恰是由波义耳提出并解决的。是的，事实确实是在实验室的新设备中，在通过使用空气泵所进行的人工干预中被建构出来的。技术人员屏住呼吸，小心翼翼地操作着那透明的、封闭的抽气泵，泵中倒置着托里拆利试管，而且试管中的水银平面确实下降了。"事实是被制造出来的"（Les faits sont faits），加斯东·巴什拉（Gaston Bachelard）如是说。不过，尽管这些事实是人为建构的，但它们因此就成为人造之物了吗？绝对不是，原因就在于波义耳和霍布斯一样，将上帝的"建构主义"扩展到人类身上。上帝是全知的，因为他创造了一切（Funkenstein，1986）。我们知道这些事实的本性，因为我们在一个完全可控的环境之下制造出它们。只要我们将知识局限于事实的工具化本性并把因果解释搁置一旁，我们的弱点反倒成了优势。波义耳又一次将缺陷——我们所得到的仅仅是在实验室中被创造出来、具有局部价值的事实——转变为具有决定意义的利器：不管在理论、形而上学、宗教、政治抑或逻辑等其他领域发生了多么翻天覆地的变化，这些事实永远都无法改变。

2.3 霍布斯及其主体

霍布斯拒绝承认波义耳的任何证据。如波义耳一样，霍布斯也希望赶紧结束内战，希望废除教士以及其他类似人员对《圣经》的自由解读权。不过，他想要做的是借由政体的统一来达成其目标。按照契约所产生的主权者（Sovereign）——"活的上帝，我们在永生不朽的上帝之下所获得的和平和安全保障就是从它那里来的"（Hobbes，［1651］1947，p. 89）——仅仅是大众的代表。"因为这人格之所以成为单一，是由于代表者的统一性，而不是被代表者的统一性。"（p.85）霍布斯着迷于人格的统一性，如其所言，这一人格就是我们公民作为授权者而造就的代理者（actor）。[1] 这种统一性表明，并不存在什么超越性。只要还存在超自然的实体，内战就会肆虐不止，这是因为，一旦受到世俗世界权威的迫害，公民就会认为自己有权利向这一实体提出申诉。如果所有人都能够直接向上帝申诉或任命他们自己的国王，那么，古老的中世纪社会中——对上帝和国王——的忠诚将一去不返。霍布斯的目的是将所有对高于世俗权威的诉求清扫出去。他想重现一个统一

19

1　此处相关翻译参考了《利维坦》中译本的译法。参见霍布斯，《利维坦》，黎思复、黎廷弼译，杨昌裕校，北京：商务印书馆，2016年。——译者注

的天主教社会，同时要切断通往神圣超越性的任何可能道路。

对霍布斯来说，权力就是知识，也就是说，如果想要终止内战，就只能允许一种知识、一种权力的存在。这就是《利维坦》一书的大部分章节都被用于诠释《旧约》和《新约》的原因。国内和平的最大威胁之一，就来自对无形之体，如精神、幽灵或灵魂的信仰，人们利用这些无形之体来反对世俗权力的决断。当安提戈涅（Antigone）宣布将虔诚置于克里昂（Creon）的"国家理性"之上时，她很可能就会成为一个危险角色；当平等主义者、平均派（Levellers）和掘地派（Diggers）试图利用物质层面的有效力量并借助对《圣经》的自由解读来反对其合法的国王时，他们所带来的威胁将更加严重。一种惰性的、机械的物质，也会对国内和平产生根本影响，就像对《圣经》进行纯符号解读所带来的影响一样。从这两个例子可以看出，我们理所当然要不惜一切代价，以规避不同派系借助一个更高同时又不能被主权者完全控制的实体——自然或者上帝——来为其服务的可能性。

在霍布斯那里，这种还原论（reductionism）并没有导致极权国家的诞生，他反而将之运用到共和体制自身：主权者仅仅是由社会契约所指定的一个代理者。对主权者而言，并不存在神法或者更高层次的力量可资援引，以便使他可以为所欲为，甚至祛除利维坦。在这一新的政体之中，知识与权力等价，不管是主权者、上帝、物质还是大众，一切都被削弱。霍布斯甚至排除了利用其国家科学（science of the State）呼唤超越性的可能性。他并不是通过意见、观察或者启示来得出其科学结论的，而是采取了数学证明的方法，这是能够迫使所有人一致认可的唯一论证方法。霍布斯并没有采取柏拉图的哲学王式的论证方式，也就是说，他的证明并不是以超越性的推演方式展开，而是使用了一种纯粹的计算工具、一种可谓是超前于时代的计算机——机械脑（mechanical brain）。甚至连其著名的社会契约，也仅仅是所有那些试图将自己从自然状态中解放出来的战战兢兢的公民们，突然同时达致的计算总和。这就是霍布斯更具一般意义的建构主义，其用意在于终结内战：不存在任何超越性，也不存在诉诸上帝的可能性，同样，亦不用诉诸任何具有主动性的物质、任何神授的力量甚或是纯粹的数学理念。

现在，霍布斯和波义耳的正面冲突，已是万事俱备只欠东风了。在霍布斯拆解了政治体并对之进行重组之后，20

皇家学会（Royal Society）却将他的这些工作归于无形：某些绅士大声疾呼，在实验室这样一个封闭空间中，他们有独立表达意见的权利，国家也无法凌驾于实验室之上。这些惹是生非之人发现彼此之间能够达成共识，当然这种共识并不是基于某种任何人都必须接受的数学证明，而是建立在实验的基础之上，尽管这些实验是由并不可靠的感官所观察到的，尽管它们难以被解释并且也难以令人全然信服。更糟糕的是，这一新的小圈子将他们的关注重点聚焦在空气泵上，而空气泵却将非物质体——真空——请了回来。他们似乎嫌霍布斯在清除幽灵和精神的过程中所遇到的麻烦还不够！正如霍布斯所担心的：现在，我们又陷入了另一场"内战"之中！这次，我们的对手不再是那些以他们对上帝和实物财产的个人解释为名而反对国王权威的平均派和掘地派了（他们已经被彻底消灭），我们现在所面对的，竟然是这些新的学术派系！他们试图借助于完全在实验室里被构造出来的事实，从而以自然之名来挑战任何人的权威。如果你承认实验能够生产出自己的事实，如果允许真空渗入空气泵之中，并由此进入自然哲学之中，那么你将再次割裂权威：非物质的精神将会向失败者提供一个申诉法庭，从而煽动大家起来造反。知识和权力再次被分开。若如此，则恰如霍布斯所言，你们所拥有的将是二象之见（see double）。这就是他在谴责皇家学会的不当行径时，向国王提出的谆谆告诫。

2.4 实验室的转义

对霍布斯实空论的这种政治学解读，还不足以使夏平和沙佛的著作为比较人类学提供一个坚实的基础。任何一位优秀的思想史家都可能完成类似的工作。不过，在三个具有决定意义的章节中，我们的作者将智识史撇于一隅，将阵地从意见和论证的世界转移到实践和网络的王国。在科学论这一领域中，所有那些专属于上帝、国王、物质、圣迹和德性的观念，现在第一次被转译、转录，并且不得不进入使仪器能够正常运行的实践之中。在夏平和沙佛之前，有很多科学史家已经研究过科学实践，也有很多科学史家研究了科学的宗教、政治和文化语境。但是，在他们之前，却从未有人能够同时将这两者结合起来。

在对其蹩脚的空气泵修修补补的过程中，波义耳成功地将他的这一工作转变为绅士们对已经毫无争议之事实的部分性赞同。与波义耳的工作类似，夏平和沙佛所要做的是，解释那些有关政体、上帝及其圣迹、物质及其力量的

21

讨论是如何以及为何必须经由空气泵而发生转译的。对那些试图为科学寻求语境论解释的人们而言，他们从未解开过这一谜题。语境论者们（contextualists）以下述原则为其出发点：存在各种宏观社会语境——英格兰、王朝冲突、资本主义、革命、商人、教会——而且，对于有关物质、空气弹性、真空和托里拆利试管的"观念"而言，这种宏观语境可能会以某种方式支配之、构成之、反映之、影响之抑或是压制之。但是，他们却从未对此前在上帝、国王、议会与透明封闭泵室中窒息而亡的小鸟——小鸟之所以窒息，是因为技术人员操控曲柄从而将泵室内的空气抽空了——之间的联系做出解释。鸟的经验如何能够转译、置换、传输、歪曲其他所有争论呢？进而，照此而言，是不是可以说操控空气泵之人同时也在操控国王、上帝和整个语境呢？

事实上，霍布斯千方百计地想规避任何与实验工作有关的事情，但是，波义耳却将争论强行推向了一系列烦人而又龌龊的细枝末节，诸如机器的裂隙、衬垫、曲柄之类。与霍布斯一样，科学哲学家和思想史家们也都极力避免实验室，它就像一个令人厌烦的厨房，里面的繁杂琐事会使概念毫无施展之机（Cunningham and Williams, 1992;

Knorr, 1981; Latour and Woolgar,〔1979〕1986; Pickering, 1992; Traweek, 1988）。夏平和沙佛则将其分析奠基于客体之上，如空气泵上某一特定的裂隙或者一个特殊的衬垫。构造客体的实践恢复了其被现代的批判立场所剥夺的主导性地位。这本书是一部经验性的著作，并不仅仅是因为它向我们展现了极其丰富的细节，也是因为它采取了一种考古学的方法来研究诞生于17世纪的实验室之中的新客体。像伊恩·哈金（Hacking, 1983）一样，夏平和沙佛采用了一种准人种志的（quasi-ethnographic）研究方法，表明了科学的现实基础，而这正是今天的科学哲学家们最为欠缺的。不过，他们并没有谈论外部的"外在"实在，而是将无可争议的、"在下"（down there）的科学实在锚定于工作台。

实验进展并不顺利，空气泵漏气了，必须进行修补。对研究者而言，如果他们无法解释客体是如何进入人类集体之中，无法解释这些客体所需要的操作和实践，那么他们就仍然不是人类学家，因为他们根本就未曾明白过，从波义耳的时代至今，文化的最基本构成是何物：我们生活于各种共同体之中，而这些共同体的社会联系则产生于实验室内所制造出来的客体；观念已经被实践

所取代，必然性推理被受控的信念所取代，普遍的论证
则被同行集体所取代。霍布斯所要极力恢复的迷人秩序，
22　则被各种不断增加的私人空间所消解。正是在这些私人
空间中，人们宣示事实所具有的超越性根源。这里所说
的事实，便是那些尽管由人类所制造，但并未出自任何
个人之手的事实，那些并无因果性却仍然可以被解释的
事实。

　　霍布斯义愤填膺地问道：以这些可悲的事态为基础，
社会就能够被和平地整合起来吗？令霍布斯尤为恼火的是
关于现象规模的相对变化。波义耳认为，有关物质和神圣
力量的诸多重大问题，完全可以服从于实验的解决方案，
当然这一解决方案也可能并不是很全面，但它并不会言过
其实。而霍布斯则出于第一哲学上的本体论和政治维度的
考量，拒绝了真空存在的可能性。他依旧断定以太是存在
的，尽管不可见但必定在场，甚至当波义耳的技术雇员连
气都喘不过来以致无法操作空气泵时，以太依旧在场。换
句话说，针对自己的"宏观"论点，霍布斯所要求的同样
是一个宏观回应，这一回应要能够证明其本体论是不必要
的，而真空在政治层面上又是可接受的。波义耳当时是如
何回应的呢？他的选择恰恰相反，他使实验变得更加复杂，

他用一个检测器（仅仅是一根鸡的羽毛）来向人们表明以太风是否真的在发挥作用，而霍布斯之所以假设以太风的存在，则是因为他希冀以此否定其批评者的理论（Shapin and Schaffer, 1985, p. 182）。荒谬之至！霍布斯提出了一个根本的政治哲学问题，而他的理论却被波义耳府邸中玻璃容器内的羽毛所否决！当然了，羽毛丝毫未动，借此，波义耳得出其结论：霍布斯错了，并不存在什么以太风。然而，霍布斯不可能是错误的，因为在他看来，其所讨论的现象只有在作为整体的共和国的尺度上才会产生。他所否认的正是那些将成为现代力量的最根本特征的东西：规模（scale）的变化和替代（displacement），这也是实验室工作得以开展的前提（Latour, 1983）。波义耳成为一个新的靴猫剑客（Puss in boots）[1]，现在他正冲向那个已经被缩小为老鼠大小的食人魔。

2.5　非人类的证言

波义耳的技术改进引人瞩目。与霍布斯的论断恰恰相反，波义耳精通古老的刑法和《圣经》解释，不过，他之

1　靴猫剑客是法国童话故事《穿靴子的猫》（Le Chat botté）中的角色，它成功诱导食人魔变成了一只老鼠从而把食人魔吃掉。——译者注

所以这么做是为了将之运用到物的证言之中。当然，这些
物是需要在实验室中接受考验的。正如夏平和沙佛所言：

> 斯普拉特（Sprat）和波义耳诉诸"英格兰当地法
> 庭的实践"来维护其结论的道德确定性，并用以支持
> 其论证——目击者的增加将会相应提升"这些可能性
> 成立的概率"。波义耳使用了克拉伦登（Clarendon）
> 1661 年版国叛法案中的条款，并指出，有罪判定至少需
> 要两个目击证人。这样，通过目击证据而获得权威的
> 法律和宗教模式，成为进行实验的最根本资源。因此，
> 以事实为依据，可靠的目击证人就进入了可信者的名
> 单之列，而天主教徒、无神论者和宗派分子则发现他
> 们的阐述受到挑战；证人的社会地位能够维护其可信
> 性，而且多个证人的共同作证也会使那些极端分子再
> 难置喙。霍布斯向这一实践的根本基础发起了挑战：
> 他再次表明，支持目击证据这一生活形式，是一项毫
> 无成效并极具破坏性的事情。（Shapin and Schaffer,
> 1985, p. 327）

乍一看，波义耳的这些论述似乎并无多少新意。甚至
一千多年以来，学者、修道士、法官和誊写员们就一直在
推进此类方法。不过，波义耳的创新之处就在于对它们的

应用。一直以来，目击证人要么是人，要么是神，而非人类从未担此重任。文本同样如此，要么由人类书写，要么是神启之作，但非人类却从未给人以启发，更不用说是书写文本了。法庭上，人们见证了无数的世俗审判和神圣审判——但从未有过任何案件将实验室转变为法庭，进而对其中非人类的行为进行审判。然而，对波义耳来说，如果证言未经证实，不管证人拥有多么崇高的地位，相较而言，实验室中的实验都拥有更高的权威：

> 前文提及的（关于潜水钟的）实验，已经表明了水压能够对非生命体产生影响，并且，这些非生命体不可能具有偏见性或者传达给我们某些片面的信息。相较而言，那些无知的潜水员所做的描述，则是可疑的，有时甚至还自相矛盾，不仅如此，他们在很大程度上会被偏见所左右，就像其他普通公众一样，他们的感知也很容易受到其个人癖好和其他诸多环境因素的影响，于是，他们也就很容易犯错。因此，对那些毫无偏见之人而言，水压更具有说服力。(Shapin and Schaffer, 1985, p. 218)

至此，我们看到了，一个新的并且为这一新制度所承认的行动者进入了波义耳的文本之中：非生命体。它们没有丝毫的个体意志，亦毫无偏见，然而，面对可信的目击证人时，它们却可以在实验室的仪器上进行展示、指示、书写，甚至是涂鸦的活动。这些非人类物体，没有灵魂却拥有意义，它们甚至比普通人更为可靠，因为对普通人而言，他们虽然拥有意志却没有能力以一种可靠的方式向我们展示各种现象。按照现代制度，面对质疑，人类最好是从非人类那里寻求帮助。非人类被赋予了这样一种新的符号力量，并借此促成了一种新的文本形式，即实验性的科学文献，这些文献成为一种介于古老的《圣经》诠释学（先前，这仅仅被运用于《圣经》经文和古典文本）与新仪器（仪器又带来了新的铭文）之间的杂合体。自此，证人就可以围绕空气泵的封闭空间，就非人类的有意义的行为展开讨论。古老的《圣经》诠释学仍将持续下去，但是它会在其破旧的羊皮纸上颤抖地署上一个签名——科学仪器（Latour and De Noblet，1985；Law and Fyfe，1988；Lynch and Woolgar，1990）。借由这样一个面目全新的法庭，其他所有的力量都被颠覆了，这才是令霍布斯手忙脚乱之处。不过，只有当政府的政治部门和宗教部门之间的所有联系烟消云散之时，才是颠覆发生的真正可能之日。

　　夏平和沙佛尽可能深入地讨论了客体、实验室、技能和规模的改变。如果科学并非奠基于某些理念而是某种实践，如果它内在而非外在于空气泵的透明空间，如果它发生于实验共同体的私人领域之中，那么，它是如何扩展到"每处地方"的呢？它又是如何获得诸如"波义耳定律""牛顿定律"之类的普遍性的呢？答案就是，它从来就不具有普遍性——至少，在认识论者们看来确实如此！它的网络得以扩展，并且稳定下来。两位作者使用一章的篇幅对这种扩展进行了出色的说明，这些说明就像哈里·柯林斯（Harry Collins）或者特雷弗·平齐（Trevor Pinch）的工作（Collins, 1985; Pinch, 1986）一样，为科学论这一全新领域的极富成效性提供了一个卓越的例证。通过追踪每一部原型空气泵在全欧洲境内的复制过程，追踪这样一个耗资巨大、缺乏可靠性而且异常笨重的设备是如何通过不断改进，从而变成了一个特别廉价的黑箱（black box），并逐渐成为每个实验室中的标准设备的过程，作者将具有普遍应用性的物理学定律重新请回到一个标准化实践的网络之中。结果自然就是，波义耳对空气弹性的解释被普遍接受——不过，其被接受的速度与实验者共同体及其设备的发展速度完全一致。没有任何一种科学可以脱离其实践网络而存在。空气的重量确实是一个常数，但仅仅是一个处于网络中的常数。随着这种网络的扩展，对真空的制造来说，其所需要的能力和仪器就变成了一项循规蹈矩的工作，就像我们所呼吸的空气一样，人们已对之视而不见。然而，这就是传统意义上的普遍性吗？绝对不是。

2.6 实验室和利维坦都是人造物

那么，在霍布斯和波义耳的"创造"之间所进行的对称性处理，到底能走多远呢？关于这一点，夏平与沙佛的态度并不明确。不过，乍一看，似乎是霍布斯及其追随者为我们创造了在分析权力时所需要的最主要的可用资源（"代表""君主""契约""财产""公民"）；波义耳及其门徒则为我们提供了有关自然的主要资源（"实验""事实""证言""同行"）。因此，似乎很明显，我们现在所讨论的不是两套独立的创造，而恰恰是一套，这套创造在我们的两个主角之间进行力量分配：将政治学分配给霍布斯，将科学分配给波义耳。当然，这并不是夏平和沙佛所得出的结论。他们的天才研究，将其引向了对两位大师在现代纪元肇始之时的实验实践与政治组织之间的比较，然而在此之后，他们的立场却又后退了：是否要如对待波义耳及其科学那样来对待霍布斯及其政治学，他们对此犹豫不决。他们似乎更坚定地钟情于某种政治资源而非科学资源，这非常奇怪。

然而，夏平和沙佛无意之中却将现代批判的传统参照点下移了。[1]如果科学奠基于某种生活形式、实践、实验室和网络，那么，它应该被定位于何处呢？当然，不会是在自在之物那一边，因为事实是被制造出来的。但是，它也不能完全置身于主体一侧，当然，人们也可能会赋予这一侧以其他的名称，如社会、大脑、精神、语言游戏、知识或者文化。窒息而死的那只鸟、大理石柱、下降的水银，所有这些并不是我们自己的创造物。它们并非来自稀薄的空气，更非产生于社会关系或人类的某些范畴。那么，我们必须要将科学实践不偏不倚地放到联结客体极与主体极之线段的中点吗？这一实践是一个杂合体，抑或是两者的混合之物？部分客体，部分主体？又或者说，既然某种政治语境和某种科学内容同时产生，那么，面对这一离奇境况，我们是否有必要为之创设一个新的位置呢？

1　为了更好地理解"下移"，这里加入了本书法文版中的一个图示，即图2.1。这一图示可参见法文版第40页。——译者注

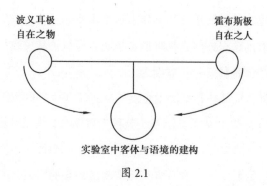

波义耳极
自在之物

霍布斯极
自在之人

实验室中客体与语境的建构

图 2.1

对于这一问题，两位作者并没有给出一个明确的答案，就仿佛他们对自己的这一发现丧失了公正评判的能力。正如霍布斯和波义耳能够在其他所有问题上达成共识，却在如何开展实验上发生分歧一样，两位作者也在所有问题上形成一致看法，却在如何处理"社会"情境——霍布斯那一对称的创造：可被代表之人——的问题上分道扬镳。在该书的最后几章，对其自身所开展的工作而言，两位作者在一种霍布斯式的解释与波义耳式的观点之间摇摆不定。这种张力只会使他们的工作愈加趣味盎然，也为科学人类学提供了一系列理想的新果蝇，因为这些果蝇只是在少许特性上有所差异。夏平和沙佛认为，与波义耳对霍布斯的拒斥性论证相比，霍布斯对波义耳之科学所进行的宏观社会解释更加可信！由于在科学的社会研究框架下接受了学术训练，他们似乎接受了爱丁堡学派带来的某些局限：如果所有的认识论问题都可以被视为社会秩序的问题，是因为对于何种科学才能被视为好科学，其判定方式归根结底都是社会情境的一个子集。与对"外在"自然的解构相比，这样一种非对称性的处理，使夏平和沙佛对宏观社会语境所进行的解构工作逊色不少。他们似乎相信，"在上"（up there）的社会确实存在，而且它可以说明霍布斯纲领的失败。抑或是，更准确地说，他们并没有成功解决这一问题，该书结论一章抵消了其在第七章中的出色证明，同样，该书最后一段话也抵消了他们自己的论证：

> 我们的科学知识，我们的社会构造，以及有关社会和知识之关联的传统观点，绝不能再被视为理所当然的了。随着我们逐步认识到我们的认知形式所具有的约定性和人为性特征，我们也开始认清，需要为我们的知识负责的并非实在，而是我们自身。知识，就像国家一样，只是人类行动的产物。霍布斯是正确的。
>
> （p. 344）

不，是霍布斯错了。他创造出一元的社会，并在其中将知识和权力等同视之，霍布斯怎么可能是正确的呢？波义耳在事实知识与政治知识的生产之间创造出绝对的二分，难道霍布斯那粗糙的理论就能够为之提供解释吗？是的，"知识，就像国家一样，只是人类行动的产物"，但这也正是波义耳的政治创造要远比霍布斯的科学社会学精致的原因所在。如果我们想认清那最后一个横亘于我们和科学人类学之间的障碍，我们就必须要解构霍布斯的制度性创造——在其中，存在一个诸如宏观社会的东西，它要比自然顽固得多，也坚固得多。

霍布斯创造出无遮蔽的计算式公民（naked calculating citizen），他们的权力仅限于拥有一个人为构造的主权者，并被其所代表。同样，他也创造了一套语言，按此语言，权力等同于知识，这一等式成为整个现代现实政治（Realpolitik）的根基。不仅如此，他还提出了一整套用以分析人类利益的术语。时至今日，这些术语，与马基雅维利（Machiavelli）所提出的那些术语一道，仍然构成了所有社会学理论的基本词汇。换句话说，尽管夏平和沙佛小心翼翼地避免将"科学事实"这一说法视为一种资源，而是将之视为一种历史性的、政治性的创造，但他们对政治语言的处理却没有如此谨慎小心。他们使用了诸如"权力""利益"和"政治"之类的词（该书第七章），但对这些词的含义却未加深究。然而，是谁发明了这些词并赋予其现代

2 制度 / 57

含义呢？是霍布斯！看来我们的作者自己也有了"二象之见"，他们完全倒向了一边——在批评科学的同时将政治囫囵吞下并作为其唯一有效的解释资源。那么，是谁为我们提供了这样一种通过权力解释知识这一不对称的分析方式呢？还是霍布斯，他建构了一元论（monist）的宏观结构，在这种结构中，知识只是社会秩序的辅助性工具。两位作者非常有力地解构了空气泵的演变、传播和普及历史。然而，他们为什么不去解构"权力"或者"力量"的演变、传播和普及呢？难道空气弹性就比"力量"更可疑吗？如果自然和认识论并不是由超历史的实体所构成的，那么，历史学和社会学同样也不是——除非人们接受作者的某些不对称性立场，并愿意在对自然持建构主义立场的同时，对社会持实在论立场！（Collins and Yearley, 1992）然而，空气弹性不可能比英格兰社会本身具有更深的政治基础。

2.7 科学表征与政治代表

如果我们采取某种异于夏平和沙佛的方法，自始至终地追踪其著作的内在逻辑，我们可能就会明白在霍布斯和波义耳同时完成的工作之间存在着对称性，而且，我们也可能会明了他们所描述的科学实践。波义耳并非仅仅创造了一种科学话语，同样，霍布斯也并非仅仅创造了一种政治话语。波义耳创造了一种政治话语，并将政治排除在外；霍布斯设想了一种科学的政治学，并将实验科学排除在外。换句话说，他们所创造的正是我们的现代世界，在这样一个世界中，以实验室为媒而对物进行的表征，与以社会契约为媒而对公民进行的代表[1]，被永久性地割裂开来。因此，政治哲学家们忽视了霍布斯的科学，而科学史学家们则忽视了波义耳的科学政治学立场，他们决然不是无意而为之。自霍布斯和波义耳的时代以来，所有这些人都采取了这种"二象之见"，都没有在对非人类的表征与对人类的代表之间、在事实的人造性与国家的人造性之间确立直接联系。在霍布斯和波义耳那里，表征这个词是相同的，但他们之间的争论却使人们难以思考该词两层含义之间的任何相似性。时至今日，既然我们已经不再完全是现代人，那么该词的这两种含义也就再一次彼此靠拢。

这样，在认识论和社会秩序之间的联系就具有了一种

1　拉图尔坚决反对在知识与实在之间相符合意义上的表征理论，但在他的著作中，"表征"一词却又经常出现，他是在政治的意义上来使用这个词的，表征在这里也就是代表的意思。如其所言，"不存在表征，除非是在这一术语的理论或者政治意义上而言"。Bruno Latour, *The Pasteurization of France*, Cambridge, Massachusetts: Harvard University Press, 1993, p. 228.——译者注

全新的含义。波义耳和霍布斯站在各自的立场发展出同一
政府机构的两大分支，当然，只有当这两大分支被截然分
开的时候，它们才能获得其权威性：如果没有科学和技术，
霍布斯的国家将会软弱无力，但是，霍布斯却仅仅谈论对
无遮蔽之公民的代表；如果不在宗教、政治和科学领域之
间划定界线，波义耳的科学也将归于无效，这也就是他之　　28
所以要千方百计地抵制霍布斯的一元论的原因。他们就像
是两个开国元勋，步调一致地在政治领域推动着同样的革
新：对非人类的表征属于科学，但是科学不能诉诸政治；
对公民的代表属于政治，但是政治也不能与由科学和技术
所产生并动员起来的非人类发生任何联系。霍布斯和波义
耳的争论，其目的就是要界定这两种资源（时至今日，我
们仍在不假思索地使用着），而且其双重争斗的激烈程度
充分表明了他们所创造之物的新颖性。

　　霍布斯定义了一个无遮蔽的计算式公民，他们构成了
利维坦——一个世俗的上帝，一个人为的创造物。那么，
利维坦的基础何在？就在于对原子人的计算会产生出一种
契约，而这份契约则保证了所有人的力量不可逆转地汇聚
到某一个体的手中。这种力量存在于何处呢？所有无遮蔽
的公民可以将权威集于一人，并允许他为之代言。当他在

行动的时候，实际上是谁在行动呢？是我们，正是我们将自己的权力完全赋予了他。共和制是一个自相矛盾的人造物，它由公民所组成，但公民们却又只能将其权威赋予其中一人来代表他们全体并将之联合起来。主权者是站在自己的立场上说话，还是为那些赋予其权力的人代言呢？这一问题没有答案，现代政治哲学家们的争论也就不可能休止。确实，是主权者在说话，但公民却能通过他来表达自己。他成为他们的代言人（spokesperson）、他们的代表、他们的化身。他转译着他们，他也可能背叛他们。他们赋予其权力，他们也可以弹劾他。利维坦仅仅是由公民、计算、共识或者争议所构成。简而言之，除却社会联系，它别无他物。或者，更准确地说，多亏霍布斯及其继承者，我们已经开始理解社会关系、权力、力量和社会的含义了。

不过，波义耳却界定了一个更加奇怪的人造物。他创造出一个实验室，在其中，人工的机器凭空创造出各种现象。尽管它们只是一些人工物，造价昂贵，而且也难以复制，尽管受过专业训练的可靠的见证人并不多，但这些事实仍然表征了自然的真实面貌。在实验室中、在科学文本中，事实被制造出来、被表征出来。那些新兴的见证人共同体能够确认这些事实，并为之提供担保。

科学家就是这些事实的严谨的代表。当他们在说话的时候，事实上是谁在说话呢？毫无疑问，是事实本身，但也是它们所赋予其权威的发言人在说话。那么，到底是谁在说话，是自然还是人类？这是另外一个没有答案的问题，现代科学哲学家们为之争论不已，哪怕再争论三个世纪也将毫无结果。就其自身而言，事实是不会说话的，自然力也仅仅是某些毫无感情的机制。然而，科学家们宣称，他们自己并没有说话；毋宁说，是事实在为自己代言。那么，在实验室的人造空间或者在空气更加稀薄的真空泵腔室之中，这些哑巴的实体具有了言说、书写、表明自己意图的能力。少数绅士群体从各种自然力那里获取证言，并且相互作证，以表明他们并未背叛而仅仅是转译了客体的无声行为。跟随波义耳及其追随者，我们开始明白自然力是什么，它就是一个客体，一个虽然无法发声却被赋予或托付了意义的客体。

波义耳和霍布斯的后继者们在其争论中为我们提供了两种一直沿用至今的资源：一方面是社会力和社会权力，另一方面是自然力和自然机制；一方面成为法律的主体，另一方面则成为科学的客体。政治发言人代表着那些争吵不已的计算式公民群体；科学发言人则代表了那些毫无声息的物质客体。前者转译了其委托人，他们无法同时发声；后者也转译了其委托人，它天生就是个哑巴。前者可能会发生背叛；后者同样如此。在 17 世纪，对称性仍然可见，双方阵营通过其发言人而争吵不断，互相指责对方增加了冲突的可能性。对于其共同的起源，现在毫不费力就可以将之隐藏，因为只有在人类这一侧，才有发言人，而科学家的转义工作已经隐匿不见。对应于被选出来的是代理者还是物，"表征"自然而然也就具有了两种不同的含义。认识论和政治科学将会背道而驰。

2.8　现代的制度担保者

即便现代制度创造出用来表征物的科学力与用来表征主体的政治力之间的区分，我们却仍然无法得出结论——主体与物自此远离。事实恰恰相反。在《利维坦》中，霍布斯同时重新界定了物理学、神学、心理学、法律、《圣经》解释学和政治科学。波义耳在其著作与通信中，重新设计了科学修辞学、神学、科学政治学和事实诠释学。他们共同对诸多问题进行了描述：上帝如何统治世界，英格兰的新国王如何制定法律，神灵或天使该如何行事，物质具有何种属性，我该如何探究自然，科学讨论或者政治讨论的边界何在，如何将下层社会牢牢地掌控于股掌之中，女性 30 的权利和义务何为，数学能够给我们带来什么。在实践中，他们则都处于古老的人类学基质之中，他们在物的能力与人的能力之间进行了区分，不过，他们当时尚未在纯粹的社会力与纯粹的自然机制之间确立某种分割。

　　整个现代性的悖论便在于此。如果我们考虑一下杂合体，那么我们现在所处理的就仅仅是自然与文化的杂合物；如果我们考虑纯化的工作，那么我们所遭遇的就是在自然与文化之间的一个决然分裂。在此，我试图要理解的，正是这两种任务之间的关系。尽管他们同时处理政治、宗教、技术、道德、科学和法律，但他们仍然在这些不同的任务之间进行了分割，这种分割的最终结果便是，其中一人将自己局限在物的科学之上，而另一位则将自己限定于人类的政治学之中。在这两种进路之间，是否存在某些更加紧密的联系呢？对增殖而言，纯化是否必要呢？一种纯粹的人类政治学和纯粹的自然存在物，是否必然要求大量杂合体的存在呢？保持这两种进路的有效性，是否就一定要求对两者进行绝对的区分呢？如何解释此种处理方式的力量所在呢？进而，现代世界的秘密是什么？要想找到答案，就得要将夏平和沙佛所取得的成果进一步推广，从而对制度进行完整的界定，实际上，霍布斯和波义耳所给出的仅仅是这一制度的最初草图。要做到这一点，由于我的历史学功底远不如我的这两位同行，因此，我将不得不依赖于一项必要的推测性工作，从而猜想这样一种制度确实是被一些能动者有意设计出来的——这些能动者试图从零开始建构一套可行的权力制衡机制。

如同任何一种制度一样，现代制度也需要其自身所提供的担保者（guarantee）来进行衡量。与霍布斯的立场相反，波义耳及其诸多的科学后继者们界定了自然力这一概念：客体虽然缄默不语，但以忠诚并受过专业训练的科学代言人为媒，自然力就可以使之发声。由此，这种自然力提供了一个重要的担保者：人类并没有制造自然，自然一直存在，并且始终事先存在，我们所做的仅仅是去发现其秘密。而与波义耳相反，霍布斯及其诸多的政治后继者们界定了政治力，这种力量使公民能够通过主权者（其所言正是公民之所言）的转译或者背叛而以同一种声音说话。这种力量也提供了一个同等重要的担保者：人类，并且只有人类，才是社会的构建者以及自身命运的自由决定者。

如果按照现代政治哲学的通行做法，将这两个担保

2 制度 / 65

者分割开来，那么，我们仍将难得其解。如果自然的制造者不是人类，而且其被制造的目的也不是人类，那么，它将依旧与我们毫无关联，将永远保持那冷淡的面孔，甚至对我们充满敌意。自然的超越性使我们裹足不前，或者说使我们难以接近它。相应地，如果社会的制造者仅仅是人类，或其被制造的目的也仅仅是人类，那么，对利维坦这样一个人为的创造物而言，我们同时既是它的形式又是它的质料，它也将无法立足。在每个人对每个人的战争（the war of every man against every man）中，也正是这种内在性（immanence）立刻又摧毁了它。不过，这两个制度性的担保者却无法分裂开来，仿佛前者确保了自然的非人类性，后者则保证了社会领域的人性。它们是一起被创造出来的。它们相互强化，互为对方的平衡力，就像权力的制衡机制一样。它们只是一个单一的新政府的两个分支机构罢了。

现在，如果我们将两者放到一起而不是分开，我们就会注意到担保者发生了反转。波义耳及其追随者们并不是简单地宣称我们无法控制自然规律，他们也在实验室里构造着规律。尽管事实是在真空泵中被人工建构出来的（这是转义或者转译的阶段），但它们却完全逃脱了人类的构造（这是纯化的阶段）。霍布斯及其后继者们并没有简单地宣称人类凭借纯粹自身的力量而制造社会，而是认为利维坦可以永久存在，它地位稳固、坚实且强大有力，认为它能够使商业、人类的发明和艺术繁荣起来；而对主权者来说，它则同时手握淬火适度的钢铁利剑和黄金权杖。尽管它只是人类的一个建构物，但是它却无限超越了其人类创造者，因为在它的毛孔、血管和组织之中，它动员了数不胜数的能给予其连贯性和持久性的物和客体。然而，尽管它通过动员万物获得了稳定性（就如转义的工作所揭示的），但是我们（可怜的、毫无遮蔽的、毫无武装的公民）仍然能够通过自由地使用理性的纯粹力量来创造它（正如纯化的工作所表明的一样）。

不过，这两个担保者却是矛盾的。当然，这种矛盾并不仅仅存在于彼此之间，也是内在性的，因为它们每一个都同时扮演了超越性和内在性的角色。波义耳及其诸多的继承者们在对自然进行人工建构的道路上越行越远，同时声称他们是在发现自然；霍布斯和这种被重新定义的市民也通过计算的力量和社会力量而不断地建构着利维坦，然而，他们又不断地将越来越多的对象征募（recruit）入伍从而使利维坦能够持续性地存在下去。他

们是否在说谎呢？还是在自欺欺人？抑或，他们在欺骗
我们？绝对不是，因为他们加入了第三个制度性的担保
者：首先，自然界（尽管它只是人类的建构物）和社会
界（尽管物维系着其存在）之间应当决然分裂；其次，
在杂合的工作与纯化的工作之间也应该完全分裂。对前
两个担保者而言，只要第三个担保者还未将其永久分开，
只要它还未将一种显而易见的对称性转变为两个矛盾的
非对称性——实践可解决之，却无法言说之——那么，它
们之间的矛盾性就将存在下去。

第一重悖论

自然并不是我们的建构物，它是超　　社会是我们的自由建构之物，它内
越的，并且无限地凌驾于我们之上。　在于我们的行动之中。

第二重悖论

自然是我们在实验室之中的人工建　　社会并不是我们的建构物，它是超
构物，它内在于实验室之中。　　　　越的，并且无限地凌驾于我们之上。

制度

第一担保者：尽管我们建构了自然，　第二担保者：尽管我们并没有建构
但自然看上去却并不为我们所建构。　社会，但社会看上去却是我们的建
　　　　　　　　　　　　　　　　　构物。

第三担保者：自然和社会必须被截
然分开，纯化的工作与转义的工作
必须截然分开。

图 2.2　自然与社会的悖论

32

要完成霍布斯和波义耳之间的典范性争论所勾画出的这一运动，可能还需要更多的学者、更多的机构加入进来，也需要制定更多的条例。但是现在，其总体性框架变得容易理解了：如果将这三个担保者放在一块，它们将会导致现代人在规模上发生相应的改变。现代人能够使自然介入社会建构过程的方方面面，同时不断地赋予自然以根本的超越性；他们成为其政治命运中的唯一行动者，同时通过动员自然来维持其社会的整体性。一方面，自然的超越性并不会妨碍其社会的内在性；另一方面，社会的内在性也不会妨碍利维坦的超越性存在。必须承认，这是一个相当精巧的创造，它能够为所欲为却又不为任何事物所牵绊。不用奇怪，现代制度本该做的，正如人们过去常说的一样，就是"解放生产力……"。

2.9　第四担保者：被搁置的上帝

不过，要想确保现代制度的这两个担保者能够充分发挥其效用，就不能看到两者之间的完美对称。第四个担保者需要解决的问题是上帝，它在使上帝永远远离社会与自然之双重建构的同时，却保留了其体面性，也保持了其有用性。霍布斯和波义耳的追随者们成功地完成了这一任务——前者取消了自然之神圣存在的可能性，后者则祛除了社会的神圣起源。科学的力量"不再需要这一假设"；至于政治家们，他们制造出利维坦这一"世俗的上帝"；现在，不朽的上帝不会再给他们带来困扰了，这是因为主权者现在只需对其经文进行比喻性的解读就可以了。上帝对自然定律和共和国的法律都毫无作用，如果谁不赞同这一点，那么他就不是一个真正的现代人。上帝在形而上学的层面上被搁置一边，这与基督教前现代式的上帝完全不同；同样，实验室中建构出来的自然也与古代的自然（phusis）完全不一样，社会学家所发明的社会也与人类学视角下的古老的集体及充斥其中的非人类因素完全相异。

不过，如若彻底远离上帝，则很可能会导致现代人丧失某种批判资源，而这种资源对现代人完成其现代机制而言必不可少。同时，自然和社会（nature-and-society）这对孪生范畴也将会被搁置于真空之中，不仅如此，当政府的这两个分支发生冲突时，人们也将无法判定哪一个会胜出、哪一个会落败。更糟糕的是，它们之间的对称性会变得非常清晰。如果允许我将这一方便的构想（这一制度是由某些有意识的，并被赋予了意愿、远见和聪明才智的能动者所设计）推进下去，那么，我会说，现代人同样将这种双重的处理方式运用到被搁置的上帝身上，这与他们对自然和社会的处理方式是一样的。上帝的超越性使其无限远离人类，因此，他对自然或者社会的自由运转毫无影响。尽管如此，一旦当自然规律与社会定律发生冲突时，我们却又可以诉诸此种超越性。因此，现代的男性和女性在信奉宗教的同时，很可能又是无神论者。他们可以侵入物质世界，并随意地重造社会，却不用体验那孤寂的造物主的情感历程，他已经被大家所抛弃。

对古老的基督教神学问题的重新诠释，使上帝的超越性和内在性同时发挥效用。然而，16 世纪宗教改革的这一长期使命，如果没有与 17 世纪的任务（同时创造了科学事实和公民）相杂合，那么它很可能会产生出完全不同的结果（Eisenstein，1979）。灵性（spirituality）被重新界定：全能的上帝降临到人类心灵的深处，却丝毫未曾影响到他们的外部事务。一种完全个体性和完全精神性的宗教使人们对科学和社会之支配性地位的批判成为可能，却又无须将上帝引入两者之中，这样，世俗和虔诚在现代人身上结合起来（Weber，［1920］1958）。最后一个制度性担保者并不是由一个高高在上的上帝而是由一个缺场的上帝所给予，然而，他的缺场却并未阻止人们在内心深处向其呼求，只要他们愿意如此。这样，他完全处在了一个理想的位置上，因为人们两次都将之搁置起来，一次是在形而上学的层面上，一次是在精神的层面上。无论如何，他不会对现代人的发展产生任何干扰，而仅仅是在人类的灵魂深处保持了一种有效性、有用性。

这样一个错综复杂的谋划包含了三重超越性和三重内在性，它掌控了所有的可能性，我认为这就是现代人的力量所在。他们并没有制造自然，他们制造了社会；他们制造了自然，他们没有制造社会；人们什么都没有制造，上帝制造了一切；上帝一事无为，人们制造了一切。如果我们看不到这四个担保者彼此之间的制衡关系，那么我们就绝无可能理解现代人。前两者使人们可以通过在纯粹的自然力和纯粹的政治力之间双向地直接移动，进而有可能交替地使用权力资源；第三个担保者则消除了对自然所属之物与政治所属之物的任何污染，尽管前两者允许在两者之间进行快速的交替。第三个担保者（它将前两者分开）与前两者（它们相互交替）之间的冲突是否就显而易见呢？并非如此，因为这一制度的第四个担保者将一个无限远的上帝确立为仲裁者，他是一个软弱无力却又至高无上的判决者。

　　如果我对现代制度的这种勾勒是正确的，那么现代性与人类主义的发明、与科学的出现、与社会的世俗化或者与世界的机械化都毫无关系。其独创之处、其力量，来自漫长的历史进程中这三对超越性和内在性的共同制造。在此，我只是用霍布斯和波义耳这两个角色展现出其中的一个阶段。这一现代制度的根本点在于，它使将杂合体汇聚在一起的转义工作，成为某种不可见的、无法思考的、无法表征的东西。表征的这种缺失会以某种方式限制转义的工作吗？不，因为那会导致现代世界立马停止运转。就像所有其他的集体一样，现代社会也依赖于这种混合物。相反，现代制度虽然否定了杂合体的存在和可能性，但是又使杂合体的扩展性增殖成为可能（这一机制的美妙之处就在于此）。在超越性和内在性之间连续进行三次交替，现代人就可以将自然动员起来，也将社会客观化，并且感受到上帝的精神在场，尽管同时他们还可以坚定地认为，自然摆脱了我们的控制，社会才是我们自身的结果，上帝对我们毫无影响。谁能够抗拒得了如此的建构？时至今日，某些

35　真正的例外事件必定已经削弱了这一强力机制，如此，我才能够以人种志学者的超然姿态来描述这一正处于消逝之中的世界。

2.10　现代批判的力量

现代人的批判能力正在不断退化，在此时刻，最后一次评价它们的巨大效用也不无裨益。

从宗教的束缚中解放出来之后，现代人通过解释各种古老力量所掩饰的物质因果性——即便他们是在一个封闭的人工实验室之中发明出这些现象的——来批判其蒙昧主义。自然规律使第一批启蒙运动思想家能够祛除那些因人类的偏见所导致的毫无事实根据的自负。运用这样一种新的批判工具，可以将自然机制与人类的激情、利益或者愚昧区分开来，借助于此，他们在古老的杂合体中所看到的就仅仅是必须要纯化的非法混合物。旧时的观点接二连三地成为愚蠢之见，最多也不过是具有些许的近似性。抑或更准确地说，只需运用现代制度，就足以创造出一个与今天截然不同的"过去"。人类过去的蒙昧，将社会需求与自然实在、意义与机制、符号与事物全然杂合起来，开始让位于黎明时分的一抹曙光，正是这一抹曙光将物质因果性与人类想象清晰地分割开来。自然科学最终成为自然的界定者，每一门新兴的科学学科，都会经受一场彻底的革命，正是这场革命将其从前科学与旧制度的桎梏中解放出来。如果一个人无法体验到晨曦的这种美、无法对其承诺沉醉不已，他就不是一个现代人。

　　不过，现代批判并不是简单地转向自然进而以之摧毁人类的偏见。很快，它开始走向另外一个方向，转向新近建立的社会科学以祛除过度的自然化。这发生于19世纪，是人类历史上的第二场启蒙运动。这一次，关于社会及其定律的精确知识，不仅开始批判日常蒙昧主义的偏见，而且也对自然科学所创造出来的新偏见进行批判。在社会科学的坚定支持之下，人们开始将其他科学中真正的科学内容与意识形态化的内容区分开来。祛除意识形态（ideology）的糠皮，挑出科学的内核，这成为那些善意的现代化者为之奋斗了几代的任务。在第二批思想家看来，存在于第一场启蒙运动思想家群体那里的那些杂合体，都是一些难以接受的混杂之物，需要对之进行纯化，这种纯化要求我们必须小心翼翼地将属于物本身的那部分与受经济、无意识、语言或者符号影响而产生的那部分区分开来。过去的所有观点——包括其中的某些伪科学——成为某种愚昧之见，成为某种含糊之词。或者准确地说，相形之下，一系列激进的革命所创造的一个愚昧的"过去"，很快就将被社会科学的那抹晨曦所驱散。自然化与科学意识形态的诡计最终消散不见。如果一个人不去虔诚地等待这抹晨曦并为其承诺激动不已的话，他也不是现代人。

不可战胜的现代人甚至发现，他们不仅可以一方面利用自然科学揭示权力的虚伪自负，另一方面利用人文科学之确定性来揭露自然科学、揭露科学主义的虚伪自负，而且完全可以将这两种批判手段结合起来。最后，作为整体的知识也就触手可及了。在很长一段时间里，人们无法越过马克思主义，这是因为马克思主义将现代批判所发展起来的两种最有力的资源交织在一起，并一直对其进行捆绑处理（Althusser，1992）。马克思主义保留了属于自然科学和社会科学的那部分真理，同时小心谨慎地祛除了这两类科学中备受谴责的部分和意识形态的内容。马克思主义实现了，也终结了——我们很快就能理解这一点——第一次和第二次启蒙运动的所有理想。在物质因果性与蒙昧主义的错觉之间的第一重区分，就像在科学与意识形态之间的第二重区分一样，仍然是今天的现代人所愤愤不满的两个主要根源，尽管当代人不再以马克思主义的方式控制争论，尽管他们的批判资本现在已经被分散到成千上万的小股东手中。任何人如果从未在内心深处感受到这双重力量的激荡，从未沉湎于理性与蒙昧主义、错误的意识形态与正确的科学之间的分割，那他就不是现代人。

锚定点	批判的可能性
自然的超越性	我们无法违背自然规律
自然的内在性	我们拥有无限的可能性
社会的内在性	我们是完全自由的
社会的超越性	我们无法违背社会定律

图 2.3　锚定点和批判的可能性

　　以自然规律的超越式的确定性为坚实基础，对于那些非理性的信仰及其正当性尚未获得证明的支配方式，现代的男性或女性们批判之、揭露之、谴责之、愤恨之。以人类赋予其自身命运的确定性为坚实基础，对于那些非理性的信念和意识形态所导致的偏见及其正当性尚未获得证明的专家（他们声称已经划定了人类行动与自由的边界）统治，现代的男性或女性们也批判之、揭露之、谴责之、愤恨之。然而，自然的唯一超越性（这并不是我们所为）和社会的唯一内在性（完全由我们所创造）会麻痹现代人的大脑。面对物时，现代人表现得太过软弱；而在社会之中，他们又太过强大。毫无矛盾地在这些原则之间进行交替，带给我们的益处是何其之多啊！自然，尽管具有超越性，但却仍然是可动员的、可人性化的、可社会化的。日复一日，实验室、文献、计算中心和结算中心、研究所和科学机构，都使自然与各种社会团体的复杂命运交织在一起。与此相对，尽管社会完全由我们所创造，但它却仍将存续下去，它超脱于我们，又支配着我们，它拥有自身的定律，如同自然一样具有超越性。日复一日，实验室、文献、计算中心和结算中心、研究所和科学机构为各种社会团体划定了自由的边界，并将人类关系转化到非人造的具有持久性的客体之中。现代人的批判力量就存在于这一双重语言之中：当人们使自然无限远离人类时，他们仍然能够将自然动员为社会关系的核心部分；当人们赋予社会定律以必然性、必要性和绝对性时，他们仍然可以自由地制造或者毁灭其社会。

2.11　战无不胜的现代人

现代制度相信人类与非人类之间的全然二分，同时又抵消了这种二分，这样它就造就了无敌的现代人。如果您批评他们说，自然是人类的双手创出的一个世界，那么他们将向您展现自然的超越性，科学是我们接近自然的一个传义者，并且向您表明他们的双手与此毫无关联。如果您对他们说，我们是自由的，我们的命运掌握在自己手中，那么他们则会向您指出社会是超越的，其定律也绝对超越于我们。如果您指责他们是两面派，那么他们将会向您展现，他们从来不会混淆自然规律与神圣不可侵犯的人类自由。如果您就这样相信他们，并将注意力投向别处，他们会利用这一点将成千上万的客体从自然转移到某些社会体之上，并使这些社会体获得自然事物的稳定性。如果您突然转身，就像孩子们玩的游戏"妈妈，我可以……吗？"[1]那样，他们就会一下子呆在那里，满脸无辜，仿佛他们并没有移动：左侧是物本身；右侧是语言主体和思想主体、价值与符号所组成的自由社会。一切都发生在两者的中间，一切都在两者之间流通，一切都以转义、转译和网络的方式发生。然而，处于中间的这一空间却并不存在，它毫无立身之地。现代人难以想象也未曾意识到这一空间。他们将集体与自然的超越性结合起来，却又将自然纳入集体之内，将集体与人类的完全自由联合起来，却又对自由的边界施加绝对的限制，如此所为，他们就完成了对集体的扩展工作。难道还会存在一种更好的方法能达到同样的效果吗？这就使人们可以做任何事情——

---

1 西方小孩子玩的一种游戏。游戏中，一人扮演母亲，站于房中一端，其他人扮演孩子并在另一端站成一条线。然后孩子们向"母亲"提出指令，"母亲"可以肯定其指令或者否定其指令并提出新的指令。最先到达"母亲"一端的孩子为胜者，作为新的"母亲"，游戏重新开始。在本书的法文版中，拉图尔用的是法国儿童经常玩的一个类似的游戏，"1，2，3，太阳"。——译者注

甚至是截然相反的事情。

当美国的原住民指责白人谎话连篇时，他们并没有错。现代人总是同时完成两件事情：他们在将政治权力层面的关系与科学推理层面的关系区分开来的同时，却又一方面继续用理性来支持权力，另一方面继续用权力来支持理性。他们已经战无不胜了。

您相信打雷是上帝所为吗？现代批判将会向您表明，这仅仅是一种由纯粹的物理机制所导致的现象，对人类事务的进程毫无影响。您是否陷入了传统经济的泥淖之中呢？现代批判会告诉您，物理机制将会通过动员巨大的生产力，从而对人类事务的进程产生颠覆性的影响。您认为祖先的灵魂会使您永远成为其所定规则的俘虏吗？现代批判将会向您表明，您仅仅是您自己的俘虏，您的灵魂世界仅仅是您的一种人类建构物，而且是一种太过人类化的建构物。接下来，您是否可以为所欲为，并且以您觉得合适的方式来发展您的社会呢？现代批判将会表明，与您祖先的时代相比，现代社会和现代经济学的铁的定律更加难以改变。如果您非常愤慨地指出，难道这是一个机械化的世界？现代批判将会向您传播那万物所属的并且将万物赋予人类的造物主上帝。如果您依然非常愤慨地指出，社会是世俗的吗？现代批判将会表明，精神已经如此这般地得到解放，而一种全然精神性的宗教却还是高高在上。如果您认为自己是宗教徒呢？现代批判将会放声大笑，算是对您的嘲弄！

对此，其他的文化—自然又能如何抵抗？相形之下，它们成为前现代。它们或许可以抵抗超越的自然，或者内在的自然，或者人类双手所创造的社会，或者超越的社会，或者是一个遥不可及的上帝，或者是一个内心深处的上帝，但是它们又如何抗御得了这六者的联合呢？或者更确切地说，如果它们能够认清现代批判的这六种资源同时出现在一个单一的操作之中，就如我今天所追溯的那样，那么，它们的抵御或许会有效。但是，这六者似乎彼此分离且相互冲突，就像是六个互不相容的政府分支混杂到一起，而每个分支却有着不同的根基。不仅如此，尽管纯化工作所要求的所有这些批判资源，会与转义实践发生直接冲突，但这种冲突对各种不同的权力来源及其背后的统一性丝毫不会产生影响。

这样一种优越性，这样一种独创性，使现代人认为他们已经摆脱了约束其扩张的最终限制。不管时光如何流转，一个又一个的殖民帝国总是在控诉可怜的前现代集体将物与人、客体与符号可怕地杂合到一起，而这些原告方最终却将它们全然分开——为的就是能够在前所未有的尺度上立刻将之重新混合起来，直到今日……在将这一宏大分界扩展到空间领域之后，现代人又将之推进到时间领域。现在，他们觉得自己拥有了绝对的自由，他们完全可以不再恪守过去所带给他们的荒唐限制，这些限制要求他们必须虑及物和人之间的微妙的关系网络。但同时，他们却又将更多的物、更多的人纳入了考虑的范围……

您甚至都无法指责他们为无信仰主义者。如果您称他们为无神论者，他们会跟您谈论那遥不可及的、无穷远的、全能的上帝。如果您说这位被搁置一边的上帝仅仅是一个局外人，他们会告诉您上帝会在您内心的最深处发出声音；而且，他们还会说，尽管拥有那么多的科学和政治，但他们从未放弃道德和信仰。如果面对这样一种对世界的运行方式或者社会的发展方向毫无影响的宗教，您表现出了惊讶之情，那么他们会告诉您，它有权对两者都做出评判。如果您要求他们一一列举出这些评判，他们将会抗议说，宗教绝对性地超越于科学和政治，它也不可能影响它们，当然，他们也可能会说，宗教是一种社会建构或者是一种神经元细胞的效应。

那么，您还有何话可说呢？他们拥有了所有的权力资源，掌握了所有的批判可能性。他们在具体情形中不断地变换着使用它们，手法如此之快，以至于他们从未被抓个现形。是的，毫无疑问，他们是，他们已经是，他们几乎曾经是，他们也自认为是——不可战胜的了。

2.12 现代制度澄清了什么，又遮蔽了什么

然而，现代世界从未依其官方制度所单独制定的规则而运行，在此意义上，现代世界根本就从未发生过：它从未将上文中我所提及的三个存在领域分开，对于现代批判的这六种资源，它也未曾单独使用过其中一种。转译的实践始终不同于纯化的实践。或者说，这种区别本身就被铭刻于现代制度之内，因为这三种力量之中的任何一种都可以在内在与超越之间玩弄双重手法，这就使它们可以做任何事情，甚至是截然相反的事情。任何一种制度都不会允许在实践中留出如此大的回旋余地。然而，为了这种自由，现代人所要付出的代价是，他们难以设想自己与前现代人之间的连续性。他们不得不自视为全然不同之人，也不得不创造出这一宏大分界，因为转义的全部工作都脱离了这个制度性框架——这一框架在勾勒出转义之轮廓的同时，

又否定了其存在。

采取这样一种表达方式，现代性的困境似乎成为我立刻就要去披露的一个阴谋。虚假的意识可能会迫使现代人去设想一种他们永远难以应用的制度。他们所要实践的，也正是他们被禁止言说的东西。这样，说谎者和骗子就会充斥于现代世界之中。更糟糕的是，要想揭穿他们的错觉、披露他们真正所做之事、考察他们无意识的信念、揭露他们的双重话语，我事实上将会扮演一个非常现代的角色，这样也就把自己排在了揭露者和批判家的长长的队列之中。不过，纯化的工作和转义的工作之间的关系，与意识和无意识、形式和非形式、语言和实践、错觉和实在之间的关系并不一样。我并不是说现代人对其所作所为毫无所知，而只是说，因为他们非常坚定地在自然秩序与社会秩序之间坚持一种绝对的二分，这样，他们的做法——创新出大量的杂合体——才具有了可能性。而对这种二分来说，也仅仅是因为现代人从未将纯化的工作与转义的工作放到一起考察，其自身才具有了可能性。由于现代人对这两个任务非常清楚，因此这无关乎虚假意识。他们必须践行现代制度的上下两部分。我所加入的唯一一件东西，就是这两套全然不同的实践之间的关系。

那么，现代性是一个错觉吗？不，它远不止一个错觉，却又远不够一个本质。它是被强加于他者的一种力量，长久以来，它拥有表征、推进和概括他者的权力——现在它再也不会完全拥有这种权力了。我所提出的修正，与过去20年在法国对法国大革命的修正类似——这两种修正实际上完全是一回事，稍后我们就会认识到这一点。1970年代以来，法国历史学家终于认识到，人们把对法国大革命的革命式解读添加到那个时代的诸多事件上，并以之来组织1789年之后的历史编纂，然而现在它却无法再为这些事件本身提供定义了（Furet，［1978］1981）。正如弗朗索瓦·费雷（François Furet）[1] 所指出的，作为"历史行动模式"的法国大革命应当与作为"历史过程"的法国大革命相区分。1789年的一系列事件并不是革命性的，就像现代世界从未现代过一样。1789年的行动者和历史记录者，利用革命的观念来解读当时发生在他们身上的事情，并使之影响其自身的命运。类似地，现代制度是存在的，在历史中也确实发挥了作用，但是它再也无法为我们

1　本书中法国人名的翻译，参考了《法语姓名译名手册》的译法。参见新华通讯社译名室，《法语姓名译名手册》，北京：商务印书馆，1996年。学界也有人将 Furet 译为傅勒、弗雷、孚雷等。——译者注

所发生的事情提供定义了。同样，现代性依然在等待着其托克维尔（Tocqueville）[1]的到来，科学革命也在等待着其弗朗索瓦·费雷的降临。

因此，现代性并不是现代人的虚假意识，就像对待法国大革命一样，我们也有必要非常谨慎地承认现代制度的作用。现代制度不仅没有消除转义的工作，而且还使之发生了扩展。就如法国大革命的观念使革命者们做出了一些无法改变的决定（如果没有这种观念，他们就无法做出这些决定）一样，现代制度也使现代人敢于动员物和人，而如果没有这种制度，这些做法都将难获允许。规模的这种改变，并不是源于他们想当然所认为的人类与非人类之间的割裂，恰恰相反，这是由其联系的不断扩大带来的。这种发展是由超越性的自然（假定它仍然可动员）这一观念、自由社会（假定它仍保持超越性）这一观念，以及神性（假定上帝仍然可以与人的心灵对话）的缺场来轮番推动的。只要它们的对立面仍然既保持在场却又不能被反思，只要转义的工作仍然在推动着杂合体的增殖，这三种观念就能

41

---

1 托克维尔（Alexis Charles Henri Maurice de Tocqueville, 1805—1859），法国政治家、旅行家和历史学家，著有《论美国的民主》一书，这是一本影响极广的研究美国体制的专著。——译者注

够在更大的尺度上发挥作用。现代人自认为，他们成功地进行了这样一种扩展，仅仅是因为他们小心翼翼地将自然和社会（以及那被搁置的上帝）分割开来，而事实上，他们取得成功恰恰是因为他们将更大量的人类和非人类混杂起来，他们并没有搁置任何东西，也没有排除任何结合！纯化的工作与转义的工作之间的联结导致了现代人的诞生，但他们却仅仅将其成功归于前者。我这样讲，并不是在揭露一种隐蔽于官方解读之后的实践，而只是将下半部分添加于上半部分。将它们联结在一起是非常有必要的，不过，只要我们仍然是现代人，它们就绝不可能呈现为一种单一且具有内在一致性的形象。

那么，现代人是否非常清楚他们的所作所为呢？如果我们考察一下人类学家对前现代人的论述，我们就会发现要找到这一悖论的解决方案并不是那么困难。要践行这种杂合化，就必须时刻相信，这一工作并不会对现代制度的秩序带来严重危害。有两种方案可以规避这种危害。第一种方案是对社会秩序和自然秩序之紧密关系的彻底反思，这样，就不会由于粗心大意而引入某些危险的杂合体。第二种方案在于，将作为一方面的杂合化的工作与作为另一方面的社会和自然的双重秩序分别搁置一侧。现代人丝毫没有思考过他们的种种革新对社会秩序所带来的一系列后果，他们就这样给自己吃了一颗定心丸；前现代人——如果我们打算相信人类学家的话——则无休止地着迷于自然和文化之间的种种关联。更加直接地说，那些最关注杂合体之人却又为它们戴上了一个紧箍，而那些试图通过将杂合体与任何可能的危险后果割裂开来从而将之忽视的人，却又将杂合体的发展推到了极致。前现代人都是一元论者，他们建构了他们的种种自然—文化。"土著人是逻辑的储积者，"列维－斯特劳斯如是写道，"他总是将各种线索交织在一起，不停地将实在的方方面面翻来倒去，不管它们是物理的、社会的还是心理的"（Lévi-Strauss，［1962］1966，p. 267）。前现代人在概念层面上将神性、人类和自然三种要素充分地混杂到一起，从而限制了这些混杂物在实践中的扩展。改变社会秩序，就必然意味着要改变自然秩序，反之亦然，这使前现代人不得不慎之又慎。每一个怪物都变得明晰可见、可以想象，也会非常明显地给社会秩序、宇宙或者神之法则带来严重问题（Horton, 1967, 1982）。关于阿丘雅人，德斯高拉写道：

42

亚马逊流域"冷社会"（cold society）的内在平衡机制，与其说源于对政治疏离感（political alienation）的绝对拒斥，克拉斯特据此称之为"野蛮人"（Clastres, 1974），……倒不如说是某种思想体系（它只有通过某些支配现实社会之运作方式的范畴，才能表示出自然的社会化过程）惯性作用的结果。与进化论所常常持有的过于草率的技术决定论相反，人们可能会假定，当社会改变其物质基础时需要以社会组织形式（它们由有关物质生产方式的概念框架所构成）的事先改变为条件。（Descola，［1986］1993，p. 405；楷体字为引者所加）

相反，如果某种事情为现代制度所认可，那必定是不断推进的非人类的社会化，因为它从未允许它们以"真实社会"的构成要素的形式现身。现代人使混杂物脱离了反思的视线，同时，面对在由其拥有的三种力量根源所界定的中心空间中展开的那个舞台，现代人也清空之、清理之、净化之、纯化之。借由这两种方式，现代人就可以凭借转义实践重组所有可能的怪物，同时不让它们对社会结构产生任何影响，甚至不让其与之发生任何关联。这些怪物虽然古怪离奇，但它们并没有带来任何问题，这是因为它们并没有公开存在，同样，其怪诞的后果也依旧是不可追踪的。前现代人一直所禁止的事情，在现代人这里获得了许可，这是因为社会秩序与自然秩序之间从未存在一一对应的关系。

例如，波义耳的空气泵似乎是一个非常可怕的凯米拉[1]，因为它在实验室中以人工方式制造出真空，这个真空允许人们对自然规律和上帝的行为进行界定，同时为光荣革命（Glorious Revolution）时期英格兰社会的诸多争论提供了解决方案。如罗宾·霍顿（Robin Horton）所认为的，野性思维可以很快祛除这些威胁。从现在开始，17世纪的英格兰将会借助科学共同体和实验室来建构他们的王权、自然和神学，空气弹性将会成为栖居于英格兰的各色行动者中的一员。然而，将这一新盟友征募在内，并没有带来任何问题，这是因为根本就不存在什么凯米拉，也没有任何怪诞的事情发生，人们所做的仅仅是发现了自然的规律。这一新盟友与社会秩序之间的关系越是不可能被直接概念化，也就意味着动员的范围越大。现代人越是认为它们并非混合物，它们就越与其他事物掺杂在一起。科学越是绝然纯粹的，它就越是紧密地与社会结构捆绑在一起。现代

43

1　凯米拉为希腊神话中狮头、羊身、蛇尾的吐火怪物。——译者注

制度推进或者促进了集体——如我在前文所示，它与纯粹由社会关系组成的社会完全不同——的呈现，却又禁止对之加以概念化。

2.13 控责的终结

可以肯定的一点是，当我宣称现代制度如要继续保持其有效性就必须对其所允许之事全然不察时，我所践行的正是一项揭露性的工作，只不过，与现代批判相比，这种揭露具有全然不同的对象和动力机制。只要我们心甘情愿地坚持现代制度，它就可以帮助我们解决所有的争论，也可以作为批判精神的基础，也就是说，后者能够为人们的抨击和揭露性工作提供合理性。但如果作为整体的现代制度仅仅显现为其中的一半，并且又禁止我们理解其另一半，那么现代批判之基础的合法性就无从保证。因此，我现在所要做的就是采取一个灵巧的步骤来揭露现代制度，而又不诉诸现代风格来展开这种揭露工作。要做到这一点，我首先需要解释一下我们的某种隐隐约约的局促不安之感，即我们近来已经无法再继续控责（denunciation），就像我们已经不能再将现代化继续下去一样。我发现上半部分已经无法再为我们的批判姿态提供某种根基。

　　然而，现代人有时求助于自然，有时求助于社会，有时求助于上帝，又时不时地将这三者的超验性与内在性对立起来，这样他们就找到了结束其愤慨的动力。什么样的现代人会不再借助于自然的超验性来批判权力的蒙昧性？会不再借助于自然的内在性来批判人类的惰性？会不再借助于社会的超验性来批判人类对个体自由的错觉？会不再借助于上帝的超验性并将之用于人类的判断和顽固不化的事物？会不再借助于上帝的内在性来批判既已确立的教会、自然信念和社会梦想？倘若如此，他将是一个相当可悲的现代人，要不就是后现代人：对于控责，他们仍然怀着强烈的渴望，只是已经没有力气继续相信这六个地方法院的合法性。剥夺现代人愤慨的权力，似乎就是要剥夺他们所有的自尊。对批判性的知识分子而言，剥夺他们用以控责的这六个基础，简直就是要否定他们继续活下去的理由。当人们不再全身心地忠诚于现代制度之时，我们是否会觉得已经失去了自己最好的一面呢？它不正是我们的活力、我们的道德力量、我们的伦理的源泉吗？

　　吕克·波尔当斯基（Luc Boltanski）和劳伦·戴伍诺（Laurent Thévenot）在其著作中终结了现代式的控责，

他们的那本著作，如同夏平和沙佛的著作，对我的这本书而言都是非常重要的。他们所做的批判性工作，与弗朗索瓦·费雷早先对法国大革命所表现出的强烈愤慨如出一辙，费雷写到"法国大革命已经终结"，同理，波尔当斯基和戴伍诺著作的副标题"价值经济学"（*Économies de la grandeur*）也可以转写为"现代式的控责已经终结"（Boltanski & Thévenot，1991）。在此之前，批判性的揭露工作似乎是不证自明的，需要做的仅仅是为人们的愤慨寻找一个理由，并且激情满满地反对虚假的控责。揭露是我们神圣的任务，是我们现代人的任务，去揭露虚假意识之下的真实考量，或者虚假考量之下的真实利益。面对某种异常的狂犬病，谁还能做到平心静气？现在，波尔当斯基和戴伍诺已经发明了类似的狂犬病疫苗：他们冷静比较了控责的所有来源——旧日的各个城邦为我们提供了各种司法原则——并且将当下法国人用以审判的种种方法交织起来。他们并没有指责他人，也没有揭露任何人，他们所要展现的是，我们是如何互相控诉的。在这里，批判精神不再是一种资源，而是一个话题，是我们所拥有的诸多能力之中的一种，是一本告诉我们如何表达愤慨的语法书。他们所践行的并不是一种批判性的社会学（a critical

sociology），而是默默地开启了一种有关批判的社会学
（a sociology of criticism）。

借助于这一系统的研究所打开的小小缝隙，我们立
刻就能够不再虔诚地坚守现代批判精神了。替罪羊机制
（scapegoating mechanism）已经如此显而易见，我们如
何还能心无旁骛地投入控诉之中？甚至，以揭露显像之
下的真实动机为己任的各种人文科学，也不再是我们的
终极资源。它们也成为分析的一部分（Chateauraynaud，
1990），它们也将各种议题诉诸审判，也变得义愤填膺
并深陷批判之中。先前的人文科学传统借由披露行动
者无意识行动背后有待解释的真相而获得了凌驾于行
动者之上的特权，而现在，这种特权也一去不复返了
（Boltanski，1990）。若非各人文学科此后成为我们这
两位同行的关注点之一，它们也就不会对此愤懑不已。
控责者与其声称所要控责的普通人实际上并无分别。我
不再真的相信控责的工作，而是视之为一种"历史形态"，
这种"历史形态"当然影响了我们的某些事务，但不再
为之提供解释，如同革命形态不再为1789年所发生的诸
多事件提供解释一样。控责和革命都已经被扔进了历史
的故纸堆中。

45

波尔当斯基和戴伍诺的工作完成了勒内·吉拉尔（René Girard）所预测和描述过的进步，按此进步，现代人将无法再随心所欲地提出控诉。但与吉拉尔不同，波尔当斯基和戴伍诺并没有认为客体不值一提。为了让受害人形成机制（the mechanism of victim-formation）真的发挥效用，那些被大众公开牺牲的无辜被告必须得真的犯了某项罪行（Girard,［1978］1987）。当受害人成为替罪羊时，控诉机制便会显露出来：某些无辜的替罪羊被错误地控告了，别无他由，无非就是牺牲他以达成团体的和解。从牺牲品向替罪羊的转向就这样使控诉归于无效。然而，这样一种失效并没有给现代人的立场带来些许缓和，因为他们的一系列罪行的原因恰恰在于他们从未对一个真正的有罪当事人提出一次真正的控诉（Girard, 1983）。不过，吉拉尔并没有认识到他自己竟然给出了一个更加严厉的指控，他控诉客体并不具有重要性。他认为，只要我们想象一下争端中所涉及的相关客观证物，我们就会被"模仿欲望"（mimetic desire）的错觉所俘获。正是这种欲望，也只有这种欲望，赋予了客体以它们本身所不具有的某些价值。而就其自身而言，它们丝毫不起作用，也无关紧要。与波尔当斯基和戴伍诺一样，吉拉尔通过对控诉过程的揭露，使我们的控诉才能陷于枯竭。不过，吉拉尔将现代人蔑视客体的倾向更往前推了一大步（吉拉尔用尽心力地讨论这一控诉），他相信这一控诉的力量，并从这种得之不易的蔑视中，看到了最高形式的道德证据（Girard，1989）。这真是位了不起的控责者。波尔当斯基和戴伍诺二人著作的重要性在于，尽管取消了控责，但他们还是将司法过程中的客体置于其分析的核心地位。

一旦控责被取消，我们是否就缺少了道德基础呢？在控责的道德判断之下，还有另外一种通过分类和选择起作用的道德判断。它被称为协议、联盟、联合、结合，另外还包括谈判或妥协。查尔斯·拜吉（Charles Péguy）过去常说，与一种刚性的道德相比，我们更加需要一种柔性的道德（Péguy，1961b）。一种能够对现代人之现实方案的选择和分配施展经常性影响的非官方道德，同样具有有效性。它之所以被蔑视，是因为它不能容忍人们的愤怒；它之所以有效，之所以被慷慨宽容，是因为它能够追踪各种情境和网络所留下的蜿蜒小径。另外，它被蔑视，也是因为它将客体考虑在内，而这些客体不再仅仅是我们的欲望的随意赌注，也不再单纯是我们心灵范畴的容器。如现代制度蔑视它所收容的杂合体一样，

46　官方道德也蔑视支撑它的协议和客体。在客体与主体的对立之下，是转义者（mediators）的汹涌大海。在道德的庄严之下，是对境况和个例的审慎挑选（Jonsen and Toulmin，1988）。

2.14　我们从未现代过

现在，我面临一个选择：要么相信现代制度两翼之间的截然二分，要么同时去考察现代制度所允许的与所禁止的、所澄清的与所规避的。要么为纯化的工作辩护，若如此，对现代制度而言，我就承担了纯净剂或警醒的守护人的角色；要么我同时考察转义的工作和纯化的工作，但若如此，我就不再是一个彻头彻尾的现代人。

我已指出现代制度规避了人们对它的理解，并建议揭示那些支撑其存在的实践形式，也断言批判机制虽然依旧存在却已无多大裨益。凡此种种，我是否是在暗示我们正在进入现代纪元之后的一个新纪元呢？从字面上看，我是否就是后现代人？后现代主义仅仅是一个症状，而并不是一种最新的解决方案。它存在于现代制度之下，但并不信任现代制度所提供的那些担保者。在它看来，在现代批判中，有些东西已经误入歧途，但是它所做的也仅仅是延长这种批判，尽管它并不相信其根基（Lyotard，1979）。尽管网络能够赋予其所谴责的纯化工作以意义，但是后现代主义并没有继续对这些网络进行经验研究；相反，它拒绝所有的经验工作并认为经验工作是虚幻的，是伪科学（Baudrillard，1992）。其中的某些优秀学者，作为失望的理性主义者，确实意识到现代主义已是明日黄花，但他们依旧接受其时间分割方式，如此，他们也就只能以一系列前后相继的革命为依据来划分时代。他们似乎觉得自己紧随现代人"之后"，却又怀着一种不快的情绪，认为根本不存在另外的"之后"了。"没有将来"是针对现代人的箴言"没有过去"所增添的一个口号。什么东西会一直保留下来呢？凌乱脱节的瞬间和毫无根据的批判，因为后现代主义者并不相信那些使他们可以进行谴责和发泄愤恨情绪的理由。

只要我们在追随官方制度的同时，也追随其所禁止之事和所允许之事，只要我们细致地研究杂合体的产生及其消亡的过程，另外一个解决方案就会慢慢显现出来。我们就会发现在现代制度的意义上，我们从未现代过。这也就是为什么我没有揭穿（那些将其主张的对立面付诸实践的）人们的错误意识。任何人都未曾现代过，现 ⁴⁷

代性从未开始过，现代世界也从未存在过。过去完成时[1]在此尤为重要，因为它只是人们在回忆往昔时的一种情感，是对我们历史的再解读。我并不是说我们正在进入一个新的时代；相反，我们不可能再继续后－后－后现代主义者（post-post-postmodernist）的轻率旅行了；我们没有义务再去担当先锋队中的先锋队组织了；我们也无须费尽心力以使自己变得更加聪明，甚至更富批判性，抑或更加深入一个"怀疑的时代"之中。不，相反，我们发现，我们甚至都未曾开始进入现代的旅程。因此，后现代思想家们似乎有点可笑之至，他们声称超越了一个从未开始过的时代！

以这样一种回溯式的态度所进行的工作，仅仅是展现而非揭露、增加而非删减、亲善而非指责、挑选而非披露，我称之为非现代（nonmodern 或者 amodern）。只要一个人同时将这两者——现代人的制度、现代制度虽然拒绝却又允许其增殖的杂合体——纳入思考范围，那么他就是一个非现代人。

现代制度可以解释一切，但要做到这一点，只有忽

---

1 前面的几个句子使用了过去完成时：No one has ever been modern. Modernity has never begun. There has never been a modern world。——译者注

略那些中间之物才行。"它无关紧要，它什么都不是"，它认为网络"仅仅是一些残渣"。杂合体、怪物——唐娜·哈拉维（Donna Haraway）称之为"赛博格"（cyborgs）和"魔术师"（Haraway，1991），现代制度也放弃了对它们的解释——与一切事物都有关联，它们不仅构成了我们自身的集体，而且也构成了其他的被不恰当地称为前现代的集体。当马克思主义的双重启蒙似乎可以解释一切时，当其所有解释失败之后并使前现代人在失望之中迷失时，我们发现解释并没有开始并且一直都是如此，发现我们从未现代过或者批判过，发现并不存在一种过去或者旧制度（Old Regime）（Mayer，1982），发现我们从未真正超越过古老的人类学的基质，也不可能存在其他的方式去超越它。

需要注意的是，我指出我们从未现代过，认为仅仅是一些非常小的区分将我们与其他集体分割开来，这并不意味着我就是一个反动者。反现代式的回应虽然强烈地反对现代制度所带来的后果，但最终又完全接受了它。反现代之人试图为地方性、精神、理性、过去、普遍性、自由、社会或者上帝进行辩护，仿佛这些实体就真的存在着，并且事实上拥有现代制度之官方部分所赋予它们的形式，它们所发生的变化仅仅在于其表示愤怒的符号和方向。反现代者甚至接受了现代人的奇特癖好，接受了这一观点，即某一个时代已经无可挽回地逝去了，过去必须被整个取消。不管人们是想保留这种过去还是想摒弃它，在两种情形中，革命性的观念——革命是可能的——精巧如昔，且依旧被保留下来。今天，这一观点似乎言过其实，因为革命仅仅是历史上众多资源中的一个，对其他很多资源来说，革命性、不可逆性与它们毫无关联。在潜在的意义上，现代世界是一个整体的、不可逆的发明，它与过去完全决裂，正如在同样潜在的意义上，法国大革命或者布尔什维克革命催生了一个新生的世界。然而，现代世界一旦像革命一样被视为各种网络，那么它所能够许可的就只是实践的微小扩展、知识传播的些微推进、社会的些许扩展、行动者数量的微弱增加、陈旧信念的些许改变。当我们将西方人的各种创新视为网络时，这些创新仍然清晰可辨，仍然重要非常，但它们将不再是各种英雄史诗的素材，而这样一部长篇巨著则诉说着彻底的断裂、无可逃避的命数、不可逆的好运或霉运。

反现代者，就像后现代人一样，接受了其对手的施展领域。另外一个更加宽泛的并且更少争议的领域已经展现在我们面前：非现代世界的领域。这样一个中间王国（the Middle Kingdom）[1] 就像是中国一样，幅员辽阔，但我们对它所知甚少。

---

1 不管是法语的 Empire du Milien，还是英语的 Middle Kingdom，其本义都是指代中国。不过，拉图尔在此用它来表示主体极与客体极之间的中间地带。——译者注

49

3 革命

3.1 现代人，其自身成功的牺牲品

如果现代人所拥有的批判工具能够使他们战无不胜的话，那么，为什么如今他们却对其自身的命运犹豫不决呢？如果现代制度的有效性恰好奠基于其晦暗不明的一半的话，那么，为什么现在我却能够将之与其清晰可见的一半联系起来呢？于我而言，这两组实践之间的关系实际上已经改变，这就使我得以同时追踪纯化的实践和转译的实践。如果我们难以再全身心地坚守现代化的各项任务，那么，这就意味着这一机制的运转必定受到某些意料之外的障碍的干扰。几年前，要将网络展现出来似乎还是非常荒唐可笑的事情，那么到底发生了什么使纯化的工作无法进入人们的思考范围呢？

可以这么说，现代人已经成为其自身成功的牺牲品。我承认，这只是一个粗略的解释，但问题似乎是：集体动员的范围不断扩大，最终使杂合体的增殖到了无以复加的程度，以至于现代性的制度框架尽管既否认又允许杂合体的存在，但难以使它们再各就其位了。现代制度

已经不堪自身重负而轰然倒塌了，它已经被各种混杂物所淹没，因为它在容许它们作为其实验材料的同时，又掩盖了它们对社会结构的影响。第三等级的数量越来越多，以至于它们绝不会认为某种客体秩序或主体秩序就能够忠实地表征它们。

当问题还仅仅停留在几个真空泵的出现时，它们仍然可以被归属于两类：自然定律与政治代表。然而，当我们发现自身也正在遭受诸如冷冻胚胎、专家系统、数字计算机、传感器、杂交玉米、数据库、精神治疗药物、装有雷达探测装置的鲸、基因合成器、受众分析师等的侵扰时，当我们的报纸每天都在长篇累牍地报道这些怪物时，当所有这些怪物都无法被恰当地归入客体一侧或者主体一侧甚至两者之间时，我们必须得采取行动了。现代制度在解放了转义实践的同时，却又否定了它；但似乎正是由于这种实践，现代制度的两极最后又被融合到一起。而且，似乎也不再有足够的评判员和批判人士能够把杂合体分离开来。就像我们的司法系统一样，纯化系统也面临重重困难。

若非现代架构的发展已经在作为一方的自然与作为另一方的人类大众之间确立起某种直接联系，现代架构本身

50

的寿命或许会稍许延长。只要自然远离人类并且处于人类的控制之中，它就仍然大致类似于传统制度中的一极，而科学也就仍被视为揭露自然的纯粹的传义者。自然似乎依旧被视为超越的，它仿佛取之不尽、用之不竭，且无限远离人类。然而，如果这样的话，我们应该将臭氧层空洞问题、全球变暖或者森林砍伐问题归于何类呢？又应该将这些杂合体置于何处呢？它们属于人类一侧吗？是的，因为它们是人类的产物。它们是自然的吗？是的，因为它们并不是我们所创造的。它们是地方性的还是全球性的呢？两者都是。至于那些因为医药和经济的发展（不管是因为其发展的善的方面还是恶的方面）而数量不断增加的人类大众，我们也很难为之找到一个恰当的定位。人类置身于一个什么样的世界之中呢？我们是生活在生物学的疆域之内，还是生活在社会学、博物学、伦理学，抑或是社会生物学的王国之中？人口增长当然是我们自己带来的，然而，人口统计学和经济学的定律却又无限超越于我们。人口统计学意义上的这颗定时炸弹是地方性的还是全球性的呢？两者都是。由此，我们无法再将现代人的两个制度性担保——物的普遍定律与主体不容剥夺的各种权利——归属于自然一侧或者社会一侧。为饥饿问题所困扰的人类大众和这个可怜的星球，两者的命运被同一个戈耳迪之结勾连起来，只不过这次不会再有亚历山大大帝来为我们斩断它了。

于是，可以说，现代人已濒于崩溃了。现代制度吸纳了一些反例、一些例外——事实上，也正是在它们之上，现代制度才繁荣起来。然而，当这些例外不断增加时，当作为第三等级的物和第三世界全都联合起来以图共同占领其各种形式的议会时，现代制度对此也就无能为力了。为了将那些与野性思维毫无二致的例外包含进来，我们需要勾画出一个与现代制度完全不同的空间（见图 3.1），因为它将现代制度认为空无一物的中间地带填充了起来。对纯化实践——水平线——来说，我们需要加入转义的实践——竖直线。

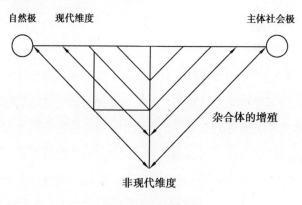

图 3.1　纯化和转义

要想追踪杂合体的增殖，就不能仅仅将它们投射到其经线上，同时还需要确定其在纬线上的位置。针对此危机，51 我在本文一开始所给出的诊断现在已经清晰可见：杂合体的增殖已经充斥于现代人的制度性框架的任何一个角落。实践中，现代人一直都在践行着这两个维度，而且他们非常清楚这两者，但他们从未明了这两组实践之间的关系。如果非现代人想要理解现代人所取得的一系列成功及其近来所遭遇的诸多失败，同时又不至于落入后现代主义的泥淖，他们就必须重视上述两者之间的关系。只要将这两种维度同时展现出来，我就可以将杂合体吸纳进来，给予它们一个位置、一个名称、一处容纳之所、一种哲学、一种本体论，同时，我也希望能够给它们一种新的制度。

3.2 何为拟客体？

同时使用经度和纬度两个维度，我们就可以为这些奇怪而又新颖的杂合体找到一个定位，而且，也才能够理解我们为何只有等到科学论出现后才可以对我所谓的拟客体（quasi-objects）、拟主体（quasi-subjects）进行界定，这两个概念是从米歇尔·塞尔（Michel Serres）那里借用而来的（Serres，1987）。要做到这一点，我们只需理解图 3.2

就可以了。

长期以来，社会科学家们一直认为自己有资格批评普通人的信念体系，并称这种信念体系为"自然化"（Bourdieu and Wacquant，1992）。普通人想当然地认为，神的力量、货币的客观性、时尚的吸引力、艺术之美都是来自自然事

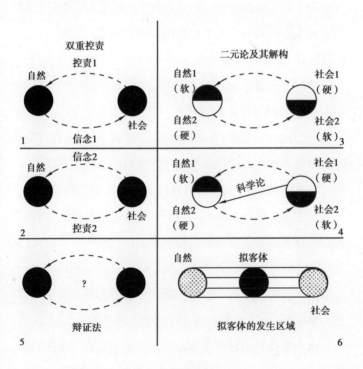

图 3.2　何为拟客体？

物的某些内在客观属性。幸运的是，社会科学家们则更加
深入，他们指出箭矢事实上走向另外一个方向，从社会到
客体。神、货币、时尚和艺术仅仅提供了一个表面，以便
我们的社会需求和利益投射其上。至少自埃米尔·涂尔干
（Emile Durkheim）以降，这就一直是进入社会学专业的
入场券（Durkheim，［1915］1965）。要成为一个社会科
学家，就必须要认识到客体的内在属性丝毫不起作用，它
们仅仅是人类范畴的一个容器。

然而，困难之处在于如何将这一控责形式与另外一种
完全相反方向的控责协调起来。作为纯粹的社会行动者和
一般的公民，普通人自认为他们是自由的，认为他们可以
随意改变其预期、动机乃至理性的策略。这样，其信念的
箭矢从主体/社会一极射向了自然极。不过，值得庆幸的是，
社会科学家头脑依然清醒，他们指责、揭露并且奚落关于
人类主体和社会之自由的这种幼稚信念。这次，他们使用
事物的本性——这是科学带给我们的不容置疑的产物——
来展示它是如何决定、影响和塑造可怜的人类所拥有的那
些不稳定的、易变的意志的。"自然化"不再是一个贬义词，
而是成为促成社会科学家与自然科学家结盟的一个准则。
现在，所有的科学（自然科学和社会科学）都被动员起来，

用以将人类变为由客观力量所控制的木偶，而这种客观力量只能为自然科学家或者社会科学家所认识。

只有将这两种批判资源并置，我们才能理解社会科学家缘何如此难以就客体达成一致。他们也持"二象之见"。在第一个控责之中，客体一文不值，它们仅仅是存在于那里的一块空白屏幕，上映的是社会科学家们所导演的电影。但是，在第二个控责之中，它们又太过强大，以至于塑造了人类社会，同时，尽管科学为社会所建构，其建构过程却又隐蔽不见。客体、事物、消费品、艺术品要么太弱，要么太强。不过，更为奇怪的是社会被交替赋予的角色。在第一个控责之中，社会如此强大且是一种自成一类的存在（sui generis），与被其所取代的超越性自我一样，它同样不需要额外的原因。它如此具有始发性，进而足以模铸和形塑那些既无定性又无定形的物质。然而，在第二个控责之中，它却变得软弱无力，反过来被那强有力的客体力量所塑造，其行动也完全由客体所决定。相较于客体，社会要么太过强大，要么太过弱小；反之，相较于社会，客体同样如此。

对于控责所内含的此种双重矛盾，其解决方案的影响如此普遍，它一直都是社会科学家们所持的大部分常识的基础，这一解决方案即所谓的二元论。自然极将被分割为两部分：在第一部分的清单中包含了其"更软"的部分，即社会范畴的投映屏幕；第二部分则包含了其"更硬"的部分，即那些能够决定人类范畴之命运的原因，即科学和技术。主体／社会极同样遭受了这种分割：这包括其"更硬"的部分，即自成一类而存在的社会因素，也包括其"更软"的部分，这部分由科学和技术所发现的力量决定。社会科学家们则满心欢喜地在这两个部分之间跳来跳去而不会招致麻烦。例如，神仅仅是一个视社会秩序之需而定的偶像，而社会规则却又要由生物学来决定。

当然，社会科学家们的这种交替变换并不具有说服力。首先，这些清单的确定具有随意性，自然所包含的"软"的清单将社会科学家所厌恶的那些事物聚集到一起：宗教、消费、流行文化和政治；而"硬"的清单则由他们在一定时期内素朴地信奉的科学所构成：经济学、遗传学、生物学、语言学或者脑科学。其次，如果客体一文不值，那么为什么还要将社会投射到任意客体之上呢？我们对此毫不知悉。难道是因为社会太过脆弱，需要不断复苏吗？抑或是，社会面目可憎，就像是美杜莎的脸一样，只能从镜子中观看？

此外，如果宗教、艺术或者时尚，必须要"反映""具体化""物化""体现"社会（社会理论家们所青睐的几个动词），那么，客体最终不也共同产生了社会吗？难道社会不是由神、机器、科学、艺术和时尚所构建（请按照字面意义而非隐喻方式理解"构建"一词）出来的吗？然而，既然这样，那么在图3.2的第1个图示中，下方的箭头中所包含的"普通"行动者的错觉何在呢？或许，社会科学家太过轻易地忘记了在将自己投映到各种物上之前，社会难道不需要首先被制造、建造或者建构出来吗？如果其建造原料不是非社会的、非人类的资源，那么还会是什么呢？然而，对社会理论来说，此种结论是一个禁区，这是因为社会理论对客体的看法，不过是从另外一类"硬"科学那里传递过来的，这些客体太过强大，以至于能够轻而易举地决定社会秩序，于是，社会秩序反而变得脆弱而无关紧要了。

二元论或许是一个糟糕的解决方案，但它却为社会科学提供了99%的批判资源。如果不是科学论颠覆了其方案的话，那么它还会洋洋自得地生活于其不对称的世界之中，因为没有其他什么事物可以对其构成威胁。在此之前，二元论似乎还是有效的，因为社会的"硬"

的部分被用于"软"的客体，而"硬"的客体却又仅仅被用于社会的"软"的部分（Bourdieu and Wacquant，1992）。通过运用他们所构造的可靠的社会科学，并且接受其所完全信任的自然科学，社会科学家们确立起社会秩序，进而否定了他们所不相信的那些实践。让科学的社会研究之爱丁堡学派引以为豪的事情，正是他们试图进入这一禁区（Barnes，1974；Barnes and Shapin，1979；Bloor，［1976］1991；MacKenzie，1981；Shapin，1992）。他们使用了那些原先专用于自然之"软"部分的资源，来揭露其更"硬"的部分——科学自身！简而言之，他们把涂尔干对宗教的研究与布迪厄对时尚和品味的研究同样运用到科学之上。不仅如此，他们还天真地认为，社会科学本身不用做出任何改变，就可以轻而易举地将科学吸纳在内，就像对待宗教或艺术一样。不过，它们之间存在着一个巨大的差别，只不过这一差别在此之前并不显见。过去的社会科学家事实上并不信任宗教或者大众消费，但是，它们却信任科学，而且是从其科学主义心灵的最深处信任科学。

这样，二元论游戏中的这一个缺口，很快就颠覆了整座大厦。当然，科学的"社会"研究所开启的事业并未取得成功，这也就是它仅仅昙花一现的原因——恰好足够揭露二元论糟糕的缺陷。通过以同样的方式处理自然"更硬"的部分与其"更软"的部分（也就是，将之视为由自成一类的社会之利益和要求而决定的独断建构），爱丁堡的鲁莽之士剥夺了二元论者一半的资源，事实上也剥夺了他们自己一半的资源，他们很快就认识到这一点。社会独断地制造出万物，包括宇宙秩序、生物学、化学和物理定律！对自然的"硬"的部分而言，这一主张的不合理性非常明显，这也让我们立刻认识到，对自然的"软"的部分而言，它同样荒谬之至。客体并不是社会范畴的无定形容器，不管其"硬"的部分还是"软"的部分，都是如此。在打乱了二元论者的牌局之后，科学的社会研究学者们接着又揭露了在第一个控责与第二个控责之间彻底的不对称性，同时，至少在否定性的意义上，他们也揭露了伴随那些控责而出现的社会理论和认识论是何其糟糕。社会并非如此强大，亦非如此脆弱；客体既不脆弱至斯，也不强大至斯。人们必须全然重新思考客体和社会的双重位置。

"科学论"已将社会科学逼入困境。要摆脱这种困境，诉诸辩证推理毫无用处。人们可以如愿以偿地通过很多的箭头和反馈回路将自然和科学两极连接起来，但这仍然无法为我所要讨论的拟客体和拟主体重新找到一个合适的位置。相反，与二元论范式相比，辩证法对场点的忽视更加严重，因为它假装通过回路、螺旋和其他复杂的特殊符号克服了它。辩证法完全没有击中要害。拟客体位于两极之间、之下，正是在这里，二元论和辩证法不停地绕弯子，却无法与之相容。与自然的"硬"的部分相比，拟客体要更加社会性、更加具有被构造性和集体性，但它们绝不是一个成熟社会的信手拈来的容器。此外，与社会投射（这种投射毫无理由）之上的那些无定形屏幕相比，它们又更加实在、更加非人类、更加客观。在此之前，社会科学家们前赴后继，要么不遗余力地控责"软"事实，要么毫无批判精神地利用硬科学；而现在，科学论却又在尝试一项不可能的任务，即为硬的科学事实提供社会解释，这使每一个人不得不重新反思客体在集体建构过程中的角色，进而对哲学发起挑战。

3.3　横跨于裂缝之上的哲学

主流哲学试图将现代制度和拟客体（那不断扩展的中间王国）吸纳进来，但这种吸纳又何以可能呢？在对之进行简化之后，我们可以分辨出三条主要策略：第一条策略

在于，要在客体和主体之间确立一个巨大的分裂，并且要 56
不断地增加其间的距离；第二条是所谓的"符号学转向"
（semiotic turn），它关注的是主体和客体之间的状态，摒
弃两端；第三条是分离出存在（Being）的观念，进而整体
拒绝在客体、话语与主体之间的分割。

我们首先对第一组策略进行简要概述。拟客体越是
增殖，就会有越多的主流哲学认为此制度性的两极不可
通约，即便当他们宣称其最紧要的任务是实现它们之间
的和解时，他们仍然如此认为。这样，通过禁止其所允
许的、允许其所禁止的，现代哲学以其自身的方式表明
了现代性的悖论。当然，此类哲学中的每一种都要比我
的拙劣总结精致得多。就定义而言，它们都是非现代的，
因为现代主义根本就没有真正开始过，因此它们所清晰
表述出来的问题，与我所试图表述的完全一致，尽管我
的表述较之远为拙劣。然而，不管是其官方解释，还是
其通俗解释，在定义其任务的方式上，都表现出一种惊
人的连续性，即费尽心力，在不接受拟客体的前提下使
其增殖，从而继续维持那个将我们与我们自身的过去、
与其他的自然—文化完全分开的宏大分界。

正如我们已经看到的，霍布斯和波义耳的争论之所以

如此激烈，仅仅是因为他们只能勉强将作为一极的自然的、沉默的非人类与作为另一极的有意识的、具有语言能力的公民区分开来。当时这两种人类的建构物还非常相似、非常接近于其共同的起源，因此这两位哲学家所能做的也仅仅是对杂合体进行些许分割。正是借助于康德主义，我们的现代制度才获得了其权威表述。将些许差别进一步强化为一个彻头彻尾的分界，这也就是所谓的哥白尼革命。自在之物变得难以接近，同样，超越性的主体也无限远离了世界。不过，这两个担保者之间仍然保持了明显的对称性，因为只有在其中间点，也就是现象界，经由对这两种纯粹形式（自在之物和主体）的运用，知识才得以可能。杂合体确实被接受了，但仅仅被视为两种纯粹形式按相同比例而构成的混合物。显然，转义的工作是可见的，因为康德增加了许多步骤，以便能够从遥远的物的世界前行到甚至更加遥远的自我的世界。不过，这些转义者仅仅被接受为单纯的传义者，后者仅仅移动或传输纯粹形式——只有这些纯粹形式才能获得认可。不断增加传义者的层级，使人们对拟客体角色的接受成为可能，但是这并没有给它们以本体论地位，因为这样做会招致对"哥白尼革命"本身的怀疑。时至今日，这种康德式的表述仍然随处可见：人类的心灵被赋予某种能力，使它们能够武断地将形式赋予那些无定形但真实的物质身上。可以肯定的是，作为诸多客体之旋转核心的太阳王，将会被其他的觊觎者如社会、知识、精神结构、文化范畴、主体间性、语言等所颠覆，不过，这些宫廷革命并未改变其关注的焦点，也正缘于此，我称之为主体/社会。

57

辩证法的伟大之处在于，它将所有神圣的、社会的和自然的存在都囊括在内，试图做最后一次尝试以穿越前现代的整个领地，进而避免康德主义在纯化的作用与转义的作用之间的矛盾。然而，辩证法却挑错了矛盾。它确实成功地找到了主体极和客体极之间的矛盾，但它没有看到作为整体得以确立的现代制度与拟客体的增殖之间的矛盾——这种增殖成为19世纪的一个标志，不过，它同样是我们所处的这一世纪的标志。或者更确切地说，辩证法认为它应该通过解决第一个矛盾进而吸收第二个。不过，尽管黑格尔自认为他摒弃了康德在自在之物与主体之间的分裂，但他实际上却使这一分裂愈加尖锐。他将之抬升到矛盾的层面，把它提升到无以复加的位置，进而使它成为历史发展的推动力。17世纪的差别到了18世纪成为一个分裂，紧接着在19世纪又成为一个更加彻头彻尾的矛盾。它推动了全部情节的发展。如何更好地说明现代性的悖论呢？辩证法进一步扩大了将客体极与主体极分开的深渊，然而最后它又超越并抛弃了这一深渊，据此，它认为自己已经超越了康德！辩证法所讨论的恰恰是转义，然而正是这些充斥于其辉煌历史之中的转义，却成为用以传输某些纯粹的（在其右翼版本中是精神的，而在其左翼版本中则是物质的）本体论性质的传义者。最终，如果说还存在某对无法调和的范畴的话，那就是自然极和精神极，因为它们的对立面既被保留下来，同时又被取消，也就是说，被否认。几乎没有什么理论能够比辩证法更加现代。辩证学家无可争辩地成为现代化的最伟大的推进者，而且，他们之所以变得更加强大，原因就在于他们似乎真的将知识和历史聚合为一个整体，并支撑起现代批判的所有资源。

然而，拟客体——第一次、第二次和第三次工业革命中的那些怪物、那些被社会化的事实，以及被转变为自然世界之构成要素的人类——却仍在增殖。整体刚刚完成，便又开始分崩离析。无论如何，历史终结之后，仍有历史。

最后，现象学（phenomenology）再次确立了一个巨大的裂缝，不过这次的基础更加脆弱：它抛弃了纯意识和纯客体这两极，进而试图在两者的中间地带展开（如其字面意义所示）自己，以图掩盖正在扩大而它又自感难以吸收在内的深渊。再次，现代性的悖论被推得更远。意向性（intentionality）的概念将差别、分裂、矛盾转变为客体与主体之间无法逾越的张力。辩证法的希望泯灭了，因为这种张力没有解决方案。现象学家们认为自己比康德、黑格尔、马克思走得都远，因为他们不再赋予纯主体或者纯客体以任何的本质。他们确实觉得自己仅仅是在谈论转义，后者并不需要归属于任何一极。然而，像许多焦虑不已的现代化推进者一样，他们所追踪的仅仅是两极之间的一条线并由此赋予其最高的重要性。纯粹的客观性和纯粹的意识都消失不见，然而，它们却依然各就其位，而且事实上比以往更甚。"对某物的意识"仅仅是一座横跨于日渐增宽的深渊之上的、脆弱不堪的人行桥。现象学家们不得不缴械投降——是的，他们确实投降了。与此同时，加斯东·巴什拉的双重事业——通过将科学与常识割裂开来进一步夸大了科学的客观性；与此相对，又通过认识论的断裂（epistemological breaks）夸大了远离客体之想象的力量——为这一无可解决的危机、为左右为难的困境，提供了一个完美的例证（Bachelard，1967；Tile，1984）。

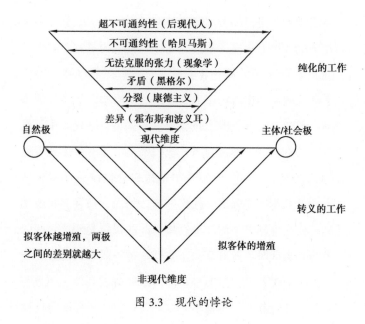

图 3.3　现代的悖论

3.4　终结的终结

　　故事的续集却不自觉地发生了一次滑稽的转折。巨大的鸿沟越是加宽，人们所做的所有事情就越像是走钢丝并在其上做劈腿动作一样危险。到此为止，所有的哲学运动都是非常深奥而又严肃的；对拟客体的巨大发展而言，它们既是确立者、探索者，又是伴随者；尽管路途艰辛，但他们依然坚信自己可以吞下这些客体并且将之消化。只谈论纯粹性，其目标也仅在于理解杂合体的工作。所有这些思想家都对精确科学、技术和经济保持了强烈的兴趣，因为他们认识到，其中既包含了风险也提供了救赎的可能性。然而，对于后续的哲学，我们该说些什么呢？首先，我们应该如何称呼它们？现代的？不，因为它们不再试图继续坚守此链条的两端；后现代的？还不行，最糟糕的时刻尚未到来。让我们称呼它们前－后现代（pre-postmodern）吧，以此来表明它们仍处于过渡期。它们把最初的一点点差异，提升到分裂，进而是矛盾，接着是无法克服的张力，最后到不可通约的层面。

现代制度作为一个整体已经宣称，在主体的世界和客体的世界之间，并不存在共同的衡量标准，但是，这一制度同时又采取了相反的操作，即用同样的标准来衡量人和物，并且使那些伪装成传义者的专业者不断增加，这转而抵消了主体世界与客体世界之间的距离。从前－后现代人的立场来看，他们确实认为具有语言能力的主体与自然客体、技术有效性之间是不可通约的；或者说，即便在具有语言能力的主体与后两者之间的不可通约性仍然不强的情况下，它们之间的关系也应该如此。因此，他们在声称修正现代方案的同时，又抵消了这一方案，原因就在于他们遵从了现代制度中谈论纯粹性的一半而恰恰忽视了进行杂合化实践的另外一半。他们想象并不存在——绝对不可能存在——任何的转义者。一方面是主体，他们创造了话语、解释学和意义，并且使物的世界缓慢地随波逐流；在镜子的另外一侧，毫无疑问，科学家和技术官员们也采取了对称的态度。解释学越是编织其网络，自然主义就越是做同样的事情。但这种再次对历史进行分割的做法却成为一幅讽刺画：一方面是 E. O. 威尔逊（E. O. Wilson）及其基因；另一方面是拉康（Lacan）及其精神分析对象。这对孪生兄弟不会再坚定不移地忠诚于现代目标，因为他们不再努力反思现代性的悖论——在下方允许杂合体的增殖，而在上方又禁止其存在，同时亦须设想两者之间根本不可能存在的关系。

当人们为了挽救现代方案以避免其消逝时，情况变得更加糟糕。尤根·哈贝马斯（Jürgen Habermas）就曾进行过此种尝试（Habermas，1987），结果却令人失望之至。他最后是否意欲表明无论何者都无法将物与人彻底分开呢？他是否要重提现代方案的旧事呢？他是在证明实践操作为现代制度提供了辩护基础的同时，最终却又像戴高乐和尼克松承认中华人民共和国一样接受那数之不尽的杂合体吗？恰恰相反：他断定最大的危险来自人们对具有语言与思维能力的主体与纯科学、技术理性之间的混淆；旧的意识哲学竟然允许这种混淆的存在！"我已经指出，关于客体知识的范式应该被具有言说和行动能力的主体之间的相互理解范式所取代"（p. 295-6）。如果说有人挑错了对手的话，那一定是 20 世纪的这种不合时宜的康德主义，它试图加剧作为一方的主体认知视角下的客体与作为另一方的交往理性（communicational reason）之间的鸿沟；然而，旧的意识至少具有客体指向的优点，进而有助于人们回想起现代制度两极的人为起源。拟客体的增殖已经到了无以复加的程度，人们难以找到任何一个与具有言说能力的主体或物化的自然客体之间具有任何类似性的拟客体，然而，即便是在此种情形之下，哈贝马斯仍然试图制造两极之间的不可通约性。在工业革命期间，康德没有完成这一任务，哈贝马斯又如何能在第六次或者第七次工业革命之后做到这一点呢？尽管没有完成，但康德还是在自在之物与超越自我之间增加了许多层级的传义者，以便在两者之间重新确立起某种关联。然而，当技术理性与人类的自由讨论之间的距离被人为设置为无穷远时，哈贝马斯却并没有在两者之间做任何事情。

前－后现代似乎与旧制度末期封建势力的反应有些类似：对荣誉的讲究到了无以复加的程度，而对贵族等级的测算也要求极端准确。然而，再想在第三等级与贵族等级之间制造一个绝然的分裂，为时已晚！同样，要想通过哥白尼革命发动一场政变从而让物围绕在主体间性（intersubjectivity）周围旋转，也为时已晚。哈贝马斯及其追随者只有禁绝任何经验考察才能够继续坚持现代方案，其名著（Habermas，［1981］1989）一共有 500 来页，但未包含任何案例研究，这类研究很快就会注意到第三等级，而且也会将其与那些可怜的言说主体密切交织到一起。哈贝马斯可能会说，如果交往理性能够取得成功，那就让网络灰飞烟灭吧。

然而，他还是非常诚实的，也是值得尊敬的。甚至是在现代方案的这幅讽刺画中，我们仍然可以分辨出 18 世纪启蒙运动的荣耀，尽管它已经风光不再，也可以认识到 19 世纪"批判"的回音。尽管哈贝马斯着迷于分割客观性与交往，而我们却又恰恰是从这种分割的不可能性之中找到了一条线索、一个暗示、一点痕迹。随着后现代运动的发展，现代方案已经被完全废弃了。我尚未找到一些足够恶心的词来形容这一智识运动，或者更准确地说，这是一种智识上的停滞，而正是这种停滞将人类和非人类置于随波逐流的境地，我称之为"超不可通约性"（hyper-incommensurability）。

只需一个现代的例子就可以证明这种思想上的失败，也可以证明后现代方案的自我挫败。"作为一名哲学家，我可以分析一下这场灾难所带来的后果"，当某些好心的科学家问及让－弗朗索瓦·利奥塔（Jean-François Lyotard）如何对科学与人类共同体之间的联系进行概念化时，他如此回答：

> 我只是指出，科学的发展与人类毫无关系。或许，我们的大脑仅仅是某些复杂过程的临时承载者。因此，接下来要做的就是将这一过程与它到目前为止的承载者分离开来。我确信，这就是你们这些人［科学家！］正在从事的工作。计算机科学、基因工程、物理学和天体物理学、航天学、机器人技术，所有这些学科一直都试图在独立于地球生命的生命条件下维持这种复杂性。然而，如果我们用人来代指拥有某种文化传统（这种文化传统在某一特定时期内存在于地球上的某一特定地点）的集体的话，我却看不出它在哪一方面是关乎人的。我毫不怀疑，这种"非人类"的过程给人类

带来破坏性后果的同时，也带来了某些有用的虽然并不是特别重要的益处。但这与人类的解放事业毫无干系。（Lyotard，1988，p. xxxviii）

某些科学家面对这样一种灾难性的总结大惊失色，不过，他们继续选择相信哲学家有其用处；面对这些科学家，利奥塔用一种悲怆的语气回应道："我想，你们可能还得等上好长时间！"然而，陷于崩溃的仅仅是后现代主义，并不是哲学（Hutcheon，1989；Jameson，1991）。后现代人认为他们仍然是现代的，因为他们完全接受了作为一方面的物质和技术的世界与作为另一方面的言说主体的语言游戏之间的分割——因此忘记了现代制度的下半部分；或者是因为他们仅仅重视那些随波逐流的网络和大杂烩的杂合性质——因此忽视了现代制度的上半部分。不过，他们错了，因为真正的现代人总是会偷偷摸摸地增加传义者，从而试图概念化杂合体的大量增殖与纯化。科学总是如波义耳的空气泵或者霍布斯的利维坦一样与共同体紧密相连。这一双重矛盾，即在作为一方面的自然和社会的两个制度性担保者之间的矛盾，与作为另一方面的纯化实践和转义实践之间的矛盾，都是现代式的。后现代人相信这三者之间的全然分裂，并且真的把科学家视为外星人、相信物质是非物质性的、技术是非人性的、政治不过是一种虚幻，他们由此绝对消解了现代主义张力的根源，进而在事实上终结了现代主义。

在后现代人那里只有一件值得肯定的事情：在他们之后，空无一物。这并不是说他们就是优中选优的集大成者；相反，他们根本就不是，他们只不过代表了对各式终结的终结——换句话说，它终结了人们用以终结和前行的各种方式，而这些方式在过去则以一种不可思议的速度导致了一系列越加激进也越加革命的批判。如果没有自然和社会之间的张力，或者杂合化的工作与纯化的工作之间仍保持分离，我们如何才能走得更远呢？我们是否需要设想一种超级的超不可通约性（super-hyper-incommensurability）呢？后现代人是历史的终结，更加有趣的是他们还真的信以为真。为了清楚地证明自己并不幼稚，他们声称对那种终结怡然自得！"你可别指望从我们这里获得什么"，鲍德里亚（Baudrillard）和利奥塔会很开心地这样说。是的，确实没什么好期待的。然而，他们没办法做到终结历史，正如他们没办法做到不幼稚一样。他们仅仅是陷入了僵局之中，就像所有后继无人的先锋队一样。像鲍德里亚所鼓吹的那样，就让他们酣然大睡直到千禧年的到来吧，而我们则另做他事。更确切地说，让我们回首一下既往走过的路，别急着不断前行了。

3.5 符号学转向

当现代化的哲学在现代制度的两极之间玩弄杂技从而试图吸收不断增殖的拟客体时，另外一种策略开始浮现，它试图夺取仍处于持续扩张之中的中间地盘。这一策略并不关注纯化工作的极端方面，而是关注它的转义过程之一：语言。不管我们冠之以"符号学"（semiotics 或者 semiology）还是"语言学转向"（linguistic turn），所有此类哲学的目标都是把话语视为独立于自然和社会之类的转义者，而不是将人类主体与自然世界联系起来的透明的传义者。在过去的半个世纪里，意义领域的自治化已经获得了我们时代最具才华的学者的关注。如果说他们也将我们带入僵局的话，就如当下的现代主义者所声称的那样，这并不是因为他们"遗忘了人类"或者"抛弃了指称"，而是因为他们自己将其事业仅仅限定在话语领域。

这类哲学认为，如果一方面不将对自然世界的指称问题排除在外，另一方面不将言说或者思维主体的身份搁弃不论的话，那么意义的自治性就不可能。对他们来说，语言仍旧占据了现代哲学的核心（对康德来说，就是与现象的接触点）。他们并没有使语言变得多么透明或多么晦暗，也没有试图使之或多或少忠实于或者或多或少背离于言说者；相反，语言已经占据了整个空间。语言已经成为一个法则，一个它自己的法则，一个能够掌控自身及其自我世界的法则。"语言体系"、"语言游戏"、"能指"（signifier）、"书写"（writing）、"文本"（text）、"文本性"（textuality）、"叙事"（narratives）、"话语"——这些是"符号帝国"（the Empire of Signs）专属的部分术语，它们扩展了巴特（Barthes）那本著作的标题（Barthes，［1970］1982）。当现代化的哲学家们试图通过制造客体与主体之间的不可通约性进而将两者分割开来并不断强化两者之间的距离时，语言哲学、话语哲学或者文本哲学却一直占据着那被清空的中间地带，并自认为远离了已经被其排除掉的自然和社会（Pavel，1986）。

这些哲学的伟大之处在于，它们所发展出来的许多概念承认了转义者——它们不再是在自然与言说者之间进行双向意义传输的简单的传义者或纯粹的载体——的地位，进而抛弃了被指称之物与言说主体的双重暴政。

文本和语言制造了意义，它们甚至产生出内在于话语和一定话语之中的言说者的指称（Greimas，1976；Greimas and Courtès，1982）。要想产生出自然和社会，它们只需凭借自身，同样，也只需凭借一己之力，通过一种新奇的操作从其他的叙事形式中提炼出它们的实在原则。能指被赋予首要地位，所指（signified）则围绕着能指，并无任何特殊的优先权。文本居于首要地位，它所表达或者传递的意思则是次要的。言说主体被转变为意义效应所产生的虚构物，至于作者，也仅仅是其著作的一个产物（Eco，1979）。被言说的客体也就成为拂掠于文本表面的实在效应。万物——建筑和烹饪、时尚和神话、政治——都成为符号和符号体系，甚至无意识自身也是如此（Barthes，［1985］1988）。

然而，此类哲学的最大弱点在于，它们使自治化的话语与它们所暂时搁置的被指称物（从自然的角度）和言说者（从社会／主体的角度）之间的联系变得更加困难。科学论又一次带来了麻烦。当他们将符号学运用到科学话语之上而不仅仅是小说之类的文学作品时，话语的自治化就成为一场骗局（Bastide，即将出版）。就修辞而言，当其所应对的是真理和证据而非信念和诱惑时，其意义也就彻底改变（Latour，1987）。当我们处理科学和技术时，难以将自己持续想象为一段正在书写自己的文本、一段自言自语的话语、一场没有所指而只有能指的游戏。将整个宇宙还原到一场宏大叙事、将亚原子粒子物理学还原成一段文本、将地铁系统还原为一堆修辞策略、将所有的社会结构还原为一段话语，绝非轻而易举就能完成。"符号帝国"并不比亚历山大的帝国更加长久，而且正如亚历山大帝国一样，它最终也崩溃了并被其将军们所瓜分（Pavel，1989）。某些人希望重新确立言说主体甚或是社会团体的地位，进而赋予语言系统之自治性以更高的合理性，为了做到这一点，他们不得不求助于旧的社会学。其他一些人则试图通过重新确立与被指称物的联系来减少符号学的不合理性，这次他们选择了科学的世界或者常识的世界以重新锚定话语的位置。社会学化（sociologization）、自然化，可选择的范围总是这么窄。还有些人则坚持帝国的原初方向，他们已经开始解构自身，他们总是在自治化的注解之上再叠加自治化的注解，直到分崩离析。

从这一关键转折点之中，我们已经认识到，要摆脱自然化和社会学化这两个并行困境，唯一的出路就在于赋予语言以自治性。如果不是这样的话，我们如何才能展现自然和社会之间的中间地带从而容纳拟客体和拟主体呢？各种形式的符号学为我们追踪语言的转义提供了一个绝妙的工具箱。不过，它规避了与被指称物和语境的联系这两个问题，因此它也使我们对拟客体的追踪难以彻底。如我在前文所言，这些拟客体是实在的，又是话语性的和社会性的。它们属于自然、属于集体、属于话语。如果一个人通过将自然交付给认识论者、将社会托付给社会学家从而实现语言的自治，那么他将无法把这三种资源重新缝合到一起。

最近，后现代的发展趋势表明，他们所要做的不过是试图将现代批判的三种伟大资源——自然、社会和话语——并置起来，可是他们甚至连将三者联系起来的尝试都没有做过。如果它们之间仍保持根本差异，如果所有这三者都与杂合化的工作分开，那么它们所给出的现代世界的形象将异常可怕：近乎完美的自然和技术；仅仅由错误意识、幻影和错觉构成的社会；仅仅由脱离任何事物的意义效应构成的话语；不仅如此，整个显象世界使网络中毫无关联的其他各种因素漂动不居，而后者又可以由来自任意地点、任意时间的拼贴偶然性地加以组合。够了，这无异于让人跳崖自尽。这就是后现代人为什么会陷入沮丧和绝望的原因，这种绝望是从那些荒谬大师也就是从其前辈的焦虑中承继而来的。然而，若非后现代人——更糟糕地——相信自己已经遗忘了存在，他们也就不可能沦落至如此窘困并被人抛弃的境地。

3.6 谁遗忘了存在？

不过，在存在与存在者之间进行区分的观点最初似乎提供了一个很好的方法来容纳拟客体，这是在现代化的哲学家和语言转向之外的第三条道路。拟客体并不属于自然或者社会，也不属于主体，同样也不属于语言。通过解构形而上学（即在去除杂合化的工作之后的孤立的现代制度），马丁·海德格尔直指将万物联结到一起且远离主体和客体之类概念的核心点。"存在之思中令人惊奇之处是其简单性（simplicity），而恰恰又是这一点阻碍了我们对存在的思"（Heidegger, 1977a）。他的工作都围绕这个核心、这个中心（omphalos）展开，在此基础上他认为在形而上学的纯化与转义的工作之间存在某种联系。"思正在堕向其暂时性本质的贫困之中。思将语言汇聚到简单的言说之中。由此，语言是存在的语言，就如云彩是天空的云彩一样"（p. 242）。

但是海德格尔很快就丧失了这种善意的简单性。为什么呢？具有讽刺意味的是，在有关赫拉克利特（Heraclitus,

他常藏身于面包师的烤炉之中）的一个故事中，海德格尔暗示了出现这一结果的原因。"诸神也在此现身"（Einai gar kai entautha theous），当赫拉克利特的访客们非常吃惊地看到，他也像一个普通人一样在温暖其可怜的身体时，他如此向他们解释（Heidegger，1977b，p. 233）。"诸神也在此现身。"（Auch hier nämlich wesen Götter an）不过，正如那些天真的访客一样，海德格尔也被骗了，因为他及其追随者认为除非沿着黑森林的林中路（Black Forest Holzwege），人们将无法发现存在。存在并不存在于日常的存在者之中。处处皆为沙漠。诸神并不存在于技术之中——那是存在的一个纯粹的座架［Ge-Stell］（Zimmerman，1990）、一个无法逃避的宿命［Geschick］，也是其最大的威胁［Gefahr］。科学中也无法找到他们，因为科学与技术拥有同样的本质（Heidegger，1977b）。他们亦不存在于政治学、社会学、心理学、人类学和历史学（这是关于存在的历史，一段以数千年为纪年单位的历史）之中。诸神同样也不存在于经济学之中，经济学是一种纯粹的计算，它总是陷入存在者的泥淖并陷入不断的焦虑之中。同样，我们也无法在哲学或者本体论之中发现他们，因为这两者在 2500 年前就已经忘记了自己的命运。因此，海德格尔对待现代世界就像是访客对待赫拉克利特一样：充满了蔑视。

然而，"诸神也在此现身"：在莱茵河岸的水力发电车间里、在亚原子粒子之中、在阿迪达斯运动鞋之中、在手工掏制的陈旧木鞋之中、在农业企业之中、在旧式的景色之中、在以农业为基础的综合企业和陈旧的风景画之中、在店主的记账簿之中，也在荷尔德林那令人落泪的悲情诗歌之中。但是，为什么那些哲学家却不再承认它们呢？因为这些哲学家相信现代制度关于其自身的言说。我们将不会再对这一悖论感到奇怪。现代人确实认为技术就是一种纯粹的器械掌控术，科学仅仅是纯粹的座架，经济学是一种纯粹的计算，资本主义是一种纯粹的再生产，主体也就是纯粹的意识。到处都是纯粹性！对于他们的宣称，我们必须小心，千万不要着了他们的道，因为他们所断定的仅仅是现代世界的一半，即纯化的工作——这是对杂合化的工作所提供的产物进行提炼的结果。

谁遗忘了存在？没有人，谁也没有遗忘，否则自然就会真的呈现为一个纯粹的"库存"。看看你的四周，科学客体同时作为主体、客体和话语而流动着。各式网络之中充满着存在。对机器而言，它们负载着主体和集体。一个存在者如何能失去其独特性、其不完整性、其特征及其存在的痕迹呢？这并不是任何个人就能决定的，否则我们将不得不认为我们真的曾经现代过，我们也就会被现代制度的上半部分骗倒。

然而，有人真的遗忘了存在吗？的确，任何人，只要他认为存在已经真的被忘记了。正如列维－斯特劳斯所说，"野蛮人首先是那些信奉野蛮的人类"（Lévi-Strauss，［1952］1987，p. 12）。那些没有能够对科学、技术、法律、政治、经济、宗教或者小说进行经验研究的人，将会错过那弥漫于存在者之中的存在的痕迹。如果你蔑视经验研究，进而选择远离精确科学，接着远离人文科学，继而远离传统哲学和语言科学；如果你只是在自己的王国之中盘膝打坐，那么，在末了你就会真真切切地感受到惨痛的损失。但是，遭遇损失的只是你自己，整个世界并没有损失什么！海德格尔的追随者们已经将这一突出的缺点转变为一个优点。"我们并不通晓任何经验性的东西，但这并不重要，因为你们的世界中缺失了存在。我们使存在——哪怕是其点滴的星星之火——安全地远离万物，而你们，虽然拥有了其他的一切，但你们还是一无所有。"恰恰相反，我们拥有了一切，因为我们拥有

存在和存在者，而且我们时刻都清楚存在和存在者之间
的差异。我们正在实现海德格尔所承担的一项不可能完 67
成的计划；海德格尔相信现代人关于自己的言说，然而，
他却不明白，对一个从未放弃古老人类学基质的更宏大
的机制而言，他们所言说的仅仅是其中的一半。没有人
会忘记存在，因为现代世界从未存在过，同理，形而上
学也未存在过。我们一直处在前苏格拉底、前笛卡尔主
义者、前康德主义者和前尼采主义者的时代。任何激进
的革命都无法将我们与这些过去隔离开来，因此也就不
需要什么反向的反革命来引导我们回到那些从未被放弃
过的东西之上。是的，与海德格尔相比，赫拉克利特是
一个更好的引导者："诸神也在此现身。"

3.7 过去的开始

由上文可见，人们采用了三种不同的策略来应对拟客
体的增殖：首先，在自然极（自在之物）和社会极或主体
极（自在之人）之间日益加剧的分裂；其次，语言或意义
的自治化；最后，对西方形而上学的解构。四种不同的资
源可供现代批判使用以推进这些尖刻之举：自然化、社会
学化、话语化，最后是遗忘存在。这四种资源中的任何一

种都无法承担起理解现代世界的任务。如果我们将它们放到一起，却没有将之联结成一个整体，那么情况将会更加糟糕，因为这样做的后果只能给人带来一种啼笑皆非的失望，而这正是后现代主义的表现。所有这些批判资源的共同之处在于，它们都无法同时完成追踪杂合体的增殖和纯化工作的任务。若想摆脱后现代人的这种无力感，只需重新利用所有这些资源就足够了，不过，它们必须被整合到一起，并用以追踪拟客体或网络。

这些批判资源是它们彼此之间互相争论的产物，既然如此，又应该如何使这些资源能够共同发挥作用呢？我们必须回首既往走过的路，从而展现出一个足够大的智识空间来容纳纯化的任务和转义的任务，也就是说，现代世界的两个部分。但是我们如何才能回首既往的路呢？现代世界难道不是以时间之矢为典型特征吗？它不是已经吞噬过去了吗？它难道就没有与过去截然断开吗？难道目前的挫败不正是从"后"现代时期——它不可避免地接替了之前的一个时期，而后者又在历经一系列灾难性巨变之后取代了前现代时期——中产生的吗？难道历史尚未终结吗？在容纳现代制度的同时，也要试图将拟客体纳入其中，我们必须要思考一下我们现代人的时间框架。既然拒绝走到后

现代"之后",如果我们不对时间的流逝本身进行改动的话，68
那么我们也就难以设想回到一个我们未曾离开过的非现代
世界。

我们已经将自己从拟客体的定义引导至时间的定义，
而时间同样也包含现代的和非现代的维度，包含其经度
和纬度。查尔斯·拜吉在其《克里奥》（*Clio*）中对此做
出了最好的阐述，同时，该书对历史的酝酿也做了最出
色的思考（Péguy，1961a；也可参见 Latour，1977）。
历法时间要求我们根据有规律的日期序列来界定事件，
而历史性则要求我们根据事件自身的强度来定位它们。
这正是主管历史的缪斯在比较维克多·雨果（Victor
Hugo）的糟糕戏剧《城堡卫戍官》（*Les Burgraves*）（一
种没有历史性的时间累积）与博马舍（Beaumarchais）的
一小段话（对没有历史的历史性而言，这是一个绝妙的
例子）时所生动阐释的：

> "当有人告诉我，哈托（Hatto）是马格努斯（Magnus）
> 的儿子，是维罗纳侯爵，是诺里格（Nollig）的城主，
> 是高赫鲁阿斯（Gorlois）的父亲，高赫鲁阿斯则是萨雷
> 克（Sareck）的城主，也是哈托的私生子，我什么都没
> 有学到"，她（克里奥）说道。"我并不认识他们。我

　　将来也不会认识他们。但是当有人告诉我，谢胡比诺
（Cherubino）死了，死在了对某要塞的一次突袭中，
尽管他并没有接到命令参加这次进攻。呀，我确实知
道了些事情。而且，我对于我被告知之事也非常清楚。
内心深处的一阵战栗，使我警醒并记住了我所听到的事
实。"（p. 276；强调为原作者所加）

　　时间的现代通道仅仅是历史性的一种特殊形式。我们
又是从何处得来时间在流逝这一观念的呢？是从现代制
度本身。在此，人类学提醒我们：人们能够采取几种方
法将时间通道解读为一种循环或衰退、一种下降或不稳
定性、一种回归或者持续在场。为了小心谨慎地将之与
时间相区分，我们可以将对通道的这种解释称为时间性
（temporality）。现代人有一种特别的倾向，就是认为已
经逝去的时间仿佛真的将过去抛在后面。他们把自己当成
阿提拉（Attila），仿佛他们也能像他一样让其身后寸草不
生。他们感觉到将自己与中世纪分隔开的，并不是几个世
纪，而是众多的哥白尼革命、认识论的断裂、认识的决裂，
这种分隔是如此彻底，以至于过去在其身上难觅踪迹——
过去在其身上也不应该留下任何痕迹。

"有关进步的那种理论，本质而言就是一套储蓄银行理论，"克里奥说道，"总体而言，也是在普遍的意义上来说，它为整个人类共同体预设并创造了一个巨大而又普遍适用的储蓄银行，为整个人类共同体塑造了一个庞大的、具有一般性的，甚至是普遍性的、自动的智识储蓄银行。'自动的'意思是，人们总是往里面存钱而不会从中向外取钱，资金会一直不知疲倦地自己主动存进去。这就是有关进步的理论。这些就是其蓝图。一个踏步梯。"（Péguy, 1961a, p. 129）

69

既然任何流逝之物都是无法复原的，因此，现代人确实感受到时间成为一支不可逆转的箭矢、一种资本化、一种进步。但是，由于这种时间性又被强加在一个运转机制全然不同的时间体制上，因此，不和谐的迹象也在不断增加。如尼采很久之前就注意到的，现代人饱受历史主义（historicism）的折磨。他们将保留一切并记录下它们的时间，因为他们自认为已经与其过去完全决裂了。革命积累得越多，他们保留下来的东西也就越多；积蓄的东西越多，他们在博物馆可供展示的也就越多。疯狂的解构被同样疯狂的保存中和。历史学家们逐一对照细节以重构过去，他们必须万分谨慎，因为过去已经完全被湮没了。然而，在与自身的过去割裂之后，我们与过去的距离是否就如我们所设想的那么遥不可及？并非如此，因为现代的时间性并没有对时间通道产生多大影响。因此，过去一直存在，甚至还会重返。不过，现代人无法理解这种再现。由此，他们视之为被压制者的重返（the return of the repressed）。他们视之为拟古主义（archaism）。他们认为，"如果不小心谨慎，我们将会重返过去，将会退回到黑暗的中世纪"。现代人能否消除那些他们认为必须消除的东西，从而能够让人觉得时间一去不复返了呢？绝无可能，历史的重构和拟古主义，便是现代人对此无能为力的两个证明。

如果我解释说各种革命试图消解过去但并不成功，那么我将会有再次被扣上保守派帽子的风险。这是因为对现代人及其反现代的对手和错误的后现代对手来说，时间之矢是确定无疑的：人们可以选择前进，但这意味着他必须与其过去决裂；人们也可以选择后退，然而这又意味着他必须要与现代化的先锋队（他们与其过去彻底决裂）划清界限。直到最近几年之前，这一敕令还一直掌控着现代思想，当然，它对转义的实践毫无影响，就像是前现代人的所作所为一样，这一实践总是将时间、类型和思想视为异质的。现在我们知道，如果还存在一件事情我们无法完成的话，那就是革命，不管它是发生在科学领域、技术领域，还是政治或者哲学领域。然而，如果我们对此感到失望之至，仿佛拟古主义已经全面渗透，仿佛再也没有什么公共垃圾场可以堆放那些被压制、被我们留在身后的东西，那么，我们就依然是现代的。如果我们试图将所有时代的要素——那些同等过时、同等陈旧的要素——并置于一个大杂烩之中，那么，我们就依然是后现代的。

3.8　革命的奇迹

70

现代的时间形式与现代制度（它默默地将自然和社会这两种不对称性联系在一起，并且默许杂合体在下方不断增殖）之间存在何种关系呢？为什么现代制度会迫使我们将时间视为一种革命，而且是一场一次又一次不断重新开始的革命呢？科学论对历史的大胆介入，再次为我们提供了这一问题的答案。科学社会史试图使文化史的常用分析工具不再仅仅局限于软的、偶然的、地方性的人类实践，而是要将之运用到硬的、必然的、普遍的自然现象之上。再一次，历史学家们相信为历史的城堡新添一处翼楼是一件轻而易举之事。同样，对科学领域的介入也使他们不得不重新考虑"常规"历史的大部分隐性假设，就像他们曾经对社会学、哲学或者人类学的假设所做的一样。现代的时间概念根植于历史学科之中，它——非常奇怪地——依赖于某一特定的科学观，这种科学观消除了自然客体的来龙去脉，进而只能以奇迹般的方式让这些客体突然现身。

现代时间由一系列前后相继的无法解释的异常现象所构成，这是由于科学史或技术史与一般历史之间的差别所致。如果你将波义耳和霍布斯以及他们的争论排除在外，如果你无视空气泵的建构工作、无视对同行的收服、无视被搁置的上帝这一观念的发明以及英格兰王室的复辟，那么你又将如何对波义耳的发现做出说明呢？空气弹性仿若无中生有，它全副武装，突然现身。为了解释那些极度神秘之物，你又必须要构造一个时间图景，并使之既适用于这些奇迹般出现的新事物（虽然这些事物早就已经存在于那里），又适用于人类的构造物（人类从来没有构造过它们）。激进革命的观点成为现代人所能想象出的唯一救命稻草，它被用以解释现代制度所禁止同时却又许可的杂合体的出现，还被用以规避另一个怪物，即事物本身具有自己的历史这一观念。

有充分的理由相信，政治革命的观点借自科学革命（Cohen，1985）。其原因很容易理解。拉瓦锡（Lavoisier）的化学思想是如何成为一种全新的思想的呢？这是因为这位伟大科学家隐蔽了其所有的建构痕迹并且切断了自己与其前辈（并将之贬低为蒙昧之人）的所有联系。人们同样以启蒙反对蒙昧的名义，将拉瓦锡送上了断头台，而这正是他用在其前辈身上的那架断头台，这真是历史的绝妙讽刺（Bensaude-Vincent，1989）。在现代制度之下，科学或技术创新的起源非常神秘，这仅仅是因为人类构造的地方性定律被赋予了普遍的超越性，并被禁止反思，也只有一直如此，才能避免被披露后所带来的丑闻。对人类自身的历史来说，它仍具有偶然性，并饱受着喧闹与愤慨的侵袭。自此，就存在着两种不同的历史：一种历史讨论的是具有普遍性的必然事物，它们一直都在场，除了彻底的革命或认识论的断裂之外，它们毫无历史性可言；另外一种历史则关注那些可怜的人类，他们彻底与物分离，其所拥有的仅仅是不同程度的偶然性或多少具有持久性的骚动与不安。

基于偶然性和必然性、历史性和非时间性之间的这种区分，现代人的历史将会不断被非人类事物的出现所打断——毕达哥拉斯定理（Pythagorean theorem）、太阳中心说（Heliocentrism）、万有引力定律、蒸汽机、拉瓦锡化学、巴斯德的牛痘疫苗、原子弹、计算机——每当遇到这样的情形，人们通过"道成肉身"的方式将超越性的科学在其历史中出现的每一个奇迹世俗化，进而，时间就会以这些奇迹为开端重新计算。以计算机为例，人们会像依据耶稣基督的出生将时间区分为"耶稣之前"和"耶稣之后"一样，把时间区分为"前计算机时代"（'BC'）和"后计算机时代"（'AC'）。人们用颤抖的声音断言现代命运时，甚至走到了使用"犹太教—基督教的时间概念"的程度，尽管这一观念本身也是一种年代错置，因为不管是犹太教的术士还是基督教的神学家，他们对现代制度从未表现出哪怕一丁点的倾向性。他们的时间制度是围绕"在场"（即上帝的在场），而不是围绕真空、DNA、微芯片或者其他的什么自动工厂……展开的。

现代时间与"犹太教—基督教"毫无关系；而且，幸运的是，它也不会长久存在下去。现代时间是通过将中间王国投射到一条被赋予了箭头的线上而诞生的，这种投射之所以可能，是因为人们在尽管自身无历史但又在历史中显现的事物（自然物）与那些从未脱离历史的事物（人类的劳动与激情）之间进行了无情的分割。这样，自然与文化之间的不对称性就转变成过去与将来之间的不对称性。过去是物与人的混合体，而将来则不会将两者混合起来。现代化的过程，就是要不断走出将社会的需要与科学真理混淆起来的晦暗时代，以便能够进入一个新的时代，这个新时代最终将那些属于非历史之自然的事物与来自人类的事物、那些以自然物为基础的事物与属于符号领域的事物清晰地区分开来。现代时间产生于交叠在一起的两种区别，即过去与将来之间的区别和另一种更具重要性的转义与纯化之间的区别。当下的时代，是由一系列激进的断裂、革命所勾画出来的，它拥有众多不可逆转的棘齿使我们永远都难以回到过去。就其自身而言，这条线与音乐节拍器的韵律一样空洞无物。然而，现代人却将拟客体的增殖投射到这条线上，并且，在这些客体的帮助之下，现代人可以追踪两种系列的不可逆的推进：一种是向上的、进步性的；另一种则是向下的、退步性的。

72

3.9 正在逝去之过去的终结

现代制度在前所未有的范围内将整个世界和所有共同体动员起来，这极大地增加了那些构成自然和社会的行动者，但它们的增殖却丝毫没有预示一种秩序化的、对称性的时间通道。不过，多亏有了时间这一特殊结构，现代人才能够将那些新行动者的增殖秩序化，将之区分为要么是资本主义的形式（人类所征服之物的不断积累），要么是野蛮人的入侵（那带给我们的将是一系列的灾难）。进步与退步是他们所拥有的两种重要资源，而且两者有相同的起源。在历法时间、进步性的时间、退步性的时间这三条中的任何一条上，我们都可以确定反现代人的位置，他们接受了现代时间，只不过逆转了其方向。为了消除进步或者退步，他们试图返回过去——仿佛就真的存在那么一个过去！

我们生活在一个新的时代，它与过去完全决裂——这样一种现代印象的根源何在呢？来自一种联系，一种自身与时间毫无关系的重复吗？（Deleuze，1968）只有当我们将构成日常世界的诸多要素联结起来的时候，才会产生这种不可逆的流逝的印象。正是由于它们被系统地凝聚在一起，同时被后续阶段其他同样凝聚到一起的元素所取代，这才给我们造成了时间正在流逝，即一种从未来朝向过去的连续流动的印象，如拜吉所言，造成了踏步梯的印象。如果时间成为一种流动，那么，各种实体都必须成为同时代的实体，并且步调一致，同时必须被其他以同样方式安置到一起的事物取代。现代时间是对实体进行再整训的结果，若无这种残酷的规训，这些实体可能归属于不同类型的时间，拥有不同类型的本体论状态。

空气泵本身并不是现代的，就像它也不具有革命性一样。它串联、组合并且重新展现出数之不尽的行动者，其中有一些是新的，是以前没有过的，如英格兰国王、真空、空气质量，但并非所有行动者都是如此。它们的凝聚性还不能使它们与过去彻底决裂。要获得现代化与时间同步而行的印象，就必须要将一套完整的分裂、清理及分割的工作补充进来。如果我们赋予波义耳的发现以永恒性，而它们现在突然降临到英格兰；如果我们按照"科学方法"把它们与伽利略和笛卡尔的工作联系起来；如果我们拒绝波义耳对奇迹的信念并将之视为陈腐之见，那么，我们将会感觉到一种全新的现代时间。一种不可逆转的箭头的——进步性的或者蜕化性的——观念来自对拟客体的秩序化处理，只不过现代人无法解释拟客体的增殖过程。时间进程的不可逆转性本身产生于科学和技术的超越性，这一点事实上超出了现代人的理解范围，因为现代制度的这两翼从未被一起阐明过。这样一种分类法的设计，仅仅是为了掩

73

盖自然和社会实体那令人无法容忍的起源——位于下半部分的转义的工作。正因为消除了杂合体的来龙去脉，现代人才得以将这些异质性重新编排理解为一个系统的整体，其中，万物都结合在一起。只有将历法上同时代的所有要素归属于同一时间，现代化的过程才是可理解的。要做到这一点，这些要素需要被组织为一个完整的、可辨识的整体。如此，也只有如此，时间才会构成一种持续性的进步性的流动，正基于此，现代人宣称自己是先锋，反现代人自称为后卫，而前现代人则被放置到停滞不前的边线上。

一旦我们将拟客体视为不同时期、不同本体论或者不同类型组成的混杂体，这一完美的秩序就会被破坏。这样，具体的一段历史时期就可能会给我们造成一种大杂烩的印象。多数情况下，我所得到的将是一个充满漩涡与湍流的急流，而非完美的层流。时间具有了可逆性，而非不可逆的。起初，这并不会影响到现代人。在他们看来，凡是不能与进步同步而行的，都是陈腐的、非理性的或者保守的。现代剧情已经为反现代人准备好一个反动的角色，而他们也乐于扮演这样一个角色，因此，接下来上演的将是一幕幕反对蒙昧、追求光明与进步的伟大戏剧（或者说，疯狂革命派反对理性保守派的反戏剧〔antidrama〕），当然，这同样是为了博观众一笑。不过，现代化了的时间性想要继续正常运转下去，由共享相同时间的所有实体组成的秩序井然的阵线这一印象就必须仍具有可信性。这样，就不能有太多的反例。如果反例增加过多，人们将绝无可能谈论拟古主义或被压制者的重返。

　　拟客体的增殖已经使现代时间连同其制度一起分崩离析。随着例外情况——没有人能够将其定位于一段规则的时间流之中——的不断增加，或许是在 20 年前，或许是在 10 年前，也有可能就是在去年，现代人向着未来的旅程慢慢停滞下来。前有后现代建筑风格的摩天大厦（建筑是这一糟糕用语的最初起源），后有霍梅尼（Khomeini）的伊斯兰革命（人们难以为之贴上革命或反动的标签）。从那时起，例外就不断增加，从未停止过。今天，已经没有人能够将那些属于“同一时间”的行动者归类于一个内在一致的单一群组之中。也没有人还能知晓比利牛斯山对熊的重新引入、集体农庄、气溶胶、绿色革命、天花疫苗、星球大战、穆斯林宗教、猎杀鹌鹑、法国大革命、服务性行业、工会、冷聚变、布尔什维克主义、相对论、斯洛伐克的民族主义、商用帆船，诸如此类，所有这些到底是过时的、

74

最新的、朝向未来的、非时间性的、根本不存在的，还是永恒的。在美术和政治的两场先锋运动中，后现代人很早就敏锐感觉到的正是时间之流中的这一旋涡（Hutcheon，1989）。

然而，通常情况下，后现代主义仅仅是一个征兆，而非一种解决方法。后现代人保留了现代框架，却将现代化者分组到一个井然有序的系统中的要素重新拆分开来。后现代人的这种拆分是正确的，每一个同时代的集合体都是多重时间性的（polytemporal）。不过，他们却错误地保留了现代框架，并且继续相信现代主义所要求的新事物会不断出现。通过将过去的要素以一种粘贴画或者引用（citation）的形式杂合到一起，后现代人终于认识到这些引用真的过时了。而且，也正因为它们已经过时，后现代人才将之挖掘出来，以便能够吓唬一下之前的"现代主义的"先锋队——他们现在已经不知道自己到底应该去祭拜哪个神坛。但是，要从一个真正结束的过去中摘出具有挑衅性的引用，到对一个从未消失的过去进行重现、重复或重访，还有一段很长的路要走。

3.10 分类与多重时间

幸运的是，并没有什么东西要求我们必须坚持现代时间。进而，也就没有必要非得坚持其所主张的前后相继的激进革命，也并非一定得要支持现代时间框架下那些试图回到他们所自认为的过去的反现代人，同样，也并不需要认可现代时间时而自卖自夸、时而满腹牢骚的双簧戏——支持或反对持续性的进步，支持或反对持续性的退步。我们并没有将自己与这一时间永久性地捆绑在一起，它使我们既不能理解过去又不能认识未来，它迫使我们放弃了那包含着人类和非人类的整个第三世界。或者，更合适的说法是，现代时间已经停止流逝。我们不必对此感到遗憾，因为我们的真实历史与现代化者及其对手所强加于其上的普罗克鲁斯忒之床之间，所存在的也不过是最为含糊不清的关系。

时间并不是一个普遍的框架，而仅仅是实体间联系的一个暂时性产物。现代规训仅仅是将那些同时代的要素重新集合起来、捆绑到一起并使之系统化，其目的仅仅是维持其自身的整体性，并由此将那些不属于此体系的要素消除殆尽。这种尝试是徒劳的，它总是处于失败之中。

75

现在，所存在的仅仅是——过去也一直是——那些脱离了此系统的要素以及那些形成时间和存在期限都无法确定的客体。并不仅仅是贝多因人（Bedouin）和昆人（Kung）将晶体管与传统行为、塑料桶与动物皮革盛器混合到一起。什么样的国度才能不被称为"反差之国"（a land of contrasts）呢？我们全部已经到达了将各种时间混合起来的地步。又一次，我们都成为前现代人。如果我们不能再以现代人的方式进步，就必须要以反现代人的方式退步吗？绝不，我们必须从一种时间转移到另一种时间。因为就其自身而言，这样一种时间，毫无时间性可言。它只是一种将实体联系起来并且进行归档的手段。如果我们改变分类原则，我们就会基于同样的事件而得到另外一种不同的时间。

举例而言，假设我们能够将同时代的要素沿着一条螺旋线而不是直线重新归组，那么，我们就某种未来而言，也拥有了某种过去。不过，这样的未来仅仅是一个向四处扩展的圆圈，同时，我们也并没有超越过去，我们仅仅是重访、重述、包围、保护、重组、重释、重置过去。如果我们跟随着螺旋线，有些要素就会显得遥不可及；而如果我们在不同的圆圈之间进行比较，它们却又显得近在咫尺。

相反，如果我们用直线来判断，某些要素会属于同一时代；而如果我们横跨一根辐条，它们又会变得非常遥远。这样一种时间性并不强迫我们使用"拟古"或者"先进"的标签，因为每一组同时代的要素，都可能将来自任一时间的要素组合到一起。在这样一个框架中，我们最终就可以认识到我们的行动是多重时间性的。

我可以使用电钻，也可以使用锤子。前者的出现已经有35年了，而后者则拥有成千上万年的历史。就因为我将来自不同时间的行为混合到一起，大家就会认为我是个将"反差"要素杂合到一起的DIY高手吗？我是否会成为人种学意欲了解的一个研究对象呢？相反，请向我展示一种行为，一种从现代时间的角度来看具有同质性的行为。我的一些基因是5亿年前的，有些是3亿年前的，另外一些则是10万年前的；我的某些习惯可能只有几天，也可能已经存在了上千年。正如拜吉笔下的克里奥所言，也如米歇尔·塞尔所重复过的，"我们是时间的交流器与酿造器"（Serres and Latour, 1992）。能够对我们进行界定的，并不是现代人为我们所建构的日历或者时间流，而正是这种交流（exchange）。将贵族们召集起来，让他们前后一排站好，你仍然不会得到时间。迂回一下，如实掌握凯鲁比诺（Cherubino）之死这一事件，时间将会在你面前呈现自身。

那么，我们是非常传统了？也不是。许久以来，人类学家就已经认识到，稳定传统的观点只是一个幻觉。不变的传统全都发生了改变——长久以来就是如此。具有"百年"历史的苏格兰短裙是在19世纪初被创造出来的（Trevor-Roper，1983）；我的家乡小镇坐落于勃艮第（Burgundy），其品酒骑士团（Chevaliers du Tastevin）的千年传统还不到50年；大多数古老的风俗都与此类似。"无历史的民族"是那些自认为其所属民族是一个全新民族之人的发明（Goody，1986）。现实中，前者不断创新；后者则被迫无休止地经历同样的革命洗礼、认识论的断裂以及古典与现代之间的争吵。人并非天生就是传统的，他通过不断的创新，进而主动选择成为传统。不管是对过去的完全重复，还是与所有过去彻底决裂，这两种思想都是同一时间观念的两个对称产物。我们并不能复归过去、返回传统，也不能重复历史，因为这些恒定不变的领域不过是时至今日不再允诺给我们的世界之形象——进步、永不停歇的革命、现代化以及不断前进的航程——的颠倒。

如果我们既不能前进又不能后退，那又该如何呢？请大家的注意力转移一下。我们从未向前迈进或者向后撤退过。我们总是在主动地挑选属于不同时间的要素。我们可以继续挑选。是挑选造就了时间，而不是时间造就了挑选。现代主义——就如其带来的反现代和后现代结果一样——仅仅是一小撮能动者之选择的暂时结果，尽管这种选择是以全体能动者的名义进行的。如果我们中有更多的人，能够重新获得挑选属于我们时间的那些要素的能力，我们就会再次发现被现代主义所否定的运动的自由——事实上，我们从未真正失去过这种自由。我们并非脱身于一个将自然和文化混淆起来的蒙昧的过去，我们的目标也不是达至一个能够借助于对当下的不断革命而最终明确分割两极的未来。我们从未陷入过一种同质而又全世界适用的时间之流，不管它来自未来还是来自时间深处。现代化从未发生过。这并不是说，一个长期处于涨潮阶段的潮汐现在要开始退潮了。因为从来就未曾有过这样的潮汐。我们可以将注意力转移到其他的事物上，换句话说，回归到那些总是以另外的方式流逝的各种实体之上。

3.11　反哥白尼革命

　　如果我们能够将人类大众与非人类环境更加长久地压制在我们身后，那么，我们很有可能能够继续相信现代时间真的在流逝，而其所过之处一切都荡然无存。然而，被压制者又回来了。人类大众又回来了，不管是东方还是南方，多种多样的非人类事物也从各处赶达。他们不再处于被剥削的境地。同样，他们也不可能被超越，因为没有什么东西能够超越他们。与环绕我们的自然相比，没有任何事物能够比其更伟大；对广大的第三世界来说，亦没有任何东西能够限制他们。我们该如何吸收他们呢？现代人万分苦恼地提出了这个问题。他们如何才能全部被现代化呢？我们的现代化也许已经完成，我们过去也认为我们能够完成，但是现在，我们认为这是不可能的。就像是一艘巨大的远洋客轮，它渐行渐止，最终在马尾藻海（Sargasso Sea）海域搁浅，现代人的时间也最终在此抛锚。但是，时间却与此无关。存在者之间的联系自行制造了时间。过去，在一个内在一致的整体中，实体之间的系统性联系构成了现代时间之流。既然这种层状流现在已经变成了湍流，我们也就可以放下对空洞的时间框架的分析，而回归到正在流逝的时间，也就是说，回归到存在者及其联系之上，回归到那些建构了不可逆性与可逆性的网络之上。

　　不过，实体的分类原则该如何改变呢？那些非法之人如何才能被代表、被判定世系，又如何被赋予公民地位呢？该如何展开对这片未知领域（terra incognita）的探索呢？尽管我们对之非常熟悉。我们又该如何从客体的世界或者主体的世界到达我所谓的拟客体或者拟主体呢？要想从超越的／内在的自然过渡到一个依然同样真实，但先是从科学实验室中提炼出来进而转变为外在实在的自然，我们又该如何做呢？如何才能从内在的／超越的社会转向人类与非人类所组成的集体呢？又如何才能从一个超越的／内在的被搁置一边的上帝转变到一个本源上帝（God of origins）、一个或许可以被称为人间上帝的角色呢？另外，我们如何进入网络之中，也就是说，进入那些拥有千奇百怪的拓扑结构和更加不同寻常之本体论的存在物之中，进入那些既拥有联结能力又拥有分割能力——产生出时间和空间的能力——的存在物之中呢？我们又该如何对中间王国进行概念化呢？正如我前文所言，我们必须要追踪现代维度和非现代维度，必须同时展现其纬度和经度，如此所为，我们才能够展开地图绘制的工作，也才能使所绘制的地图能够同时适用于转义的工作和纯化的工作。

现代人非常明确地知道如何对这个王国展开设想。他们并没有通过消除的工作和否定的工作来清除拟客体，仿佛他们想做的单单就是要压制它们。相反，他们承认拟客体的存在，但是他们却将完全展开的转义者转变为传义者，从而完全否定了其相关性。一个传义者——虽然是必要的——仅仅是从现代制度的一极向外传送、转移、传输能量。它本身却是空洞的，不那么忠诚，多多少少也有些晦暗不清。而转义者则是一个具有原创性的事件，它创造了它所转译的东西，也创造了它在其中扮演转义者角色的那些实体。只要我们将这种转义角色复归到所有的能动者身上，那么，即便是由完全相同的实体所组成的同一个世界，也会脱离现代的窠臼，复归其本来面貌——非现代的面貌。现代人怎么可以既赋予转义的工作以明确的解释，同时又取消之呢？他们的办法是，将所有的杂合体视为两种纯形式之间的混合物。现代解释就是要将这些混合物劈开，进而从中提取出何者来自主体（社会）、何者来自客体。接着，他们便不断增加传义者，以便能够通过纯形式的混合进而重构那些被其解构的整体性并使之复原。因此，这些分析与综合的操作通常包含三个方面：最初的纯化、割裂式的分开，最后是进步性的重新混合。批判性的解释总是从两极开始，然后向中间靠拢，这里既是当初的分割点又是后来相反资源的结合点，也就是在康德的宏大叙事中现象发生的地方。这样，中间地带被维持下去同时又被取消、被确认同时又被否认、被明确阐释同时又被迫失语。这就是为什么我能毫无矛盾地宣称没有人曾经现代过而且我们也必须停止这样做。要重构已经被丢弃的整体性，我们就必须要增加大量的传义者，人们对此已无异议。因此，除了后现代人，没有人会真的相信自然与社会两极（它们与自由流动的、支离破碎的网络完全不同）。然而，只要这些传义者仍被视为纯形式之间的混合物，我们就会不可避免地相信现代世界的存在。所有的分歧，都取决于转义者与传义者之间的细微差异（Hennion，1991）。

如果想从中间王国自身的角度来展现它，就必须要整个颠倒我们的解释方式。分裂之处——也是联结之处——成为我们的出发点。解释，不再是从纯形式出发进而面向现象，而是从中心出发朝向两极。后者不再是实在的附着点，而是许许多多暂时的、局部性的结果。

按照安东尼·昂尼庸（Antoine Hennion）提出的模型，
各种层次的传义者被转义者链条所取代。这一模型并没
有否定杂合体的存在，也没有在传义者的名义之下对之
进行拙劣的重构，相反，它允许我们将纯化的工作囊括
为转义的一个特例。这样，我们就打破了现代概念与非
现代概念之间的唯一差别，因为纯化现在被视为一种需
要借助一定的工具、体制和技巧的有用的工作，而在之
前的现代范式下，转义的工作既没有明显的作用，也没
有明显的必要性。

79

　　正如我们已经看到的，康德的哥白尼革命使客体围
绕一个新的焦点旋转，并且增加传义者的数量以一步步
中和两极之间的距离。这样，它就为现代化的解释提供
了一个完美的模型。不过，并没有任何东西要求我们一
定要将这种革命作为决定性事件，从而一劳永逸地判定
我们是否在科学、道德和神学的道路上坚持了正确的方
向。或许可以用法国大革命来类比这种颠倒，而且二者
也是紧密相连的：对制造时间的不可逆性而言，它们是
绝妙的工具，但就其本身而言却并不是不可逆的。我称
这种反向颠倒（reversed reversal）——更准确地说，使
两极向中心和下方移动，这种移动使客体和主体围绕拟

客体和转义的实践而旋转——为反哥白尼革命。我们不再需要将我们的解释附着于客体或主体／社会这两种纯形式上，因为恰恰相反，它们是核心实践的部分性的、既已被纯化的产物，而这种实践正是我们唯一的关注点。我们所梦寐以求的解释确实得到了自然和社会，但仅仅将之作为一个最终的结果，而不是最初的出发点。诚然，自然是在旋转，只不过其旋转的中心点并不是主体／社会，它围绕集体而转，人和事物则从此集体中产生。主体也在旋转，但其中心点也不是自然，它亦围绕集体而转，人和事物亦从此集体中产生。最终，中间王国被表示出来。自然和社会是它的两个附庸。

3.12 从传义者到转义者

一旦我们发起这场反哥白尼革命，将拟客体置于下方的位置并使之与之前的自在之物和自在之人保持等距，我们就会发现，当我们返回我们的惯常实践之中时，丝毫没有理由继续将相关本体论的种类限定为两类（或者三类，如果将被搁置的上帝也包含在内的话）。

是否可以说此前一直被我们用作例证的真空泵本身就是一个新的本体论类别呢？我们不能指望持非对称立场的

历史学家来回答这一问题，因为他们甚至都难以找到这样一个常见的本体论问题。其中包括某些只关注 17 世纪英格兰的历史学家，他们对真空泵的兴趣，仅在于使之从思想的天国中奇迹般地显现出来，从而将之加入他们的历史年表之中。另外，科学家和认识论者在描述真空的物理学时，也不会向英格兰甚至是波义耳本人给予哪怕一丁点的关注。让我们放下这个不对称性的任务吧，因为它要么无视非人类要么无视人类；让我们接下来设想一种对称性的历史学家，他们将会对使用转义者或者使用传义者两种情况时的优劣进行比较。

在哥白尼革命的现代世界中，将不会出现新的实体，因为我们应该将真空泵一分为二，将其独创性二分于两极之中：第一部分朝向右侧，最终将成为"自然定律"；第二部分朝向左侧，最终则变成"17 世纪的英格兰社会"；而我们所要做的则是标记出现象的位置，尽管这个位置上依然空空如也，因此我们必须要将两极重新缝合到一起。这样，通过增加传义者，我们应该将那些刚刚被我们所分开的东西重新紧密地结合起来。我们会说，实验室中的真空泵"揭露了""表征了""物质化了"或者"使我们掌握了"自然定律。同样，我们也会说，富有

3 革命 / 165

的英格兰富绅们的"陈述"使人们对空气压力的"解释"和对真空存在的"接受"成为可能。如果更加靠近这个既是分割点又是联结点的位置，我们就从普遍性语境进入了地方性语境。我们将会向大家展现，波义耳的个人态度和皇家学会的压力是如何影响人们对空气泵之缺陷、漏洞和误差的理解的。不断增加传义者的数量，我们最终就能够将最初距离自然和社会都无限远的这两个部分重新联系起来。

按照此种解释，并没有任何具有不同本质的事物出现。为了解释空气泵，我们只需伸出一只手，将之轮流放入或是充满永恒之自然存在者的缸体之中，或是另外一个蕴含着社会世界之永恒动力的缸体之中。自然一直都未改变。社会也总是由同样的资源、同样的利益、同样的激情所构成。从现代的视角来看，自然和社会能够为我们提供解释，这是因为它们本身不需要被解释。当然，传义者是存在的，它们的作用恰恰就是在两者之间确立联系，不过它们之所以能够确立联系，也仅仅是因为它们本身不具有任何本体论的地位。它们仅仅是传送、转移、传输自然和社会（这是仅有的两种具有实在地位的存在者）所蕴含的力量。可以肯定的是，就算是这种传送工作，它们也做得非常糟糕，它们可能并不忠实可靠，甚至可以说愚钝不堪。不过对它们而言，忠实的缺失并不意味着它们就是重要的，这是因为，恰恰相反，这证明了其传义者的地位。它们的能力并不是自己的。往坏处说，它们仅仅是一些畜生或者奴隶；往好处说，它们也不过是一些忠心的奴仆。

如果我们发起这场反哥白尼革命，那么，我们将不得不更加严肃地对待传义者的工作，因为它们的任务将不再是传输自然和社会的力量，因为尽管如此，但它们还是能够带来同样的实在效果。现在，如果列举出那些具有独立地位的实体，我们就会发现，它们远不止两种或者三种。它们会有一打。自然是否厌恶真空？到底是泵中真的存在真空还是有某些细微的以太渗入呢？皇家学会的见证人将如何说明空气泵的漏气现象？当绝对权力的问题最终即将尘埃落定时，英格兰国王又是如何同意人们重启有关物质性质的讨论并允许他们重建私人圈子的呢？物质的机械化是否就使奇迹看上去更具真实性呢？如果波义耳献身于粗俗的实验事业并且放弃演绎性的解释（后者是成为学者的唯一条件），他能否成为一位受人尊敬的实验家呢？这样的问题是不可能在自然和社会之间得到解决的，因为它们都将重新定义什么是自然、什么是社会。自然和社会不再是一种解释术语,它们仅仅是某种需要一同被解释的东西。围绕着与空气泵有关的工作,我们见证了一个新波义耳的形成,见证了一个新的自然、一种新的奇迹神学、一种新的社交方式的发生,也见证了一个今后将包含真空、学者和实验室的新社会的诞生。历史造就了它们。每一个实体都是一个事件(event)。

我们对空气泵这一新发明的解释,将不再交替使用自然之缸与社会之缸内的资源。相反,我们会将这些缸清空,然后重新注满,或者至少从根本上改变其内容。自然产生于波义耳的实验室,并被其改变,英格兰社会也是如此;当然,波义耳和霍布斯也会有同等程度的改变。如果仅有自然和社会这两种存在物亘古长存,或者如果前者永远不变而后者仅仅是历史的产物的话,这些改变将难以理解。相反,如果我们能够将本质地位重新赋予组成这段历史的所有实体,那么,这些改变将变得易于理解。不过,如果这样,它们就不再是简单的、具有或多或少忠实性的传义者。它们成为转义者,即它们成为某种行动者,并被赋予了转译其所传输之物的能力,赋予了重新界定之、展现之或背叛之的能力。奴隶再次成为自由民。

如果我们将先前被自然和社会所禁锢的存在,交付给所有的转义者，那么，时间通道将会变得更加容易理解。
在哥白尼革命的世界中，万物都必须在自然和社会两极之
间构成，历史事实上并未起作用。要么自然仅仅是被发现，
要么社会仅仅是被展现，要么将其中一个运用于另外一个
之上。现象也仅仅是既已存在之要素的相遇。确实存在一
种偶然的历史，但这仅仅是对人类而言的，并不适用于具
有必然性的自然事物。只要我们从中间地带出发，只要我
们将解释的箭矢逆转，只要我们拾起那原先堆砌在两极之
上的本质并将之重新分配给所有的传义者，只要我们将后
82 者的地位提升为充分的转义者，那么历史将真的成为可能。
时间不再毫无意义，它真实存在。波义耳、空气弹性、真空、
空气泵、国王以及霍布斯身上确实发生了某些事情，他们
的确也都被改变了。所有的本质都成为事件，不管是空气
弹性还是凯鲁比诺之死，亦都如此。历史，将不再仅仅是
人的历史，而且也成为自然事物的历史。

3.13 指控，因果关系

这场反哥白尼革命，实际上就是要改变客体的位置，
将之从自在之物剥离，从而靠向共同体一侧，但是又不至
于太过靠近社会。为了完成这一移动或者下降，米歇尔·塞

尔的工作,至少与夏平和沙佛或者昂尼庸的工作同等重要。正如塞尔在其最重要的一本书中所言:"我们要对客体的浮现进行描述,这不仅包括某些工具或者美妙的雕像,也包括一般的、本体论意义上的物。客体是如何与人类发生接触的呢?"(Serres,1987)不过,他的问题在于,他"在书本中,并没有发现对客体在建构人类主体时的原初经验的描写,因为书本被书写就是为了掩盖这些经验,为了阻塞进入其中的所有道路,也是因为话语的喧嚣淹没了在全然的沉寂中所发生的事情"(p. 216)。

我们拥有成千上万的神话故事,可以用来描述主体(或者说集体、主体间性、知识型)建构客体的方式——康德的哥白尼革命仅仅是沧海一粟。然而,对于故事的其他方面,即客体如何建构主体,我们却身无长物以用于对它们的说明。夏平和沙佛查阅了数以千计有关波义耳思想和霍布斯思想的档案文件,但没有发现任何空气泵的默会实践或空气泵的运转所要求的操作技巧方面的材料。第二半历史的见证者,并不是由文本或语言构成,而是由静默无声的、冷冰冰的诸如泵、石头和雕像之类的历史遗存物组成。

尽管塞尔的考古学可以被定位于空气泵下面几层,但他也还是遭遇到同样的静默。

> 以色列人在被拆毁的哭墙（Wailing Wall）前吟诵圣歌，哭墙所属的圣殿早已是断壁残垣。泰勒斯所处的时代距离我们今天和基奥普斯（Cheops）的时代一样远，当聪慧的泰勒斯立于埃及金字塔旁时，他看到了什么、做了什么、又想到了什么呢？他为何在这一堆石头前发明几何学呢？所有的伊斯兰教徒都梦想着可以到麦加（Mecca）朝拜，因为在那里，黑石被保存于天房（Kaaba）之中。文艺复兴时期，现代科学诞生于对诸如石头降落到地面之类的落体运动的研究。耶稣为何会将耶稣教会建立在一位名为彼得的人身上？在这些代表了某种开创性工作的范例中，我有意将宗教与科学混合在一起。（Serres, 1987，p. 213）

塞尔如此草率地对这些老古董进行概括，他将一块黑色的宗教圣石与伽利略的自由落体混合到一起，我们为何要认真对待呢？这里的理由与我此前认真对待夏平和沙佛的工作的理由一样，他们的工作是现代科学和政治的"开创性工作的范例"，他们同样"有意将宗教与科学混合在一起"。他们用一个未知的新行动者，即一个会漏气的、由多个部件拼凑而成的人工空气泵，作为认识论的基础。塞尔也用一个未知的新行动者，即沉默的物，作为认识论的基础。他们这样做，都是出于同样的人类学理由：从根本上重新阐释指控和检验为何意，并由此将科学和宗教联系到一起。不管对波义耳来说，还是对塞尔而言，科学都是司法系统的一个分支。

> 在欧洲所有的语言中，不管是北方的还是南方的，不管"物"（thing）这一单词的拼写形式如何不同，它都与来自法律、政治或者更一般意义上的批判等领域的单词"诉讼"（cause）有着同样的根源或者起源。客体本身的存在，似乎仅仅取决于某一集体的争论或者陪审团签署的某一决议。语言希望世界仅仅产生于语言之中。至少这是它所要表达的意思……（Serres, 1987, p. 111）

> 因此，单词"物"的拉丁语形式为 res，我们从中得到了实在一词，即司法程序的客体或者诉讼本身，进而，对古代人而言，被指控者被称为 reus，因为治安官正在起诉他。仿佛人类唯一的实在仅仅来自法庭。（p. 307）

> 在此，我们将见证一件奇妙之事，也会为那个终极谜题找到答案。单词"原因"（cause）指明了

单词"物"的根源或者起源：*causa*，*cosa*，*chose* 或
者 *Ding*……法庭展现了原因与物、语词与客体的同
一性，或者说，展现出其中一者被另一者所置换的
通道。物就是如此出现的。（p. 294）

这样，通过这三段引文，塞尔推广了夏平和沙佛历经
千辛万苦才整合到一起的三个成果（原因、石头和事实从
来没有占据过自在之物的位置）。波义耳所想的是如何结
束内战。他的方法是，赋予物质以惰性，要求上帝并不直
接在场，在容器中另外建构一个新的密闭空间以表明真空
的存在，不再因见证者的个人观点而对其进行谴责。波义
耳说，不要进行人身攻击式的控诉；不要相信人类的证
言；只有那些被绅士们所观察到的非人类指示器或者仪器
才是值得相信的。事实的不断积累，将会为集体内部的和
平奠定基础。然而，发明事实并不等于发现了外在的物；
事实的发明是人类学的一个创造，它重新分配了上帝、意
志、爱、仇恨和正义。塞尔明确表达了同一观点。对于物
在法庭之外、内战之外、审判和审判室之外的那些方面，
我们一无所知。没有了指控，我们无法对原因进行辩护，
也无法将原因分配给各种现象。人类学意义上的这种情形
并不仅仅局限于我们前科学的过去，因为它更加属于我们

科学的现在。

由此可以说，我们生活在现代社会之中，并不是因为它与众不同或者说它将自己从社会关系的地狱之中、从宗教的蒙昧之中、从政治的专制之中解放出来，而是因为，与其他社会一样，它重新分配了指控，它用一种原因（科学的、非社会的、事实的）取代了另外一种原因（司法的、集体的、社会的）。无论在何处，人们都无法观察到一个客体和一个主体，也不可能观察到一个社会非常原始而另外一个社会则非常现代。一系列的置换、替代和转译在规模不断扩展的层面上将人和物动员起来。

> 起初，我设想一阵强旋风，在其中，主体对客体的超验建构将会得到发展，反之亦然，即客体对主体的对称建构也得到发展，并能够消灭那不断重新开始又不断返回其起点的半循环……在客体显现为一般意义上的客体的过程中，对主体而言，存在着一种超验的目标和构成性的情形。在一个不断旋转的循环之中，针对那些或是相反或是对称的情形，我们用一种易变的语言来书写我们的证言、追踪或者表述……但是对于那些客体基础之上的、直接的、构成性的情形，我们已经见证了它们是真实的、可见的、具体的、令人

敬畏的，也是缄默不语的。不管沿着喧嚣嘈杂的历史
或是静默不语的前历史退行多远，它们仍然在那里。
（Serres，1987，p. 209）

在他那过于非现代的著作之中，塞尔表述了一种
"实践谱系学"（pragmatogony），这就像是赫西奥德
（Hesiod）或者黑格尔的宇宙演化论一样，精妙绝伦。然
而，塞尔接下来所讨论的不是变形或者辩证法，而是置换
（substitution）。新科学使集体发生偏离、改变并将之揉
压入物之中，这真是前无古人，但这种新科学也仅仅是一
个漫长的置换神话中的迟来者。那些追踪网络或者研究科
学之人，也仅仅是在记录螺旋（塞尔已经为我们勾画出其
神奇性的开端）中的第 n 道圈。当前的科学仅仅是用来
延续我们之前所为的一种手段。在鲜活的无遮蔽体的基础
之上，霍布斯建构了一个政治体：他发现自己与利维坦这
一人造假体同在。波义耳将内战中的所有争议都凝聚到一
具空气泵上：他发现自己与事实同在。螺旋中的每一个圈
都定义了一个新的集体和新的客观性。处于不断更新之中
的集体有组织地围绕在同样处于不断更新之中的物周围，
它一直都在进化，永不止歇。我们从未离开过人类学的基

质——我们仍然处在黑暗时代，或者说，如果你愿意，我们仍然处在婴儿期的世界之中。

3.14 可变的本体论

只要我们将历史性赋予所有行动者，我们就能够将拟客体的增殖容纳进来；就像西方和东方一样，自然和社会也就不存在了。现代人将它们作为一对方便的参照点，以便区分传义者：其中一些被称作"自然的"，另一些则被称作"社会的"，还有一些被冠以"纯自然的"称号，再有一些则被看作"纯社会的"，不过，也存在其他的传义者，它们被视为"不仅"是自然的"而且"也具有一点社会性。倾向于左侧的分析者被称为实在论者，倾向于右侧的分析者则被称为建构论者（Latour，1992b；Pickering，1992）。那些想在正中间的位置上获取一席之地的人，则会创造出不计其数的组合物以将自然和社会（主体）混合起来，并在物的"符号维度"与社会的"自然维度"之间交替轮换。其他人，则要么更加独断要么更加片面。他们总是要么试图将社会内化到自然之中从而将之自然化，要么试图用社会（或者主体，

只不过更加困难一些）消化自然从而使之社会化（Bloor，
［1976］1991）。

不过，这些参照点和各种讨论都是一维的。沿着单独
一条从自然到社会的直线来区分所有的实体，实际上就是
用单一的经度为基础来描画地图，因此也就将之还原到一
条线上了！第二维度则有可能赋予实体以纬度，并将那些
描绘了（正如我前面所言的）现代制度及其实践的地图展
现出来。如何定义这条相当于南北方向的直线呢？如果将
我所用的各种隐喻混到一起，我会主张将之界定为梯度，
它记录了在从事件到本质的过程之中各种实体之稳定性的
变化。当我们说空气泵是自然定律的表征、是英格兰社会
的表征或者说是两种互相对立之约束条件（自然和社会）
的产物时，我们对它仍然一无所知。我们还需要知道的关
键之处在于，空气泵是 17 世纪的一个事件，还是 18 世纪
或者 20 世纪的一个稳定化的本质。稳定化的程度（纬度）
与从自然端到社会端之间的线条（经度）上的位置一样重
要（参见 Cussins，1992；该书给出了一个更加准确的绘图
方法）。

86

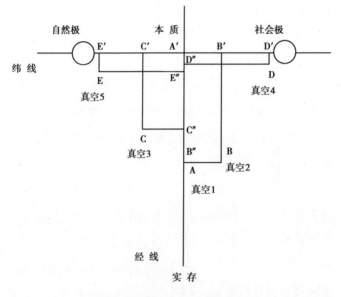

图 3.4　现代制度及其实践

　　如此，转义者的本体论就成为一个可变的几何体系。萨特对人类的评论，即存在先于本质也同样适用于行动素（actant）[1]：空气弹性、社会、物质和意识。我们并不是必须要在真空 5（一种外在自然的实在，其本质并不取决于任何人）与真空 4（西方思想家耗费数世纪试图对

1　拉图尔的行动素概念借用自符号学，目的在于避免人们想当然地将 "actor" 一词等同于人。——译者注

这种表征进行定义）之间进行选择。或者更准确地说，一旦当它们被稳定化，我们就可以在两者之间进行选择。我们无法判断，在波义耳的实验室中并不稳定的真空 1 是自然的还是社会的，而只能说它是在实验室中出现的人工物。真空 2 则可能是由人类所制造的人工产物，除非它转变成真空 3，因为真空 3 开始成为与人无关的实在。那么，真空是什么呢？所有这些位置都不是真空。真空从本质上而言是一种轨迹，它将所有这些位置联结起来。换句话说，空气弹性拥有自己的历史。每一个行动素，在照此方法所展示出来的空间中都拥有自己唯一的标记。为了追踪它们，我们并不需要为自然之本质或者社会之本质构造任何的假设。把所有这些标记叠加起来，你就会发现现代人为了概括并纯化它们而错误称谓的"自然"和"社会"的轮廓。

87

不过，如果我们将所有这些轨迹投射到那条连接了过去的"自然"极和"社会／主体"极的单一直线之上，一切又被彻底混淆起来。所有的点（A、B、C、D、E）都将被投射到单一的纬线（A′、B′、C′、D′、E′）上，而中心点 A 则位于先前的现象领域内——准确地说，在现代方案看来，这里什么都不应该发生，因为除了自然与社会两极（所有实在栖息于其中）在此相会之外，别无他物。在这一条直线上，围绕着对真空的解释，实在论者和建构论者争论了几个世纪：前者宣称无人可以建构这一真实的事实；后者则认为社会事实完全为我们的双手所构造；而中间路线的鼓吹者则不停地在此两种意义上的事实之间摇摆不定，他们所使用的是这样的表述——不管这种表述是好还是坏——"不仅……而且……"。这是因为构造的工作发生于此直线之下，它存在于转义的工作之中，只有当我们也将稳定化的程度考虑在内的时候，它才是可见的（B''、C''、D''、E''）。

自然和社会所包含的大量内容，可以类比于板块构造论中既已冷却的陆地。如果要理解其运动，我们就不得不下行到岩浆在此喷发的炙热缝隙之中。以喷发的岩浆为基础，在很长的一段历史时期内，通过岩浆的冷却和不断地层积，两块陆地板块便会形成，我们也才能坚定地立于其上。与地球物理学家一样，我们也需要下行以接近混合体被制造的真实场所，经过很长一段时间之后，它们将会成为自然或者社会的某些方面。是不是我强调得太多了——从现在起，在描述我们所谈论的实体之经度的时候，我们也要清楚地描述其纬度，要将本质视为事件和痕迹；若要这样展开我们的讨论，我的要求是不是太多了？

现在，我们对现代人的悖论有了更好的理解。他们利用了转义的工作和纯化的工作，但从未真正表征过这两者，因此，他们同时利用了这两个具有超越性和内在性的实体：自然和社会。这给予了他们四种相互对立的资源，进而赋予他们一种不同寻常的行动自由。现在，当我们在描画本体论的变化时，我们将会发现存在的不是四个区域而是三个。对作为一方的自然与作为另一方的社会来说，其双重超越性所对应的是一系列稳定化的本质所组成的同一个单一集合。对社会的每一种状态来说，总存在一种与之对应的自然状态。自然与社会并不是两种相互对立的超越性范畴，而仅仅是从转义的工作中产生的同一个超越性。此外，能创造自然的自然（naturing-natures）所具有的内在性与集体的内在性，都对应于同一块区域：事件的不稳定性区域、转义工作的区域。因此，现代制度是正确的，在自然与社会之间确实存在一条鸿沟，只不过这条鸿沟仅仅是稳定化所带来的一个姗姗来迟的后果。唯一一条重要的鸿沟，将转义工作与现代制度的布局分割开来，但是由于杂合体的增殖，这一鸿沟成为一种连续梯度，而如果我们再一次成为我们从未摆脱过的非现代人的角色的话，我们就可以跨越这一梯度。如果我们将现代制度的非官方的、"活跃的"或者说不稳定的版本添加到其官方的、稳定的版本之上，中间地带将会再次被填充；与之相反，两极将会变得空空如也。现在，我们明白了为什么非现代人并不是现代人的继承者。前者仅仅是正式承认了后者所否定的实践。终于，我们回溯式地理解了我们在过去一直都在做的事情，而付出的代价仅仅是一场小小的反 – 革命。

3.15 将四种现代资源联系起来

通过确立现代与非现代两个维度，通过运用这一反哥白尼革命，通过将客体和主体两方面向中间、向下方靠拢，现在，或许我们能够使用现代批判的最优资源。现代人已经发展出四种不同的资源来容纳拟客体的增殖，而且他们认为这些资源之间是不相容的。第一种资源与自然的外在实在相关；对自然而言，即便我们能够将之动员起来并建构之，我们也不是它的主人，它是外在于我们而存在的，也不具备我们所拥有的激情和欲望。第二种资源所涉及的是社会纽带，正是这种纽带将人类彼此联结起来，涉及的是驱动人类前行的激情与欲望，是构建社会——一个超越于我们全体的社会，即便它仍为我们自身所制造——的人格化力量。第三种讨论的是意指（signification）与意义，还包括构成了我们自言自语的故事的行动素，它们所经历的考验、所体验的冒险、所用以组织它们的那些修辞和体裁，包括那些无限支配我们的宏大叙事，尽管它们也仅仅是一些纯粹的文本和话语。最后，第四种资源谈论的是存在；同时，它解构了当我们仅仅关心存在物时所一直遗忘之物，尽管存在的在场也是分布于存在者之中的，是与存在者的实存、与存在者的历史性同在的。

这些资源之间是互不相容的，不过，这种不相容仅仅发生在现代制度的官方版本中。在实践中，我们很难区分这四个部分。我们厚颜无耻地将自身的渴望与自然实体混淆起来，也就是说，将之与被社会所建构的各种科学混淆起来，而这些科学反过来看上去非常像是话语，并且勾画着我们的社会。如果我们追随拟客体，我们就会发现它时而像是一个物，时而像是一段表述，时而又成为一种社会纽带，但不管在什么情况下，它无法被还原为某个纯粹的存在者。我们的真空泵描绘了空气弹性，但是它也勾画出17世纪的社会概况，并且同时界定了一种新的用以表述实验室之实验的文学体裁。在追随空气泵的过程中，我们是不是必须要假装认为，万物都仅仅是一种修辞效果，或者万物都是自然的，或者都是社会建构的，或者万物皆陷于座架之中？我们是不是也得要假定，对同一空气泵来说，它在本质上有时是一种客体，有时又是一种社会纽带，有时却又是一段文本呢？或者它三者各沾一点？是否还得要假设它有时是一个纯粹的存在者，有时又体现于存在与存在者的本体论差别之中？如果是我们现代人自己将唯一存在的一段轨迹人为分割开来，而这段轨迹最初既非客体，也非主体，亦非意义效应，更非一个纯粹的存在者，结果又会如何？如果这四种资源的区分仅仅适用于稳定化的及其之后的阶段，又会发生什么呢？

当我们从本质转向事件、从纯化转向转义、从现代维度转向非现代维度、从革命转向反哥白尼革命时，并没有什么证据表明这四者之间是不相容的。它们是实在的，非常实在，并不是我们人类的制造物。但是，它们是集体，因为它们将我们彼此联结起来，因为它们在我们的手中循环，并且用这种循环定义了我们的社会关系。然而，它们却又是话语性的，它们被表述出来，它们具有历史性，充满着具有自主形式的行动素。它们并不稳定，总是冒着风险，它们是一种实存，且从未遗忘存在。一旦我们将处于同一网络之中的这四种资源之间的联系正式地表征出来，我们就可以建构起一个足够大的居所来容纳这一中间王国——它是非现代世界及其制度真正的共同家园。

只要我们仍然是不折不扣的现代人，这种联结就不可能出现，因为自然、话语、社会和存在绝对超越于我们，也因为此四者仅仅是在彼此分裂——这维护了其制度上的担保者——的基础上来定义的。不过，如果我们将现代制度既承认又否认的转义实践，加到这些担保者之上，那么它们之间的连续性将会成为可能。现代人非常渴望同时获得实在、语言、社会和存在，这无可厚非。他们的错误仅仅在于相信此四者之间是永远对立的。与总是通过分割这些资源来分析拟客体的轨迹相反，难道我们就不能认为它们彼此之间应该保持一种持续性的联系吗？由此，我们才可能摆脱后现代人的身心俱疲，因为他们过度使用了这四种批判资源。

难道你没发现，就像诸多社会科学家所希望的那样，你自己已经永远地被语言所套牢或者被关入社会表征的牢笼吗？我们想达至物自身，而并不仅仅是它们的现象。实在并非遥不可及，相反，在整个世界的范围内，我们都能够在那些被动员起来的客体之中感受到它。难道外在的实在不正充斥于我们的周围吗？

难道你还没有受够一直以来自然对我们的支配吗？这是一个超越性的、无法认识的、难以接近的、精确的、完全真实的且充满了实体——它们就像是睡美人一样陷入长眠之中，直到白马王子最终发现它们的那一天——的自然。与那些无聊的自在之物带给我们的期冀相比，我们生活于其中的集体要更加活跃、更加富有成效、更加社会化。

难道你对某些社会学理论就没有一丝丝的厌烦？这些社会学仅仅围绕"社会"建构自己的理论，而这样一个"社会"，是靠社会学家们不断地重复"权力""合法性"等字眼而支撑起来的。社会学家们之所以这么做，是因为他们既无法应付客体的内容，又难以应对语言的世界，而事实上，正是这两者建构了社会。与那些自在之人所能带给我们的期冀相比，我们的集体更加真实、更加自然化、更具有话语性。

难道你还没有受够语言游戏、没有受够没完没了地以解构意义为己任的怀疑主义？话语并非一个凭其自身而存在的世界，而是一群行动素，它们与物、社会混合在一起，它们既支撑着前者，也支撑着后者，同时，也依托这两者而存在。对文本的兴趣并不会使我们远离实在，因为物同样也被提升，直至具有叙事的地位。为什么要否认文本在构建联结我们的社会纽带时的伟大作用呢？

难道你还没有对被指责为遗忘存在、被指责为生活在一个完全丧失了其实质、其神圣性以及艺术性的粗俗世界之中，而感到厌倦吗？要找回这些财富，就意味着我们真的必须放弃自己生活于其中的历史的、科学的和社会的世界吗？将自己投入科学、技术、市场、物之中，并不会使我们远离存在与存在者之间的差异，也没有远离社会、政治和语言。

像自然一样实在、像话语一样被叙事、像社会一样具有集体性、像存在一样实存，这就是现代人使之增殖的拟客体。正因为如此，我们应该去追踪它们，如此所为，我们仅仅是再次成为我们一直就是的非现代人。

4 相对主义

4.1 如何终结不对称性

在本书开头，我就建议将人类学作为描述世界的一个模型，因为单单使用人类学就足以将拟客体的奇异轨迹连接为一个整体。不过，我很快就认识到目前这个模型并非真的能用，因为它尚未被运用到科学和技术之上。在回溯那些将种性科学（ethnoscience）与社会世界联结起来的联结时，人种志学者驾轻就熟，但是他们对精确科学却无能为力。为何将同样的言论自由运用到我们西方世界的社会技术网络身上就如此困难？要想理解这一点，我就必须理解我们是在何种意义上使用"现代的"一词的。如果我们按照现代制度的官方范本来理解现代性，即一方面在人类与非人类之间决然地划界，另一方面又要将纯化与转义全然分开，那么人类学对于现代世界将无能为力。但是，如果我们能够在同一图景中将纯化的工作以及赋予纯化以意义的转义的工作联系起来，那么，回首以往，我们就会发现我们并未真的现代过。这样，尽管人类学此前在科学和技术领域栽了跟头，但现在它可以重新成为我们的描述模型，这也就是我一直苦苦追寻的模型。尽管无法将前现代人比作现代人，但它却可以将这两者比作非现代人。

不幸的是，我们今天再使用人类学时难以因循旧法。人类学是由现代人塑造的，它以那些我们想当然认定的前现代人为研究对象，因此在其实践、概念及其所讨论的问题中，它已经将我前文所提及的不可能性内化了。它将对自然客体的研究排除在外，将其考察范围仅仅限定在文化领域。因此，它是不对称的。如果人类学想变成一种比较人类学，如果它想获得在现代人与非现代人之间来回穿梭的能力，它就必须具有对称性。要达成这一目标，它必须有能力面对的并不是那些并未直接影响我们的信念——我们一直对它保持着足够的批判性——而是那些我们全然坚守的真知识。因此，我们必须要使之超越知识社会学的局限，并且最重要的是要超越认识论的局限，从而能够对科学展开研究。

第一对称性原则要求以同样的方式来考察错误与真实，这就颠覆了传统的知识社会学（Bloor，［1976］1991）。在过去，知识社会学仅仅是通过收集大量的社会因素，来解释那些背离了那条勇往直前却又狭窄不堪的理性小道的事件。错误、信念可以进行社会解释，但是真理却是自我解释的。人们完全可以分析对飞碟的信念，却不能分析有关黑洞的知识；我们完全可以分析超心理学（parapsychology）的错觉，却不能分析心理学家的知识；我们可以分析斯宾塞的错误，却无法分析达尔文的确定性。同样的社会因素，却不能同等地适用于双方。透过这一双重标准，我们可以看到人类学在不能够开放研究的科学和可以开放研究的种性科学之间做了区分。

如果认识论者，特别是法国传统的认识论者，没有把正确科学与错误科学之间同样的不对称性树立为一个根本原则的话，知识社会学的这些先入之见将难以对人种志者造成长久的威胁。只有错误的科学，或者说"过时的"科学才与社会语境相关。而对于那些"被认可的"科学而言，它们成为科学，恰恰是因为它们将自身与所有的语境相剥离，与历史污染所留下的任何痕迹、与任何朴素的感觉划清界限，甚至也摆脱了其自身的过去。在巴什拉及其追随者看来，这就是历史学与科学史之间的差别（Bachelard，1967；Cangulhem，［1968］1988）。历史学或许是对称性的，但它对此却无关紧要，因为它从来没有研究过真正的科学；另一方面，可以肯定地说，科学史从来没有对称过，因为它虽然研究科学，但其最紧要的任务却是使认识论的断裂更加彻底。

单举一个例子就可以表明，当认识论者将真科学与错误信念区分对待的时候，他们对对称性人类学的全然拒绝到底有多么决绝。当乔治·康吉莱姆（Georges Canguilhem）区分科学意识形态与真科学时，他宣称我们不仅无法以同样的方式来研究作为科学家的达尔文和作为空想家的狄德罗（Diderot）；同样，将两者归并到一起也绝无可能，"将意识形态和科学区分对待，使我们无法看到科学中事实上所仅存的某些意识形态因素与早期其所代替的意识形态之间的连续性。因此，这样一种区分，使我们无法看到在［狄德罗的］《达朗贝尔之梦》（Dream of d'Alembert）中对《物种起源》（Origin of Species）的些许预示"（Cangulhem，［1968］1988，p. 39）。只有科学才能与意识形态永远决裂。因此，追随这样一条原则，是很难追踪拟客体的来龙去脉的。一旦落入这些认识论者的手中，它们将会被连根拔起。只有客体被保留下来，而且它们从赋予其意义的整个网络中被剥离出来。既然这样，为什么还要提及狄德罗或者斯宾塞呢？为什么人们会对错误感兴趣呢？因为如果没有了错误，真理的荣耀就会太过刺眼！"认识到意识形态与科学之间的关系，将会阻止我们落入一种毫无特色的科学史、一张毫无地貌特征的地图之中。"（p. 39）对这些认识论者而言，辉格史（Whiggish history）并不是一个需要克服的错误，而是一种必须严格执行的责任。科学史要与历史完全区分开来（Bowker and Latour，1987）。错误会使真理愈加彰显。拉辛（Racine）以历史学家的崇高名义为太阳王所做的一切，康吉莱姆则同样盗用科学史学家之名付诸达尔文。

相反，对称性原则重新确立起连续性、历史性，我们也可以称之为根本意义上的公正性。大卫·布鲁尔对立于康吉莱姆，就像塞尔对立于巴什拉。"最纯粹的神话就是科学中全无神话这种观点"，塞尔在与认识论决裂时如此写道（Serres，1974）。对塞尔和真正的科学史学家而言，我们应该按照相同的原则并使用同样的原因，来解释狄德罗、达尔文、马尔萨斯（Malthus）及斯宾塞。如果你想说明对飞碟的信念，那么请确保你的解释也可以对称性地运用于黑洞（Lagrange，1990）。如果你声称要揭穿超心理学，那么你能运用同样的因素来解释心理学吗？（Collins and Pinch，1982）如果你分析了巴斯德的成功，那么你能用同样的方式来解释他的失败吗？

（Latour，1988b）

　　最重要的一点是，第一对称性原则对社会科学家所提供的有关错误的解释进行了简化处理。在此之前，社会科学家们在处理偏差问题上驾轻就熟！社会、信念、意识形态、符号、无意识、疯癫——任何一个都可信手拈来，以致解释却变得臃肿不堪。但是，真理呢？一旦丢掉认识论的断裂这样便利的解释资源，我们很快就认识到，我们虽然是在研究科学，但我们所提供的大部分解释却并无多大价值。用不对称性将所有解释组织起来，无异于雪上加霜。如果对称性原则的扎实训练能够使我们只保留下足以同时解释真理与谬误、信念与知识、科学与超科学的原因的话，那么，一切都将发生改变。那些在胜利者与失败者之间采用了不同评判标准却又如布雷努斯(Brennus)一样大喊“这是失败者应得的可悲下场”之人，导致了两者之间的这种差别时至今日都难以理解。当对称性的天平重新被精确确立时，这种差异才会清晰地浮现出来，也才能帮助我们理解为什么有些胜利了而另外一些则失败了。

94

4.2　广义对称性原则

第一对称性原则在取消认识论的断裂上，在消除"被认可的"科学和"过时的"科学之间的先验二分上，在清除分别以知识、信念系统和科学为研究对象的社会学家之间的人为身份分割上，具有无可比拟的优势。以往，当人类学家从其遥远的考察地返回国内时，他发现认识论早已将科学归置齐整，于是，他便无法在种性科学与科学知识之间建立起某种连续性。因此，他有充足的理由放弃研究自然，而满足于分析文化。今天，当他返回国内的时候，他发现已经出现了以本国科学技术为对象的研究，而且这些研究还在与日俱增，裂缝已然变窄。无须耗费太多力气，他的研究就可以从特罗布里恩（Trobriand）的航海者转到美国海军中的领航员（Hutchins，1980）；从西非的算术师转到加利福尼亚的算术学家（Rogoff and Lave，1984）；从科特迪瓦转到拉霍亚（La Jolla）的某位诺贝尔奖得主身上（Latour and Woolgar，［1979］1986）；从对巴力神（Baal）的献祭转到挑战者号的爆炸（Serres，1987）。没有任何东西再迫使他将自己局限于文化领域，因为自然或者准确地说，复数的小写的自然（natures），已经同样可以被研究了（Pickering，1992）。

然而，布鲁尔所界定的对称性原则很快就陷入了死胡同。如果严格贯彻其解释类型，那么这一对称性原则本身也是不对称的（图4.1清楚地表明了这一点）。认识论者和知识社会学家通过与自然实在之间的一致性来解释真理，又通过社会范畴、知识型或者利益来限定错误。他们是不对称的。布鲁尔的对称性试图使用同样的范畴、同样的知识、同样的利益来解释真理和错误。但是它选择了什么术语呢？有关社会的科学（the sciences of society）所提供给社会科学家（即霍布斯及其众多的追

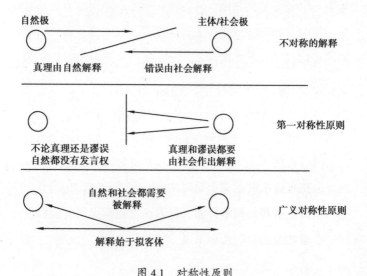

图 4.1   对称性原则

随者）的术语。因此，它是不对称的，这并不是因为它像认识论者所做的一样将意识形态和科学分割开来，而是因为它搁置了自然，从而使"社会"这一极承担起所有的解释重任。对自然坚持建构主义立场的人，对社会却又坚持实在论（Callon and Latour, 1992; Collins and Yearley, 1992）。

但是现在我们知道了，社会与自然具有同样的建构性，因为它们是同一稳定化过程的双重结果。对自然的每一状态而言，总存在一个与之相对应的社会状态。如果我们对其中一个坚持了实在论，对另外一个也必须同样如此；如果对其中一个坚持了建构主义，那么，我们必须对两者都坚持建构主义。更准确地说，正如我们对两种现代实践的考察所表明的，我们必须能够同时理解自然和社会何以是内在的（在转义的工作中）、何以是超越的（在纯化的工作之后）。自然和社会并没有为我们提供一个坚实的钩子，我们可以将解释（这些解释在康吉莱姆的意义上是不对称的，但在布鲁尔的意义上是对称的）挂于其上，它们仅仅是一些需要解释的被解释物。自然和社会所提供的解释，仅仅在非常晚的阶段才会出现，即当稳定化了的拟客体被分开，从而一方面变成了外在实在的客体，而另一方面则变成了社会主体的时候。自然和社会是问题的一部分，而不是解决方案的一部分。

这样，如果人类学想获得对称性，它就必须要做第一对称性原则——它仅仅是停止了认识论那臭名昭著的不公正言辞——所未做的某些事情。它必须被纳入米歇尔·卡隆（Michel Callon）所谓的广义对称性原则（The Principle of Symmetry Generalized），即人类学家必须要将自己摆在中点的位置上，从而可以同时追踪非人类和人类属性的归属（Callon，1986）。他既不被允许使用外在实在解释社会，也不被允许使用权力游戏来说明何者塑造了外在实在。同样，他当然也绝对不可以使用"不仅"自然"而且"社会这样的方式（以便用一方来掩盖另一方的缺陷），从而在自然实在论与社会学实在论之间跳来跳去，进而维持这两种原初意义上的不对称。

只要我们仍然保持现代，我们就不可能占据这样一个中心位置（自然与社会之间的对称最终会从这一位置显现出来），因为它根本就不存在！正如我们前文所述，现代制度所确认的唯一一个中心位置就是现象，是自然极与社会极之间相互作用的交会点。迄今为止，这个交会点仍然是一个无人之所，一处虚无之地。只要我们不再总是纠缠于在现代维度的两极之间轮番交替，只要我们能够沿着非现代的维度走下去，一切都会改变。不可思议的虚无之地成为现代制度中的一个点，转义的工作在那里显现。它远非空无：拟客体和拟主体在其间繁衍增殖。它再也不是不可思议的，一切以网络为基础进行的经验研究都可以在此领域中展开。

然而，这个位置不就是人类学家耗费一个世纪上下求索而准备好的那个吗？不就是今天的人种志学者在研究其他文化之时不费吹灰之力而得到的那个吗？是的，我们完全可以见证，不用改变分析工具，她的研究就可以囊括从气象学到血缘结构、从植物属性到文化表征、从政治组织到人种医学（ethnomedicine）、从神话结构到人种物理学（ethnophysics）或者狩猎技巧等诸多领域。可以肯定的一点是，人种志学者之所以有勇气来展示这一无缝之网，是因为她坚定地相信，她所处理的纯粹是表征，也仅仅是表征。自然，从其自身而言，仍然是独一无二的、外在的、普遍的。但是，如果我们将这两个位置——其一是人种志学者为了研究文化而毫不费力就得到的位置，其二是我们为了研究自然而历尽千辛万苦才定义出来的位置——叠加起来，那么，比较人类学就

成为可能，尽管并非轻而易举。它的工作不再是对各种
文化进行比较（这种比较要求将自身的文化——它通过
某些惊人的特权获得了对普遍自然的唯一理解权——搁
置一边）。它比较的是不同的自然—文化。它们是可比
较的吗？它们是相似的吗？它们是相同的吗？或许，我
们现在就可以解决相对主义这个无解的问题了。

4.3 两种宏大分界的输入 – 输出机制

97

　　"我们西方人与其他人截然不同"——这就是现代人
胜利的呼喊或者是经久不绝的哀号。在我们（西方人）
与他们（其他所有人，从中国海到尤卡坦半岛 [Yucatan]、
从因纽特人 [Inuit] 到塔斯马尼亚土著 [Tasmanian]）
之间的宏大分界一直都在困扰着我们。不管他们如何反
抗，西方人还是将历史连带他们一起放入了坚船利炮的
外壳之中、放入了望远镜的镜筒之中、放入了疫苗注射
器的活塞之中。他们承受着白人带来的这种重负，虽然
有时候将之视为一种高贵的挑战，有时候则视之为一场
悲剧，但不管如何，这都是他们无可逃避的命运。西
方人并不是单纯地声称他们与其他人不同，就像苏人
（Sioux）与阿尔冈昆人（Algonquin）之间、巴奥勒人

（Baoule）与拉普人（Lapp）之间也存在巨大的差异一样；他们将自己与其他所有文化置于两个不同的阵营，在此意义上，西方人认为他们之间本质上是全然不同的。因为对其他文化来说，存在一个共同的事实，即它们全部都是一种文化。在西方人的眼里，西方，也只有西方，并不是一种文化，并不仅仅是一种文化。

为什么西方人以此种方式自视呢？为什么西方也只有西方才不是一种文化呢？为了理解我们与他们之间的宏大分界，我们必须要退回到我前文界定过的人类与非人类之间的另一个宏大分界。事实上，前一个宏大分界是后一个宏大分界的输出物。我们西方人并不是诸多文化中的一种，因为我们也动员了自然。我们与其他社会完全不一样，我们并不是像他们一样去动员自然的意象或者符号表征，我们所动员的是真实的自然或者说至少是科学——科学仍未进入人们视野的前景，仍未被研究，也无法被研究，并奇迹般地与自然联结在一起——所认识到的自然。因此，在相对主义的核心之处，我们遭遇了科学的问题。如果西方人只是满足于商业贸易和占领征服、满足于烧杀抢掠和支配统治的话，那么他们就不会将自己与其他的商贸人士或征服者彻底区分开来。他们确实进行了彻底的区分，他们发明了科学，这是一项与征服和贸易、与政治和道德完全不同的活动。

　　甚至是对那些借文化相对主义之名而试图捍卫文化之间的连续性，从而既不按照进步的序列对不同文化进行排序，也没有将不同文化隔离并使之孤立于自身传统之中的人来说（Lévi-Strauss，［1952］1987），他们也认为，要想做到这一点，也只能是让他们尽可能地向科学靠拢。

　　"我们不得不一直等到本世纪的中叶，"列维－斯特劳斯在《野性的思维》（*The Savage Mind*）一书中写道，"才等到两条长期分离之道路的交流：一条经由交流的世界［野性的思维］迂回到物理世界；而另一条，正如我们最近才认识到的，经由物理世界［现代科学］迂回到交流的世界"（Lévi-Strauss，［1962］1966，p. 269）。

98　　　　在逻辑的心智与前逻辑的心智之间的虚假矛盾同时被克服了。在同样的意义上，以同样的方式，野性的思维与我们的思维同样具有逻辑性，尽管这种逻辑性只有在将之运用到有关各自世界的知识之上时才会发生，在其中，思维同时确认出其物理属性和语义属性……人们可能会反对说，在原始人的思想与我们的思想之间仍然存在实质性的差异：信息理论关乎真正的信息，而原始人却错误地将物理决定论的具体表现视为信息……人们将动物和植物王国里的那些感官属性视为消息的基元，并试图揭露它们的外部特征，也就是符号。如此所为，人们［那些拥有野性思维之人］就犯了身份认定方面的错误：意义的基元并不总是如他们想当然认为的那样。但是，尽管缺乏将基元置于其最常出现之处——在显微镜级的微观层面——的工具，他们还是"仿佛透过黑暗之中的一面镜子"（as through a glass darkly）揭示出诸多的解释原则。而这些原则的启发价值及其与现实之间的符合关系，只有人类新近的诸如无线电通信、计算机、电子显微镜之类的发明才能将之展现出来。（Lévi-Strauss，［1962］1966，p. 268）

列维－斯特劳斯真是一位古道热肠的辩护律师，他所能设想的最好的减罪辩护，就是使他的委托人看上去尽可能地像科学家！如果说原始人与我们之间的差距并不如我们想当然认为的那么大，这是因为，在使用不当仪器并且犯了某些"身份认定方面的错误"的情况下，他们仍然预见了信息理论、分子生物学或者物理学的最新成就。不过，列维－斯特劳斯用以提升原始人地位的这些科学，现在依旧向人们打出了免入牌。按照认识论的通行模式，这些科学保留了客观性、外在性，拟客体被肃清出它们的网络。请给原始人一个显微镜，他们的思考将会与我们完全一致。要想终结你所欲拯救其免受谴责之人，还有比这更好的办法吗？对列维－斯特劳斯来说（对康吉莱姆、利奥塔、吉拉德、德里达和大部分法国知识分子来说也是这样），这种新的科学知识完全外在于文化。这就是科学的超越性（它与自然融为一体），这种超越性使它可以将所有的文化相对化，不管是他们的文化，还是我们的文化。当然，有一点需要附带说明：恰恰只有我们的文化是通过生物学、电子显微镜、无线电通信网络等建构起来的，他们的文化则不是这样。原本料想应该会缩小的鸿沟再次被掘开。

在我们的社会中，也只有在我们的社会中，一种闻所未闻的超越性已经显现出来：自然本身是与人类无关的，有时是无人性的，而且一直都外在于人类。不管人们认为这种超越性发生于古希腊数学、意大利物理学、德国化学、美国核工程领域，还是比利时热动力学领域，但自从其现身之后，那些重视自然的文化与仅仅虑及自身文化或对物质持有歪曲观点的文化之间，就已然完全不对称了。那些

99

发明科学之人，那些发现了物理决定论之人，在正常情况下，从不专门讨论与人相关的问题。其他人对自然的表征，则或多或少受到充斥于人类世界的文化成见的侵扰或污染，只有在偶然情况下——"仿佛透过黑暗之中的一面镜子"，它们才能触及事物的真实状态。

因此，外在的宏大分界成为内在的宏大分界的结果：我们是唯一能够认识到自然与文化、科学与社会之差别的人，然而，在我们的眼中，所有其他的人，不管他们是美国印第安人（Amerindian）、阿赞德人（Azande）或者是

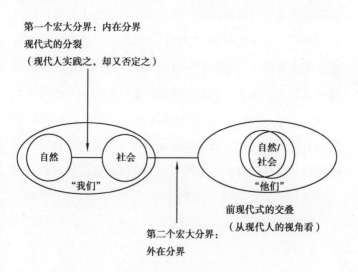

图 4.2　两个宏大分界

贝鲁雅人（Barouya），都不能将知识与社会、符号与事物、自然产物与文化产物真正地区分开来。不管他们做了什么，尽管其所为可能恰如其分、条理有度并且取得了预期的效果，但他们仍然被困于这样一种混淆状态：他们是社会或语言之类的囚徒。不管我们做了什么，不管我们之所为何其罪恶、何其帝国主义，但我们总能够摆脱社会或语言的束缚，从而通过科学知识的神启之门通达事物本身。人类与非人类的内在分界定义了第二种分界——这次是外在分界，通过这一分界，现代人将自身与前现代人区分开来。对后者而言，自然与社会、符号与事物在事实上都是共存的。然而，在我们看来，它们根本就没有共存过。尽管我们可能也看到了，在我们自身的社会中也存在某些模糊领域，如精神错乱者、孩子、动物、流行文化和女性的身体（Haraway，1989），但我们依然相信，我们的职责就是通过分清纯粹的社会成见之所属事物与真正物的自然之所属事物，从而使我们能够尽可能坚决地戒绝这些可怕的混杂之物。

4.4 从热带返乡的人类学

当人类学从热带返乡以便回归现代世界的人类学时（这一刻，现代世界已准备就绪、翘首以待），它最初有点谨小慎微，甚至可以说是战战兢兢。起初，人类学认为只有当西方人如同那些未开化之人一样将符号与物混杂到一起时，才可以运用其方法研究之。因此，它不得不去寻找那些与外在的宏大分界所界定的传统领域最为类似的事物。可以肯定的是，它不得不放弃其异域风格，当然代价也不算太大，因为人类学通过将自己的研究领域仅仅局限于理性的边缘和碎片地带或者是超出理性的领域，从而维持了自己的批判性距离。大众医学、博卡日（Bocage）地区的巫术（Favret-Saada，1980）、核电站阴影下的乡村生活（Zonabend，1989）、普通人对技术风险的表征（Douglas，1983）——所有这些都是非常好的田野调查课题，因为自然（Nature）的问题，即科学的问题，还未出现。

然而，衣锦还乡的人类学并没有在此停步。事实上，在牺牲了其异域风格之后，其原创性内容，其与诸如社会学家、经济学家、心理学家和历史学家的某些散乱研究相区别的东西，在人种志学者那里无以为继。在热带地区，人类学家并不满足于将自己的研究局限在其他文化的边缘地带（Geertz，1971）。即便出于职业和研究方法的需要，他们仍然停留在边缘，但他们又声称，只有这样，他们才能够重构那些文化的核心：它们的信仰体系、技术、种性科学、权力游戏，以及经济，简而言之，它们存在的全体（Mauss，［1923］1967）。现在，她回国了，却将自己局限于其自身文化的某些边缘方面，由此，她将丧失其来之不易的人类学特色。例如，当马克·奥盖（Marc Augé）与科特迪瓦的潟湖居民生活在一起时，他试图理解巫术所揭示出来的整个社会现象（Augé，1975）。其边缘身份并没有影响他对阿拉迪亚（Alladian）文化的整个社会架构的理解。然而，在回到国内之后，他却将自己限制在对地铁中某些最肤浅方面的研究（Augé，1986）——解释地铁通道墙壁上的某些涂鸦之作。这一次，当其面对西方的经济学、技术和科学时，自身的边缘性使其畏缩不前。一个坚持对称性的马克·奥盖本应该研究的恰恰是地铁本身的社会技术网络：其工程师与司机、其主管与顾客、其作为雇主的国家、其所有的一切——在其他地方怎么做，在国内就应该怎么做。西方的人种志学者们不应该将自己局限在边缘区域；否则，他们就会在面对他人时勇往直前，而在面对自己时胆小懦弱，这同样是一种不对称的做法。返乡的人类学，无须成为仅仅研究边缘现象的边缘之学，也不应满足于从其他学科的宴会桌上漏下来的那一丁点残羹冷炙。

然而，为了这种行动和论调上的自由，人们必须要做到以同样的方式来看待这两个宏大分界，并且将之视为对我们的世界及其与其他世界之关系的一种特殊界定。现在，相较于这些分界对其他人的界定而言，它们对我们的界定也好不到哪里去。与现代制度自身或现代时间自身一样，他们也并非达至知识的工具（参见本书 3.7 节）。要实现对称性，人类学就必须进行彻底的自我检查，更换智识工具，如此而为，它就既不会认为在国内存在人类与非人类的严格区分，也不会相信在别处知识与社会完全重叠，这样的话，它立刻就可以规避这两个分界。

让我们设想一个外出到遥远的热带国家的人类学家，她仍然坚持其内在的宏大分界。在她的眼中，她所研究的人们一直将关于世界的知识——作为一个受过良好科学训练的西方考察者，拥有此类知识是其与生俱来的权力——与社会正常运转所需的必要条件混淆起来。如此，接纳她的那个部落也就只拥有一种对世界的看法，仅仅拥有一种对自然的表征。这让我们回想起马塞尔·莫斯（Marcel Mauss）和埃米尔·涂尔干的著名观点，这个部落将自身的社会范畴投射到自然之上（Durkheim and Mauss，［1933］1967；Haudricourt，1962）。当我们的人种志学者向其信息提供者们解释，他们必须要更加谨慎小心地将世界本身与他们所为之提供的社会表征区分开来的时候，他们会对此感到迷惑不解，甚至产生反感。从他们的愤怒与不解之中，人种志学者看到了他们仍然痴迷于前现代的证据。对他们来说，她生活于其中的二元论——一边是人类，一边是非人类；一边是符号，一边是物——是令人无法忍受的。我们的人种志学者得出了这样的结论：这种文化需要一种一元论的立场，他们的社会与我们的是不同的。"我们在思想的王国里驰骋，［野性的思维］却将它们囤积到一起"（Lévi-Strauss，［1962］1966，p. 267）。

不过，下面让我们假设另一种情形：我们的人种志学者回到了她的祖国，并试图解决那内在的宏大分界。假设经历了一系列令人开心的意外之后，她开始分析一些部落，其中就包括诸如科学研究人员或工程师等群体的部落（Knorr-Cetina，1992）。现在，情形完全反转了，因为她运用了一元论来研究这些部落，她认为这是她从其先前的经验中学来的。她的科学家部落声称，他们最后将有关世界的知识与政治和道德的要求彻底区分开来（Traweek，1988）。然而，在观察者看来，这种区分在事实上并非显而易见，或者说它本身不过是一项更加混杂的活动的副产品，是实验室内外的某种拼凑之物。其信息提供者们宣称，他们拥有接近自然的权力；但是，人种志学者对此却洞若观火，他们所接近的不过是一种观点，不过是对自然的一种表征，她自己也无法将之与政治学和社会利益完全区分开来（Pickering，1980）。像前面的部落一样，这个部落也将自己的社会范畴投射到自然之上，不同之处在于他们假装自己并没有那么做。当人种志学者向其信息提供者解释，他们并没有做到将自然与他们为其所构建的社会表征区分开来时，他们同样感到迷惑不解，甚至大为光火。从他们的愤怒与不解之中，我们的人种志学者同样看到了他们痴迷于现代的证据。对他们而言，她现在生存于其中的一元论——人类总是与非人类杂合在一起——令人无法忍受。我们的人种志学者得出结论：西方科学家需要的是一种二元论的态度，他们的社会与其他的社会是不同的。

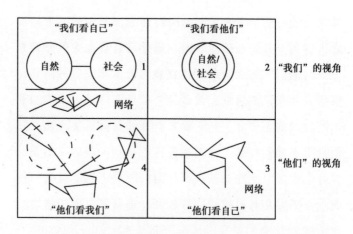

图 4.3　他们与我们

　　不过，她的这种双重结论并不正确，因为她并没有真正听到他们在说话。人类学的目标并不是要触犯众怒，也不是前后两次导致人们的不解：第一次她输出了内在的宏大分界并将二元论强加于拒绝它的文化之上；第二次她又取消了外在的宏大分界并将一元论强加于我们自身的文化之上，后者对一元论持全然拒绝的态度。对称性的人类学必须要认识到，不管对我们来说还是对其他人而言，这两种宏大分界并没有描述其真实情形，而只是界定了，当西方人自认为是现代人时，他们用以确立与他者之关系的特殊方式。然而，就如"他们"将自然和社会交叠在一起一样，"我们"也并没有区分两者。

如果我们将网络——我们允许它在现代制度的官方部分之下增殖——纳入考虑范围，那么它们看上去就非常像一个"他们"所认为的、其自身生活于其中的网络。人们认为前现代人从未在符号和物之间进行区分，但"我们"也没有（图4.3中的第3个图示与第1个图示的底部看上去并无二致）。如果可以进行一个巧妙的思想实验，我们可以更进一步要求"他们"将我们所异常痴迷的各种二元论也描绘进其自身的网络之中，进而请他们使用术语去尽可能想象一下，拥有一个纯粹的自然和一个纯粹的社会意味着什么，那么，他们可能费尽九牛二虎之力才能临时画出一幅图示，而在其中，自然与社会仍然极难逃脱网络的范围（图4.3中的第4个图示）。在这幅图画中，自然和社会被重新分配在网络之中，它们看似逃离了网络，但这种逃离却又模糊不清，仿佛只是被虚线所隔开。那么，这幅画表明了什么呢？如果我们现在用非现代的眼光来看待它，这完全就是我们的世界！完全就是我从一开始就试图描述的图景，其中现代制度的上半部分与下半部分逐渐融合。前现代人与我们是类似的。一旦我们对称地看待前现代人，他们对西方人的分析，很可能会比现代人类学对他们的分析要好得多！或者更准确地说，现在我们可以将"我们"与"他们"之间的二分，甚至是现代人与前现代人之间的区分扔进历史的故纸堆了。我们和他们一样，一直都在构造关乎自然和社会的各种群体。仅仅存在一种人类学，一种对称性的人类学。

4.5 文化并不存在

假设人类学从外乡返回国内之后，又开始通过三重对称性立场来重新武装自己。它使用同样的术语来解释真理和错误（这是第一对称性原则）；它同时研究人类和非人类的生产（这是广义对称性原则）；最后，在能否将西方人和他者区分开来这个问题上，它不再做出任何先验的断言。可以肯定，它失去了异域风格，但收获了诸多新的研究领域，这就使它能够对所有集体的核心机制进行分析，包括西方人所属的集体。它不再完全委身于文化或者文化维度，但收获了一个无价之宝：自然。从本书一开始我就一直在审视的两种立场——一个已经被现在的人种志学者轻易获得，而某些针对科学的分析家则正在为了另外一个而奋力拼搏——现在可以合二为一了。网络分析向人类学施以援手，为之提供了一项工作，万事俱备，只欠人类学这一东风了。

相对主义的问题已经不再那么棘手了。如果说按照认识论者的思路来分析科学，将会导致相对主义成为一个无解难题的话，那么，通常情况下，改变科学实践的概念就足以驱散这些人为的苦难了。理性使事情由简变繁，而网络则为之重新理出头绪。西方人的与众不同之处在于，他们通过其官方的现代制度强行制造了人类与非人类之间的全然分裂——内在的宏大分界——进而人为地贬低他者。"怎么会有人是波斯人呢？"又怎么会有人无法在普遍的自然和相对的文化之间确立起彻底的差异呢？然而，文化的观念，恰恰就是通过搁置自然而制造的一个人工产物。文化，不管是有差异的文化还是普遍的文化，其本身根本就不存在，就像自然（Nature）也不存在一样。它们仅仅是自然—文化，这才为比较提供了唯一可能的基础。只要将转义的工作与纯化的工作同时考虑在内，我们就会发现，现代人并没有将人类同非人类分离开来，就像"他者"也没有将符号与物混同起来一样。

至此，按照是否将对自然的建构纳入思考范围，我可以在不同形式的相对主义之间进行比较。绝对的相对主义假定不同文化之间是割裂的、不可通约的，而且彼此之间也没有任何等级秩序；讨论这种相对主义只能是白费口舌、毫无用处，因为它并未将自然考虑在内。对更为精巧的文化相对主义来说，自然确实开始发挥作用，但这是一个不依赖于任何科学工作、任何社会、任何建构、任何动员或网络就能够存在的自然，是一个被认识论——科学实践仍然在其视野、视阈之外——重塑和修正过的自然。照此传统，不同的文化成为对唯一自然所持有的准确性程度不等的不同看法。有些社会"仿佛透过黑暗之中的一面镜子"来看待自然，有些是透过浓雾视之，其他的则处于万里晴空之下。理性主义者坚持所有这些看法之间的共同之处；相对主义者则主张，社会结构强加于所有观点之上的歪曲是无可避免的。如果能够表明不同文化中的范畴并无交叠，那么，前者的观点就毫无说服力了；如果能够证明不同文化的范畴之间存在交叠关系，那么，后者也将失去其立足之地（Hollis and Lukes，1982；Wilson，1970）。

然而，事实上，一旦自然能够发挥作用同时又摆脱了

对某一种特殊文化的依赖，这就是人们往往暗地里使用
的第三种模型：这是一种普遍主义，我称之为"特例"   105
（particular）型普遍主义。某一种社会——总是我们西方
社会——能够界定自然的普遍框架，并以此框架确定他者
的位置。这就是列维－斯特劳斯的解决方案：他将西方
社会与自然本身区分开来，认为西方社会拥有对自然的特
殊解释，能够奇迹般地认识自然。其论证的前半部分所允
诺的是一种温和的相对主义（我们仅仅是众多解释中的一
种），但是第二部分则偷偷摸摸地召回了一种傲慢的普遍
主义——我们是绝对不同的。不过，在列维－斯特劳斯看
来，这两部分之间并不存在矛盾，这恰恰是因为，我们的
现代制度，也只有我们的现代制度才使我们能够在由人类
所构成的社会 A^1 与另外一个由非人类（它们与第一部分
社会永久隔离）所构成的社会 A^2 之间做出区分！时至今日，
只有对称性的人类学才能分辨出其中的矛盾。不管相对主   106
义者（他们只会将文化相对主义化，对其他的从来都是视
而不见）可能说些什么，最后这一模型都是其他两个模型
的共同基础。

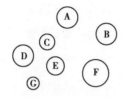

绝对的相对主义

文化不分等级，互无联系，
互相不可通约；自然被搁置

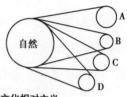

文化相对主义

自然在场但外在于文化；
每一种文化对自然的看法
或多或少都有些精确性

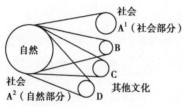

特例型普遍主义

某一种文化（A）具有理解
自然的特权，这将之与其他
文化区分开来

对称性的人类学

所有集体同样都构成了各
类自然与文化；它们之间
只有动员规模的差异

图 4.4　相对主义和普遍主义

在文化平等这一主题上，相对主义者从未令人信服，
因为他们仅仅将其关注点局限于文化之上。那么，自然呢？
按照他们的观点，既然普遍性的科学已经为之提供了定义，
因此，它对所有人来说都是一样的。为了摆脱这一矛盾，

他们接下来要么通过将所有人锁入其自身社会的牢笼之中从而将他们限定在对世界的某种表征之上，要么反此道而为之，将所有的科学结果还原为地方性的、偶然性的社会建构的产物，从而否认科学具有任何普遍性。不过，想象一下自古以来数十亿人都被囚禁于歪曲的世界观之中，就像要将中微子、类星体、DNA 和万有引力等想象为德克萨斯人、大不列颠人或者勃艮第人的社会产物一样，都是难于登天的。两种回应都蠢不可及，这就是有关相对主义的争论尽管非常激烈，但总是没有出路的原因。将自然普遍化，就像将它完全还原到文化相对主义狭隘的框架中一样，是毫无可能的。

随着文化这一人造物的消失，解决方案自然而现。所有的自然—文化都是相似的,因为它们都同时建构了人类、神和非人类。没有任何一种自然—文化能够存在于一个符号或者记号的世界之中，而这个世界又被蛮横地强加于仅能为我们所认知的外在自然之上。所有的自然—文化，特别是我们自身的，也并非生存于一个物的世界之中。何者需要被赋予符号、何者不需要，它们都会自行选择。如果在我们的所作所为之间还有一个共同之处的话，那肯定是我们同时建构了人类集体以及围绕于其四周的非人类。在建构其集体的过程之中，有些人动员了其祖先、狮子、恒星以及那些作为献祭品的凝固血液；在建构我们的集体的过程中，我们则动员了遗传学、动物学、宇宙学和血液病学。"但这些是科学！"现代人会大声惊呼并对此种混淆感到毛骨悚然。"他们必须尽最大可能摆脱社会表征！"然而，把科学拉出来也并不足以打破这种对称性，这是比较人类学的一个发现。从文化相对主义，我们前进到"自然的"相对主义（natural relativism）。前者将我们引向荒谬之地，后者则使我们又返回了常识世界。

4.6　尺度上的差别

然而，相对主义的问题并未得到解决。我们只不过暂时解决了对自然的搁置所引发的混乱。现在，我们发现自己遭遇到自然—文化的产物，也就是我所说的集体——要注意，集体与认识论者所设想的自然（自在之物）不同；同样，它也不同于社会学家所认为的社会（自在之人）。正如我前文所言，按照比较人类学的观点，所有这些集体的相似之处在于，它们分配了各种要素，而在稳定化的阶段之后，所有这些要素将会被分属于自然和社会世界。如果说一个集体没有将天与地动员为其组成部分，没有将身体与灵魂、财产与法律、诸神与祖先、权力与信仰、野兽与虚构的存在物等动员为其组成部分，我想，还没有人听说过这种事情吧。……这就是古老的人类学的基质，也是我们从未放弃过的。

不过，这一共同的基质仅仅确定了比较人类学的出发点。在存在者的区分方式、存在者被赋予的各种属性以及可接受的动员方式上，所有集体都是彼此不同的。这些不同又构成了数之不尽的细微的分割，但从未存在过能够将某一集体与其他集体分隔开来的宏大分界。在这些细微的分割之中，我们现在可以识别出其中一个，它在过去三个世界中成为某些特定集体的特定部分的官方版本。这就是我们的现代制度，它将非人类的角色归为一类实体，又将公民归为另一类，而一个专断又软弱无力的上帝所具有的功能则被归为第三类；同时，它又切断了转义的工作与纯化的工作之间的联系。这一制度本身并没有将我们与他者完全区分开来，因为在比较人类学看来，这不过是可用来对我们进行界定的一长串特征中的一个。这些特征很可能会被转录为人类学习巨型数据库中的一组条目——接下来，它们获得了"人类与非人类关系区域档案"这样一个新名称！

当我们在分配具有可变几何特性的实体时，我们与阿丘雅人（Achuar）之间的差异，就像他们与达比哈拜人（Tapirapè）或者阿拉佩什人之间的差别一样，不多也不少。然而，这样一种比较，所考虑的仅仅是某一自然—文化的共同生产过程，而这仅仅是集体的一个方面。这或许能满足我们的正义感，但它在很多方面又会遭遇与绝对的相对主义相同的困境，因为它使所有的差异在程度上等同化，这等于说抹杀了差异。它无助于我们对我从本书开头就一直在追寻的另外一个方面——动员的范围，这既是现代主义所带来的结果，也是其消亡的原因——做出说明。

这是因为对称性原则的目标不仅仅是要确立平等（这是将天平归零的唯一方法），而且也要重新登录（register）差异（归根结底，这还是不对称），并且理解现实中某些集体得以支配其他集体的方法。尽管集体在共同制造的原则上可能存在类似之处，但它们在尺度上却还是不一样的。核电站、臭氧层空洞、人类基因组图谱、胶轮地铁、卫星网络、星系团等，其最初的测度重量，并不比片块木头所点燃的星星之火、那似乎要坠落到我们头顶的天空、一本家谱、一辆小推车、天堂中的灵魂或者某种宇宙起源学说更加有分量。正如前文所言，这并不足以打破对称性。在每一种情况之下，拟客体都在迈着犹豫不决的脚步，同时追踪着自然的结构和社会的结构。然而，当测度过程结束的时候，前者勾画出一个与后者完全不同的集体。这些新的差异也需要被确认；同时，也正因为从一开始我们就用对称性原则校准了天平，所以，这些差异也才能够被测度出来。

换句话说，差异尽管巨大，但也仅仅是尺度上的差异而已。它们非常重要（文化相对主义的错误在于忽视了它们），但也并非大至不可比较（普遍主义的错误在于将之确立为一个宏大分界）。除了尺度大小有别之外，集体之间是非常类似的，就像是一个螺旋的前后相继的曲线一样。事实上，某一集体会需要其祖先和恒星，而另外一个更加怪诞的集体则需要基因和类星体。只有将集体的各个维度聚合到一起，上述事实才能得到解释。更多数量的客体需要更多数量的主体。更高程度的主体性也需要更高程度的客体性。如果你需要霍布斯及其继承人，就必须同时纳入波义耳及其追随者。如果你想讨论利维坦，就必须也要考虑到空气泵。这一立场使我们得以在尊重差异性（螺旋的维度确实在变化）的同时又尊重相似性（所有的集体都以同样的方式将人类和非人类实体混合在一起）。相对主义者将所有文化视为对自然世界的同等武断的编码（coding），并以此确立起文化之间的平等，但并未解释自然的生产，同时也忽视了不同集体之间为了支配彼此所付出的努力。此外，普遍主义者又无法理解集体之间深层的兄弟关系，因为他们将接近自然的特权仅仅交付于西方人，同时将所有其他人囚困于社会范畴的牢笼之中。除非他们成为科学的、现代的、西方化的人，否则，他们将难以从牢笼中逃脱。

科学和技术获得了万众瞩目的地位，并不是因为它们是真实的或者是有效的——这仅仅是它们额外获得的属性，当然，其获得该属性的原因与认识论者的解释完全不同（Latour，1987）——而是因为它们使在集体制造过程中所征募的非人类因素增殖，使由这些存在物所组成的共同体变得更加紧密。螺旋的扩展及其所带来的征集范围的增加，它招募这些存在物后不断增加的长度，所有这些都是现代科学的特征，因此，现代科学并不是那些能够与其前科学的过去永远割裂的认识论的断裂。现代知识与权力之间是不同的，这并不是因为它们最终能够逃脱社会的暴政，而是在于它们能够加入更多的杂合体从而重组社会联系并扩大其规模。不仅空气泵被加入，而且细菌、电、原子、行星、二次方程、自动化与机器人、磨坊与活塞、无意识之物与神经传递素等都可以被加入进来。在螺旋的每一个转角处，拟客体的每一次新转译都会带来对社会体、主体、客体的重新定义。对"我们"来说，科学和技术一点都没有反映社会，就像对"他们"而言，自然没有反映社会结构一样。这并不是一个镜子的游戏。这里所表明的是，集体在一个不断扩大的范围内自我建构。它们确实是不同的，但这仅仅是尺度上的不同。并没有什么本质性差异，更不用说文化上的差异。

4.7　阿基米德的政变

该如何理解广义对称性原则帮助我们觉察到的这种新的不对称呢？在征募某种特定类型的非人类之后，集体的相对尺度就会发生深刻改变。为了帮助我们理解这种尺度上的变化，普卢塔克（Plutarch）所叙述的那个不可思议的实验是再好不过的例子了——米歇尔·奥第叶（Michel Authier）称之为"学人准则"（the canon of the savant）（Authier, 1989），它就像波义耳的空气泵一样惹人关注：

阿基米德（Archimedes）是希尔罗国王（King
Hiero）的一位男性亲戚，也是他的朋友。阿基米德写
信告诉国王，某一既定的力可以挪动任何重量。如我
们所知道的，阿基米德借助证明的力量，大胆地宣称，
如果存在另外一个地球，而他又能到达那个地球，那
么，他就可以撬动我们所在的这个地球。希尔罗非常
吃惊，于是他请求阿基米德将其主张付诸实践，向他
展示四两如何拨千斤。于是，阿基米德选定了皇家舰
队的一艘三桅商船，并让众人煞费力气地将之拖于岸
边，然后让商船满载乘客和常规货物。他自己则在远
处坐定，他非常沉稳地单手操作着一个复合滑轮系统，
并未耗费多大力气就能将船向自己的方向平稳地拉动，
仿佛它就是在水中航行一样。国王大惊失色，他也明
白了这是阿基米德的技艺的力量，因此他劝说阿基米
德为其制造在各类攻城战中可能用到的进攻武器和防
御武器。（Plutarch, *Marcellus' Life*, xiv, 7-9, transl.
Bernadotte Perrin）

110　　通过这样一个作为传义者的复合滑轮装置，阿基米德
不仅颠覆了力量关系，而且在将一部现实的机械装置提供
给国王从而使普通人具有万夫不当之力以后，也颠覆了政
治关系。当时，君主代表了大众，是人民的代言人，但他

并不因此就拥有更大的力量。阿基米德通过将政治代表的
关系转变为机械之间的比例关系，从而为利维坦编排了一
套不同的组织原则。如果没有了几何学和静力学，君主将
不得不直面绝对强于他的社会力量。但是，如果你能够将
杠杆技术加入政治代表的游戏之中，那么，单单凭此，你
就可以变得强于大众，就可以出击并进行自我防护。因此，
希尔罗的大惊失色也在常理之中。直到那时，他才第一次
将政治权力纳入与复合滑轮的关系之中。

　　但是，普卢塔克的思考走得更远。在第一个时刻，阿
基米德借助大与小之间的比例关系、借助简化模型与实物
应用之间的关系，使（物理）力与（政治）力之间具有了
可通约性。但还有与此相关的第二个时刻，也是一个更具
决定性意义的时刻：

　　　　然而，［在用战争武器将叙拉古（Syracuse）武
　　装起来之后］阿基米德拥有了如此崇高的精神、如此
　　深邃的灵魂、如此珍贵的科学理论财富，因此，尽管
　　他的发明已经为他赢得盛誉并且得到了智慧超群的美
　　誉，但他却并不想在此问题上留下任何论著以流传于
　　世，而是将那些迎合生活需要的工程师的工作和每一
　　项具体的技术都视为卑贱庸俗之举。对他而言，能够

> 赢得其全身心投入的仅仅是对那些没有受到人类需
> 求影响的微妙之处和魅力之所的研究。（Plutarch，
> xvii，4-5）

数学证明与低层次的体力劳动、粗鲁的政治较量以及
纯粹的应用之间都是不可通约的。阿基米德是超凡脱俗之
人，数学的力量也是超自然的。在这两个时刻之间的所有
组分、联系、联盟、关系所留下的痕迹，现在都被擦拭得
一干二净，甚至一些文章都消失得了无痕迹。在第一个时刻，
产生了一个不知名的杂合体，借助于此，并经由阿基米德
在政治结构与比例定律之间所建立的联盟，弱者成为强者。
第二个时刻则将政治和科学纯化，将人类的帝国与数学的
天国区分开来，并取消了它们之间的可比较性（Serres，
1989）。阿基米德点并非在第一个时刻获得，而是来自两
个时刻的联合：我们要如何利用一系列瞬间具有了可通约
性的新方法来从事政治，而同时又要拒绝在绝对不可通约
的活动之间的任何联系呢？这两个方面都可以做到：希尔
罗利用器械保卫叙拉古（当然，我们清楚如何通过比例计
算来知晓这些器械的大小），这样，集体也就相应地扩展
了；但是，这种规模变化的根源，这种可通约性的根源，
却永久性地消失了。数学的天国成为新生力量的源泉，它

永远可用，却从不可见。是的，科学确实是以其他方式进行的政治，这些方式之所以非常有力，恰恰就是因为它们保持了截然不同的身份（Latour，1990b）。

了解了阿基米德的政变（coup d'état）（或者说，普卢塔克的政变），我们便可以界定这种新型的非人类对集体构造过程的切入口。问题并不在于如何费尽九牛二虎之力从而发现几何学如何"反映"了希尔罗的利益，也不在于叙拉古社会如何被几何定律所"限定"，而是说，通过将几何学征募入内，紧接着又否定之，一个新的集体被构建起来。社会并不能解释几何学，因为那是一个以几何学为基础的新社会，它开始保卫叙拉古的城墙以抵抗马塞卢斯（Marcellus）的大军。以政治为基础的社会，仅仅是在取消了城墙和杠杆、滑轮和利剑之后的人造物，就像17世纪英格兰的社会情境也只能通过先取消空气泵和新生的物理学而建构起来一样。只有当我们取消被集体所搅动起来的非人类时，剩余部分，也就是我们所谓的社会，才会变得难以理解，因为其尺度、其持久度、其牢固度均不再有原因。与之相似，我们也只是凭借无遮蔽的公民和社会契约来维持利维坦的存在，而空气泵、利刃、刀光剑影、发票、计算机、文件和宫殿，都被清除掉了（Callon and Latour，

1981；Latour，1988c；Strum and Latour，1987）。现代制度的另一分支允许我们将客体动员起来，同时又使它们与社会世界之间永远不可通约；离开了客体，社会联系将难以维持。

4.8 绝对的相对主义和相对的相对主义

然而，即便我们将不同的自然—文化间的深层相似性（人类学的古老基质）与尺度的差异（这些集体动员范围的差异）同时考虑在内，相对主义的问题仍然无法完全得到解决。事实上，我已多次指出，尺度是一个与现代制度相关的问题。之所以这么说，恰恰是因为现代制度确保了拟客体能够绝对且不可逆转地转变为外在的自然客体或社会主体，同时又确保对这些拟客体的动员达到前所未有的程度。对称性的人类学必须非常公正地对待这一特点，而不是为之强加一些认识论的断裂、宏大的形而上学分界，也不能将前逻辑社会与逻辑社会、"热"社会与"冷"社会、介入政治的阿基米德与生活在理念天国之中的神圣阿基米德之间的区别强加其上。这项工作的全部挑战在于，要用最少的方法产生出最多的差异（Goody，1977；Latour，1990a）。

　　与前现代人相比，现代人只具有一个显著的特征，即他们拒绝将诸如拟客体之类的事物概念化。在他们看来，与杂合体相伴而来的便是恐惧，而这种恐惧必须要被规避，不管花费何种代价，都要通过一种永无休止的甚至疯狂的纯化工作来规避它们。单单靠现代制度所表征出来的差异，并不能完全做到这一点，因为它无法将现代人与他者完全分开。有多少集体，就需要进行多少纯化处理。然而，通过拒绝将拟客体概念化，制造差异的机器被启动了，因为正是这种拒绝导致了某种特定类型的存在物——客体，它是社会的建构者，却又从社会世界中被放逐，并被分配到一个超越的世界，只不过，这并非一个神圣的世界，而是一个能够产生出与客体相对的漂浮主体（法律和德性的承受者）的世界——的增殖，甚至到了无法控制的地步。波义耳的空气泵、巴斯德的细菌、阿基米德的滑轮，都是这样的客体。这些新的非人类具有某些不可思议的特性，因为它们同时既是社会的又是非社会的、既是自然的生产者又是社会的建构者。它们是比较人类学的魔术师。开了这个头，科学和技术将会以一种神奇的方式出现于社会之中，这样的奇迹会使西方人得以自诩为与众不同的人。第一个奇迹导致了第二个（其他人为什么没有这样做呢？），并接着产生了第三个（我们为什么就这么与众不同？）。这一特征会带来一连串的差异，这些差异不断被收集、总结，并被放大为西方人的宏大分界、宏大叙事，最终将社会与其他所有文化彻底区分开来。

这一特征一旦被查明，进而被中和，那么相对主义也就不会给我们带来多大困难了。只要对迄今为止仍然混淆在一起的两种相对主义给出清晰的界定，也就没有什么能够阻挡我们重新思考如何在不同集体之间确立联系这一问题了。第一种是绝对的相对主义，第二种是相对的相对主义。第一种将文化锁入了异国情调和奇思怪想之中，因为它接受了普遍主义的视角，但又拒绝与其站在一起：如果不存在共同的、唯一的、超越性的评价工具，那么所有的语言都将是不可翻译的，所有的私密情感也都将无法交流，所有的仪式都应赢得相同的尊重，所有的范式都是不可通约的。无须争论，只是喜好不同罢了。尽管普遍主义者宣称这样一种普遍的准绳是存在的，但是绝对的相对主义者却欣然否定此类事物的存在。他们的态度可能有所差异，但是两个群体都坚持认为，诉诸某种绝对准绳对他们的争论而言至关重要。

这等于说，他们并没有将相对主义的实践维度甚至是相对主义这个词加以严肃看待。确立联系；使它们可通约；调整测度工具；制定一系列的度量衡标准；编纂各种字典以在彼此之间确立起对应关系；讨论各种规范和标准之间的相容性；扩展标准化的网络；确立和磋商价值的测度标准——这是"相对主义"一词的部分含义（Latour，1988b）。绝对的相对主义，就像其孪生对手理性主义一样，忘记了测度工具也是由人类确立起来的。无视仪器操作的工作，将科学与自然混为一谈，这将使人们完全无法理解可通约性这一概念本身。他们甚至更加彻底地忘记了，西方人为了"测度"其他民族、为了"评价他们"所曾付出的巨大努力——借由军事远征和科学的探险使其他民族具有可通约性，创造出先前并不存在的衡量标准。

然而，要想理解这种测度工作，就必须为这个名词加上一个形容词"相对主义的"来进一步强化它，这会使这个名词看上去不至于那么蠢不可及。相对的相对主义恢复了那被认为早已失去的相容性。毫无疑问，相对的相对主义抛弃了普遍主义及最早的文化相对主义所共同坚持的观点，即"绝对的"一词。它并未半途而废，而是善始善终，在各类著述和蒙太奇式的作品中，在实践与争议中，在征服与支配中，它重新发现了关系的确立过程。相对主义的成分少一点，会使我们远离普遍性；相对主义的成分多一点，又将我们拉了回来，不过，我们回到的是网络之中的普遍性，它不再具有什么神秘的性质。

普遍主义者规定了一个单一的层级结构。绝对的相对主义者又赋予所有层级以平等的地位。相对的相对主义者更加谦逊也更加经验化，他们指出了在非对称性和平等性、在层级和差别的创造过程中，到底是何种工具、何种链条发挥了作用（Callon，1992）。只有对那些坚守既定测度标准的人来说，世界才会呈现出可通约或不可通约的样子。然而，不管是在硬科学领域还是在软科学领域，所有的测度标准，都是处于测度过程之中的标准，它们所建构出来的某种可通约性在这些标准被确定之前根本就不存在。万物就其自身而言，既非可还原又非不可还原至他物。就其自身而言，确实从未如此，但它又经常通过其他事物的转义而为之。当转译成为在不同世界之间建立关联的灵魂时，还如何能够宣称这些世界是不可转译的呢？当成百上千的制度在不停地将世界联结为一个整体的时候，人们又如何能说世界正在分散化呢？作为众多学科之一、众多制度之一的人类学自身就参与了建立关联的工作，参与了编制目录和建造博物馆的工作，参与了派遣使团、探险队和考察团并且分发地图、调查问卷和归档系统的工作（Copans and Jamin，1978；Fabian，1983；Stocking，1983，1986）。人种学就是处于测度过程之中的测度标准之一，它通过建构某种特定的可通约性，从而在实践中解决了相对主义的问题。如果说相对主义面临着无法解决的问题，那么相对的相对主义——或者用一个更加优雅的词，关系主义——原则上不会带来什么难题。如果我们不再是彻头彻尾的现代人，关系主义将会成为将集体关联起来的主要资源之一，而这些集体也不再是现代化攻击的目标。我们一直都在摸索建立各种相对普遍性，并就它们展开实际的磋商；对这种磋商而言，关系主义作为一种工具，将大有用武之地。

4.9　关于世界祛魅的几个小错误

我们确实与其他人不同，但这些差异，与我们业已解决的那个难题，即相对主义所认为的那些差异，绝不是一回事。作为集体，我们皆为兄弟。如果不考虑实体分布上的微小差异所导致的规模上的不同，我们会发现前现代人与非现代人之间存在某种渐变性。不幸的是，相对主义所面临的困难不仅来自它对自然的搁置，也来自另外一个相关信念——现代世界真的被祛魅了。西方人认为自己与其他人截然不同，这不仅源于他们的自负，同样也源于通过自我惩罚而呈现出来的绝望。他们喜欢用自身的命运来吓唬自己。当他们在蛮族和希腊人之间、在中心和边缘之间进行比较时，当他们为上帝之死、为人类之死、为欧洲人的危机、为帝国主义、为社会失序，甚至为文明的终结（我们现在明白它终究会消亡）而雀跃欢呼时，他们的声音却颤抖不已。成为与众不同之人，成为与过去决裂之人，我们从中得到了那么多的乐趣吗？这得要心思何其精巧的心理学家，才能够解释我们从永恒不断的危机中、从对历史的终结中所获得的这种阴郁的快乐？为什么我们喜欢将集体之间在规模上的细微差别夸大至如此戏剧性的地步呢？

为了能够完全避开现代人的这种哀婉之情，以便认识到不同集体之间的兄弟关系并进而更加自由地对之进行分类，比较人类学必须要精确衡量尺度所带来的影响。不过，现代制度却要求把规模大小所带来的效应与其原因混淆起来；然而，只要现代制度未停止运转，它就无法理解这一点。现代人无疑会震惊于这些规模惊人的效应，因此，

115

他们认为这些效应的发生必定需要同样惊人的原因。现代制度所唯一选定的那类原因太过不可思议——因为它们只是一种被颠倒了的结果——由此，现代人不得不设想自己异于普通人。在他们的手中，那些失根的、具有文化适应性的、美国化的、科学化的、技术化的西方人成为斯博克（Spock）式的变异人。为了世界的祛魅，我们所付出的泪水还不够多吗？可怜的欧洲人被抛入了一个冷冰冰的死气沉沉的世界，踯躅于这颗缺乏意义、毫无生机的星球之上；我们用这样的观念自我吓唬还不够多吗？机器般的无产阶级，在机器资本主义和卡夫卡式（Kafkaesque）官僚统治的绝对支配之下，在语言游戏中被抛弃，在水泥和塑料板中不知所往；面对这样的情形，我们战栗得还不够吗？当消费者走出汽车驾驶室，径直走向摆放电视机的房间里的沙发，并在此受到媒体和后工业社会的强力控制时，我们不也为之感到悲哀不已吗？我们竟然喜欢穿着荒诞不经的苦行僧式的衣衫，甚至于在后现代式的胡言乱语中自得其乐！

　　然而，我们从未放弃过那古老的人类学基质。我们一直都在不停地使用由可怜的人类和卑微的非人类所构成的原材料，以建造我们的集体。当我们的实验室和工厂每天都在使用许多比以前更加奇特的杂合体来填充这个世界时，我们又如何能够完成世界的祛魅呢？波义耳的空气泵不如阿拉佩什人的灵魂屋更加奇怪（Tuzin，1980）？它对建构17世纪的英格兰社会是微不足道的吗？当每一位科学家都在不断努力地增加新的实体，却又最终以还原论者的姿态将之还原为少数几个时，我们又是如何成为这种还原论的牺牲品的呢？既为鼠目寸光之辈，那我们又如何能成为一个理性主义者呢？当我们所发明的每一种新物质都具有某些新的性质，而我们却又未将之统一起来时，我们又如何能成为唯物主义者呢（Dagognet，1989）？当机器由主体构成，且从未成功融入那些具有或多或少稳定性的系统时，我们又如何成为一个整体的技术体系的受害者呢（Kidder，1981；Latour，1992a）？当科学仍然处于热火朝天却脆弱不堪的阶段，当其仍然富有人性且充满争议之时，当其中仍充满着会思考的芦苇、充斥着自身被物所占据的主体时，我们如何又会在科学的冰冷气息中瑟瑟发抖呢（Pickering，1992）？

一旦我们重新确立起对称性并且同时重视纯化的工作与转译的工作，那么，现代人对自己所犯的错误将很容易理解。现代人混淆了产品与过程。他们相信要产生官僚式的理性化，就得预设理性的官僚；相信普遍科学的产生，有赖于普遍主义的科学家；相信技术有效性的生产意味着工程师的有效性；相信抽象化本身的得出过程也是抽象的；相信形式主义本身的生产也是形式化的。如果这样，我们同样可以说，精炼厂以精炼的方式制造精炼石油，也可以说，牛奶公司以生产黄油的方式生产黄油！"科学""技术""组织""经济""抽象化""形式主义""普遍性"这些词，它们确实指称了很多我们必须要尊重且必须要对之进行说明的实际效果。但是，它们绝没有指称上述这些效果的原因。这些词是非常好的名词，但作为形容词，它们却非常糟糕，作为副词，则更是不堪。科学并没有以科学的方式制造自身，同样，技术也没有以技术的方式制造自身，而经济也没有以经济的方式制造自身。实验室里的那些科学家们，波义耳的那些继承者们，对这一点非常清楚，然而，当其开始思考自己的所作所为时，他们所讲述出来的却是这些词，这些被霍布斯的继承者们也就是社会学家和认识论者们经常挂在嘴边的词汇。

现代人（以及反现代人）的悖论就是，他们从一开始就接受了超大规模的认知或心理解释以便说明那些同样大规模的效果，而在其他的科学领域，他们则寻求最小的原

116

因以解释最大的效果。还原论从未被应用于现代世界，而人们却认为它已经被运用于一切！我们自身的神话就是，我们认为自己是与众不同的，甚至是在发现哪怕是微小的差异和细微的区分之前，我们也这样认为。然而，一旦这双重的宏大分界消失，神话的庐山真面目也就显现出来。一旦我们同时将纯化的工作与转义的工作考虑在内，普通的人类与普通的非人类也一定会重返我们的世界。届时我们会倍感惊奇地发现，我们竟然对科学、技术、组织和经济的产生原因知之甚少。随手打开一本社会科学和认识论方面的书，你就会看到人们是如何使用这些形容词及其副词形式的，这些形容词包括"抽象的""理性的""系统的""普遍的""科学的""组织化的""整体的""复杂的"。如果你去搜寻某些著作，它们从未用其对应的形容词或相应的副词来解释"抽象""理性""体系""普遍性""科学""组织""整体性""复杂性"，幸运的话，你会发现有很多。我们对阿丘雅人、阿拉佩什人、阿拉迪亚人（Alladian）的了解，甚至多于我们对自身的了解，这可真是荒谬。只要微小的地方性原因产生了地方性的差异，我们就能够追踪它们。那我们为什么不能继续循着其独特的地貌特征，去追踪那从地方走向全球又从全球复归地方的数之不尽的林间小路呢？人类学就注定永远只能被限定于其疆域之中，而难以追踪网络吗？

117

4.10　甚至是更长的网络亦全方面地保持了地方性

要准确评价我们的特异之处，而不是像相对主义者惯常做的那样将之缩小，也不要像现代人所希望的那样将之夸大，可以采取如下说法，现代人仅仅是通过征募（enlist）某一特定类型的非人类而创造了更长的网络。网络的延展过程在其早期阶段曾被打断，因为它可能会威胁到领地（territory）的维持（Deleuze and Guattari，［1972］1983）。但是通过增加半客半主的杂合体——我们称之为机器和事实——的数量，集体改变了其地形学。这种征募工作不断将新的存在物纳入其中，导致各种地方性的关联变成了全球性的关联，进而使效应的规模急剧增加，然而，我们却继续用那对古老的对立范畴即普遍性与偶然性来思考它们，这样，我们也就将西方人的长网络变成了一种系统的、全球化的整体性。为了消除这一谜团，需要做的就是去追踪那些导致此种规模变化的非常路径，要像紧盯煤气管道或下水道一样探究事实和定律所组成的网络。

在技术网络中，对西方特有的在尺度方面的效应进行世俗化的解释，并非难事（Bijker and others，1987）。如果我们一开始就使用相对主义来审视技术网络，那么要理解这种相对的普遍性——这是其最大的荣耀——就轻而易举了。铁路是地方性的还是全球性的呢？两者都不是。它在任何具体的地方都是地方性的，因为在铁路沿线可以看到枕木和铁路工人，也能够发现零星分布的车站和自动售票机。然而，它也是全球性的，因为它能够将你从马德里（Madrid）带到柏林（Berlin）、从布雷斯特（Brest）带到符拉迪沃斯托克（Vladivostok）。但是，它所具有的普遍性又不足以将你带到任何地方。我们不可能乘坐火车到达奥弗涅的小村庄马勒比或者到达斯塔福德郡的小村德雷顿镇。只要有足够的资金承担分支线路的建设费用，那么，从地方到全球、从具体到普遍、从偶然到必然之间的道路就不会间断。

铁路模型可以被推广到我们日常所遭遇的任何技术网络。或许可以这么说，尽管电话已经遍布世界各地，但我们依然很清楚，如果没有将电话线与听筒连接起来的话，那么这根电话线对我们一无是处。污水管道系统确实非常普遍，但这并不能保证我扔到卧室地板上的一片纸巾就能

最终进入其中。电磁波或许已是无孔不入了，但是如果我
想要接收到有线电视新闻网（CNN, Cable News Network）
的节目，我仍然需要一根天线和一个解码器，当然也需要
进行预订。因此，在技术网络的具体例子中，我们毫不费
力地就可以将它们的地方特征与全球维度协调起来。它们
由某些特殊的地点所组成，并且由一系列分叉联结在一起
以便能够通过其他地点、借助于其他的分叉以实现扩展。
在这些网络线条的中间，严格来说，空无一物：没有火车、
没有电话、没有进水管道、没有电视。技术网络，正如其
名所示，仅仅是在空间中延展的网，仅仅容纳了分布于那
些空间中的要素的一小部分。它们仅仅是一些相互连接的
线条，而不是面。它们绝非全面的、全球的或者系统性的，
即便它们能够圈围起许多面并能够延伸非常远的距离，但
却无法完全覆盖这些面。而相对普遍化的工作则非常容易
理解，关系主义可以全方面地追踪它。每一个分叉，每一
条连线，每一处联结点，都可以被记录（document）下
来，因为它们产生了一些示踪器（tracer），当然，每产生
一次都需要付出代价。它几乎可以扩展到任何地方，它可
以在时间和空间中蔓延，但并不会填充所有的时间和空间
（Stengers, 1983）。

118

然而，对那些着迷于扩散效应（the effects of diffusion）或者信奉认识论之科学定义的人而言，这一技术网络的模型似乎并不适用于观念、知识、定律和技能。在此情形下，示踪器变得难以追踪，它们所付出的代价也无法被完整记录下来，而且，人们可能会在从地方性通向全球性的崎岖小径中迷失方向。因此，这一陈旧的哲学范畴，即与偶然性的具体环境完全不同的普遍性，便在它们身上有了用武之地。

这样，观念和知识可以毫不费力地传播到世界各地。有些观念看上去是地方性的，其他的则似乎是全球性的。万有引力非常有效，并且在所有地方都能发挥作用，于是，我们对之深信不疑。波义耳定律、马里奥特定律、普朗克常数在任何地方都起作用，在任何地方也都保持不变。就像毕达哥拉斯定理和超限数（transfinite numbers）一样，它们看上去非常具有普遍性，因此，它们甚至摆脱了这个世俗世界而重新加入了阿基米德的神圣工作之中。也正是在这里，旧式的相对主义及其孪生对手理性主义开始现身，因为相较于这些普遍定律或常数，也仅仅相对于这些普遍定律或常数，卑微的阿丘雅人、可怜的阿拉佩什人或者是不幸的勃艮第人陷入了令人绝望的偶然性和武断性之中，永远成为其局部特质与地方性知识之狭隘眼界的俘虏（Geertz，1971）。如果我们所拥有的仅仅是威尼斯、热那亚和美国商人的世界经济，仅仅是电话和电视、铁路和下水道，那么，西方人对世界的支配，看起来也不过是对某些单薄而又纤弱的网络进行了短暂而又脆弱的扩展。然而，西方人还有科学，它一直都在更新，一直都在试图将网络所留下的空洞之处聚拢在内、将之填充起来，从而将网络变成一个具有绝对普遍性的光滑的、统一的面。时至今日，我们所拥有的这种科学观，也只有这种科学观，产生了一种绝对的支配（而这种支配原本应该是相对的）。所有可能从具体情境通向普遍性的连续的微妙路径，都被认识论者切断了，我们发现自己与可怜的偶然性同处一侧，而必然定律则处在另一侧——当然，我们也无法将两者之间的联系概念化。

现在，作为概念，"地方的"和"全球的"可以很好地适用于面和几何学，但对网络和拓扑学却毫无可用之处。相信理性化，这不过是一个范畴使用的错误，因为它混淆了数学的两个分支！如果我们将观念、知识和事实视为技术网络，那么它们的旅程将会变得非常容易理解（Schaffer，1988，1991；Shapin and Schaffer，1985；

Warwick，1992）。幸运的是，借助认识论的终结，同样借助现代制度的终结，借助现代制度许可却又未将之囊括在内的技术变革，两者之间的类比变得容易多了。多亏了能够进行思维的各种机器和计算机使精神的物质化成为可能，事实的旅程也才变得像铁路或者电话那样易于追踪。当信息以字节和波特进行度量时，当人们认可某个数据库时，当人们接通（或者断开）一个分布式智能网络时，要想将普遍性描述为一个运行于水面之上的精神，就会变得愈加困难（Lévy，1990）。今天，与其说理性与柏拉图的理念更加相似，倒不如说它与有线电视网络更具共同之处。因此，与过去相比，我们能够更加容易地将定律和常数、将证明和定理视为流动范围广泛的稳定化的客体，当然，它们仍然会停留于组织妥当的计量网络之中而无法逃脱，除非通过分叉、认可和解码（decoding）。

科学事实在学术话语的体系中得到了广泛讨论，我们也可以用一种通俗的说法，将之比作冷冻鱼：要保持新鲜，其冷链就不能中断，不管中断的时间如何短暂。相较于绝对普遍性而言，网络中的普遍性产生了同样的效应，但它却不再拥有同样不切实际的原因。重力可以在"任一地点"得到验证，但却要以测量和解释框架的相对扩展为代价。实验人员对空气泵进行了多次改造，空气泵也由此逐渐传遍欧洲各地，因此可以说，空气弹性也可以在任一地点得到验证，前提是此地拥有可用的空气泵（Shapin and Schaffer，1985）。如果不是认可了多重的计量网络、不是认可了某些特定的实验室和仪器，人们将无法验证哪怕一件最琐细无常的事实、一条最微不足道的定律或一个最无足轻重的常数。毕达哥拉斯定理和普朗克常数虽进入学校，进入各式火箭、机器和仪器之中，但是它们却从未离开过它们的世界，就像阿丘雅人从未离开过他们的村庄一样。前者构造了加长的网络，后者构造的是领地或者循环：这一差异非常重要，必须给予充分重视，但这种差异并不足120以为诸如将前者转变为普遍性、将后者转变为地方性之类的做法辩护。毫无疑问，西方人可能会相信，即便是在没有任何仪器、任何计算、任何解码、任何实验室的情况下，万有引力都具有普遍性，就像是新几内亚（New Guinea）的比米尼—库斯库米尼人（Bimin-Kuskumin）认为他们就是全人类一样，不过，这些信念虽值得称颂，但比较人类学却并无必要认同它们。

4.11 利维坦是一团网络

就像现代人难以停止夸大其科学的普遍性（为了做到这一点，现代人将科学从各式实践、各种仪器和各类制度所构成的精妙网络中抽离出来，而事实上，恰恰是这些网络才铺就了从偶然性走向必然性的道路）一样，他们也相应地夸大了其自身社会的规模和稳固性。他们自认为是革命者，因为他们创造出普遍的科学，并使之摆脱了一切地方性特征，也因为他们发明了庞大的理性化组织，与过去一切对地方性的忠诚划清了界限。当他们这么做时，他们两次遗失了其自身发明的原创性：一种新的拓扑学——这种拓扑学可以使人们到达几乎一切地方，然而它所占据的却又不过是一些狭窄的力线，一种持续不断的杂合化——这种杂合化发生于社会化的客体与借由非人类的增殖而变得更加持久的社会之间。现代人为其无法拥有的优点（理性化）而欢欣鼓舞，同时又为其根本没能力犯下的罪过（又是理性化）而自我鞭挞！在这两种情形下，他们都误将长度或关联方面的差异视为层级差别。他们认为存在着诸如人、思想、情境等地方性的事物，也存在着诸如组织、定律、规则之类的全球性事物。他们坚信存在诸多情境，也存在许多其他情形，能够享有"祛情境化"或"祛地方化"之类神秘的特性。确实，如果我们无法重构出拟客体之间的传义网络，我们就难以理解社会，同样也无法理解科学真理，而且两者的理由也是一致的。转义者包含一切，却又被抹杀，而两极一旦被孤立，它们将什么也不是。

如果没有那些数之不尽的客体来保证其持久性和可靠性，社会理论的那些传统对象，诸如帝国、阶级、职业、组织、国家，将变得难以理解（Law，1986，1992；Law and Fyfe，1988）。例如，IBM 公司、苏联红军、法国教育部或者世界市场的规模如何呢？毫无疑问，它们都是一些超大规模的行动者，因为它们动员了成千上万的甚至上百万的能动者。由此，这些行动者的规模之所以如此庞大，必定有其根源，然而，这绝对超出了既往那些小集体的能力范围。不过，如果我们在 IBM 公司内部闲逛，如果我们连续执行苏联红军的命令，如果我们在教育部的走廊里进行调查，如果我们研究一下一块香皂的买卖过程，那么我们则从未离开过地方性的层次。我们总是处于与人们的互动之中，不管这些人是四个还是五个；大楼管理员总是严密监督其领地；管理人员之间的对话听起来总像是员工之间的交谈；至于那些销售人员，他们则在不停地找着零钱、不停地开着发票。宏观行动者是由微观行动者所组成

121

的吗？（Garfinkel，1967）IBM 公司是由一系列地方性的互动组成的吗？食堂中的对话叠加在一起就能组成苏联红军吗？一系列地方性的交易和协议就构成了世界市场吗？

我们再次发现了与火车、电话或普遍常数相同的问题。事物既非地方性的，又非全球性的，那它又如何能被连接起来呢？现代社会学家和经济学家难以提出这种问题。他们要么保持在非常"微观"的人际交往的层面，要么一下子就跳跃到"宏观"层面，仅仅考虑他们所认为的去情境化、去个性化的理性。无灵魂的、无能动者的官僚体制，就像纯粹而又完美的市场一样，都是一个神话，它们可谓是普遍科学定律这一神话的对称版本。现代人并没有继续探查下去，他们反而强行加入了一个彻底的本体论区分，就像 16 世纪人们在易腐朽的月下世界和绝对不变与绝对确定的月上世界之间所进行的彻底区分一样。（物理学家们可能会像伽利略一样嘲笑那种本体论区分，但同样是这批物理学家，却又接着迫不及待地重建本体论的区分以便使物理学定律免受社会的侵蚀！）

不过，确实有一个阿里阿德涅线团能够帮助我们从地方性逐次走向全球性、从人类渐次走向非人类。这个线团就是实践和仪器的网络，是文件和转译的网络。虽然我们生活于月下世界的可怜的、地方性的关系之中，但任何一个组织、一处市场或一种制度，也并不是由一种截然不同的物质所构成的、存在于月上世界之中的客体（Cambrosio et al. 1990）。不同之处仅仅在于，它们是由一系列杂合体所构成的，而且，为了描述它们，同样需要动员数量巨大的客体。卡尔·马克思或者费尔南德·布劳代尔（Fernand Braudel）所认为的资本主义并不是马克思主义者们所认为的那种彻头彻尾的资本主义（Braudel，1985）。资本主义是一个个稍长一些的网络，在许多逐渐变成利润中心和计算中心的点的基础上，难以充分圈出一个世界。一步一步地追踪行动者，你永远难以跨越那条分割地方与全球之间的神秘界线。阿尔弗雷德·钱德勒（Alfred Chandler）所描述的美国大型企业组织，并不是卡夫卡所描述的那种组织。这类企业组织就像是编织在一起的许多网络，而各式单据、流程图，各种地方性程序和特殊协议则秩序井然地呈现于其中，进而使此类组织尽管无法覆盖整个大陆，但却可以延伸到整个大陆。不用改变层级，也不用寻求"去情景化"的合理性，人们就可以全面追踪一个组织的发展历程。极权国家所达到的规模，只有通过建构一个由各种统计与计

122

算、各类办公室与调查所组成的网络才能实现，这与全能国家那奇妙的地形学绝对不是一回事情（Desrosières，1990）。诺顿·怀斯（Norton Wise）所描绘的开尔文（Kelvin）勋爵的科学—技术帝国（Smith and Wise，1989），或者汤姆·休斯（Tom Hughes）所描述的电力市场（Hughes，1983），从未要求我们脱离特定的实验室、会议室或者控制中心。然而，这些"电网"和这些"力线"确实已经扩展到全世界。契约经济视角下的市场，确实是管理有序的，也确实实现了全球化，纵然这种管理有序、这种积聚的原因本身既非全球性的，也非整体性的。积聚体与其正在积聚之物，在其构成物质层面上并无二致（Thévenot，1989，1990）。并没有一只手突然伸进来为这些处于分散状态、混沌状态的原子体创造出秩序，不管这只手是看得见的还是看不见的。地方与全球这两极，与排布好的传义者（我们现在称之为网络）相比，要无趣得多。

4.12 喜好边缘的怪癖

形容词"自然的"和"社会的"，所指称的是对集体的表征，但集体本身却并非自然的，亦非社会的；同样，"地方的"和"全球的"这两个词所表示的是有关网络的两种观点，但网络在本质上既非地方性的，也非全球性的，而不过多少有些长度、多少被关联起来。我所谓的现代的异域风格，就在于它使用这两对相反的范畴来界定我们的解释，并用其将我们与所有其他人区分开来。这样，四个不同的区域便产生了。自然与社会并不是由同样的组分所构成，全球与地方也是截然不同的。然而，要认识社会，就需要通过我们自认为对自然的理解来达成；反之亦然。同样，对"地方的"界定，也仅仅是通过对照我们所认为的应该赋予"全球的"某些性质而进行的；反之亦然。因此，只有将这两对对手分别配对，我们才能够理解现代世界在理解其自身时所犯的错误是何其严重：在其中，不存在可以思考的对象，没有集体、没有网络、没有转义；所有的概念资源都被聚集到四个极端。我们是可怜的主体—客体，是卑陋的社会—自然，是谦恭的地方—全球，被严格地四分于本体论的区域之中，它们互相界定，却从未与我们的实践一致过。

123

　　这种四分使我们能够揭示出现代人的悲剧：他们认为自己绝对而又无可挽回地异于其他所有人类，异于其他所有的自然物。不过，如果我们仍然谨记这四个术语作为表征，却又与赋予其意义的集体和网络失去了任何直接关联，那么这一悲剧就并非不可避免。中间地带曾被视为空无一物，事实上却几乎充满着一切。现代人认为，四极是一切力量——自然和社会、普遍性和地方性——的源泉，而在此处，实际上除了那些能够一同作为制度担保者的被纯化了的力量之外，空无一物。

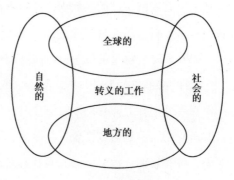

图 4.5　现代制度的四极[1]

当反现代人对现代人的自我描述信以为真，进而从他们所认为的失事船只中抢救出某些东西时，悲剧反而变得愈加让人痛不欲生。反现代人坚信西方人已经将自然理性化，并使之祛魅，坚信各种冷冰冰的、理性的怪物已经占据所有空间，进而毫无疑义地密布于社会之中，坚信西方人已经确定无疑地将前现代的世界转变为纯粹物质之间机

1　依据法文版增加此图。——译者注

械性的交互作用。然而，与现代化者将这些进程视为尽管令人痛苦但光芒万丈的征服不同，反现代人则认为此情形是一种空前的大灾难。除却正负符号的差别之外，现代人和反现代人分享了完全相同的信念。后现代人常常刚愎自用地认为，这样的情形确实是一个大灾难，不过，他们认为应该为之欢呼，而非抱怨！他们将缺点作为了自己独一无二的优点，就像他们其中一个以他那独一无二的风格所声称的那样："对形而上学的克服表现为对座架的克服"（The Vermindung of metaphysics is exercised as Vermindung of the Ge-Stell）（Vatimo，1987，p. 184）[1]。

那么，当面对这一失事的船只时，反现代人又做了些什么呢？他们承担起一项鼓舞人心的任务，他们要拯救所有能够被拯救的：灵魂、心灵、情感、人际关系、符号维度、人类的温情、地方的特殊性、圣经诠释学，拯救所有的边缘与外围之地。这是一项多么崇高的使命，不过，如果所有这些神圣的船只真的受到了威胁，这一使命将会变得更

---

[1] 拉图尔在对此句子的引用中存在一个问题，他误将"Verwindung"写为了"Vermindung"。瓦蒂莫在书中写道："Cela singifie que la Verwindung de la Métaphysique s'exerce comme Verwindung du Ge-Stell。"具体可参见 Gianni Vattimo, *La fin de la modernité: nihilisme et herméneutique dans la culture post-moderne*, Paris: Le Seuil, 1987, p. 184。此外，作者的名字应该是 Gianni Vattimo，而不是 Gianni Vatimo。——译者注

加崇高。那么，威胁究竟来自何处呢？当然不是来自集体，集体并没有抛弃它们那充满着灵魂与客体的脆弱而又狭窄的网络；当然也不是来自科学，科学日复一日地通过分叉和校准、通过仪器及其矫正来追求其自身的相对普遍性；当然更不是来自社会，只有当具有某种可变本体论特征的物质实体增殖时，社会的规模才会发生变化。那么，它到底来自哪里？好吧，我来回答：它部分来自反现代人自身，部分来自与其同谋的现代人，他们相互恫吓并且都为规模效应平添了许多巨型的原因。"你在对世界进行祛魅；但我仍然要维护精神的权利！""你想要维护精神？那么，我们会将之物质化！""还原论者！""唯灵论者！"反还原论者、浪漫主义者和唯灵论者越是想拯救主体，那些还原论者、科学主义者和唯物论者就越是设想他们能够掌控客体。后者越是自吹自擂，前者就越是心惊胆寒；前者越是狂野，后者就越是相信他们自己是多么可怕。保护科学和理性的纯粹性，使之免受激情和利益的污染；保护人类主体独一无二的价值和权利，使之免受科学和技术客观性的支配——大多数伦理学家所勤耕不辍的，不正是这样两个相反却又对称的任务吗？

对边缘性的辩护预设了极权中心的存在。但是，如果中心及其整体性只是一个错觉，那么颂赞边缘性也就荒诞之至了。捍卫肉体的苦难和人性的温暖，以反对科学定律的冷冰冰的普遍性，这完全没有问题。但是，如果普遍性产生于一系列的场点之中，而我们那温暖的血肉之躯又在其中处处经受苦难，那么，这种捍卫本身不就非常可笑吗？要保护人类免受机器和技术官员的统治，这是一项崇高的事业，但是如果机器中也充满着人类的力量，而且人类又在机器中找到了救赎的方法，那么，这样一种保护本身是不是有点荒唐（Ellul，1967）？证明精神的力量超越于机械自然的定律之上，也是一项崇高的使命，但如果物质不具有物质性、机器也不具有机械性，那么这项计划同样也就荒诞不经了。在技术的座架刚刚开始控制一切的时候，去拯救存在，即便绝望至呼天抢地，这仍不失为一项崇高之举，因为"危险诞生的地方，拯救也随之而生"。但是，厚颜无耻地试图从一个从未开始过的危机中获利，那就是无理取闹了。

几乎可以这么说，人们总会在声称反对现代主义的那些人中间，找到现代神话的起源；这些反对者强调精神、情感、主体或边缘拥有不可逾越的边界，并以此反对现代主义。他们试图给现代世界添补一个灵魂，但现代世界所拥有的那个灵魂——它曾经拥有且绝对不能失去的那个灵魂——却被剥夺了。删减与添加，这两种操作使现代人和反现代人能够在根本共识的基础——我们与其他人是完全不同的，我们与自己的过去完全决裂——之上相互恫吓。现代人与反现代人能够为这样一场空前的灾难所提供的证据，也就只能是今天的科学和技术以及各类组织和官僚体制。但也正是通过它们，科学论能够以一种最好的、最直接的方式向大家表明古老的人类学基质的永恒魅力。毫无疑问，各种长网络之类的创新是非常重要的，但这并不能成为对此大惊小怪的理由。

125 ## 4.13 切勿罪上加罪

然而，要抚平现代人的这种被抛弃的感觉绝非易事，因为其起点是一种本身相当崇高的情感：意识到不仅对其他的自然世界和文化世界，而且对自己——其规模史无前例，其野心空前膨胀——也犯下了不可弥补的罪行。如何才能使现代人回归正常的人性和非人性，同时又不至于太过草率地赦免他们有权寻求抵赎的那些罪行呢？我们如何才能宣称，并且合情合理地宣称：我们的罪行罄竹难书，但也很普通；我们的优点数不胜数，但这同样很平常？

我们的罪行或可比拟于我们对自然的接近：即便我们在衡量这些罪行的后果时，也不能夸大其原因，因为这种夸大本身可能会导致更大的罪恶。每一种整体化，纵然是一种批判性的整体化，都会助长极权主义。勿在真实的支配之上增加整体的支配。不能在力量之上再增加权力。无须在真实的帝国主义之上强加整体的帝国主义。不要在资本主义之上增加绝对的去疆域化，资本主义本身已经足够真实（Deleuze and Guattari，［1972］1983）。与此类似，我们也不能用超越性（它同样是整体的）、合理性（它同样也是绝对的）来为科学真理与技术的有效性做辩护。面对罪行与支配，面对资本主义与科学，我们需要做的就是从普通的维度上对之加以理解：微小的原因及其强大的效果（Arendt，1963；Mayer，1988）。

妖魔化或许更讨我们的喜爱，因为即便深陷罪恶之中，我们仍保持了自己的特殊性；我们仍然与其他人、与我们的过去彻底决裂，我们仍然是现代人，至少是最坏的现代人，尽管此前我们曾认为自己是最好的现代人。不过，整体化却又以一种迂回曲折的方式做了自己声称所要摒弃的事情。它使其实践者面对敌人时软弱无力，因为它赋予其敌人以诸多出色的优点。一个整体的、天衣无缝的系统无法被分割开。一个超越的、同质的自然无法被重组。一个全然系统化的技术体系也无法被重构，不管是谁都做不到这一点。一个卡夫卡式的社会也不可能重启协商。一种"去疆域化"的、彻底精神分裂的资本主义也无法被任何人重新配置。一个与其他的文化——自然彻底决裂的西方，无法对之再启讨论。永远囚禁于武断的、完整而又一致的表征之中的文化，无法再被评价。一个完全遗忘了存在的世界将是无可救药的。一种被彻底的认识论断裂所永久割裂的过去，任何人都无法对之进行重新拣选。

126 　　批判者将整体性的所有这些补充都归属于行动者，但行动者本身却并没有要求这些。请想一下，一些小企业的所有者在获得了一些市场占有率之后便会犹豫不决，一些征服者亢奋至战栗不已，某些可怜兮兮的科学家在其实验室中修修补补，一些地位卑微的工程师到处笼络多多少少对其有利的各种力量关系，某些政治家结结巴巴、担惊受怕；放任批判者对他们频加批评，你又能得到什么呢？资本主义、帝国主义、科学、技术、支配——同样都是绝对的、系统的和极权的。在前一种剧情中，行动者们浑身发抖；在第二种剧情中，它们并未如此。第一种剧情中的行动者时有胜败，在第二种剧情中它们则战无不胜。前者中行动者非常接近于那脆弱且仍可更改的、谦恭有度的转义的工作；而现在，它们却被纯化了，它们都成为完美无缺的了。

那么，对于这样一些天衣无缝的、毫无裂痕的面，对于这样一种绝对的整体性，我们又能做些什么呢？毫无疑问，将之整个反转过来；颠覆它们，将它们作为革命的对象——这是那些最完美的现代主义者所采取的策略。天哪，一个多么可爱的悖论！凭借着批判精神，现代人创造出一个整体性的系统，又创造出一场终结此系统的整体性的革命，同时还创造出在实施此种革命时所面临的一个同样整体性的失败——这一失败将现代人抛入一个整体性的后现代式的失望之中！我们总是自责自己犯了多少罪行，这难道就不是这些罪行的原因吗？批判者看重的是制度而不是转译，他们想当然地认为我们不具备修补、重组、杂合和挑选的能力。集体总是形成于那些脆弱的异质网络之中，但同样以此网络为基础，批判者却精心阐发了各种同质的整体性。除非对这些整体性进行一场同样整体性的革命，否则，我们根本难以触碰这些整体性。也正是因为这种颠覆是不可能的，而批判者们却又总是屡败屡战，因此，他们实际上是从一个罪恶走向了另外一个罪恶。整体化主张者的"不要碰我"（Noli me tangere）的姿态，怎么就被当作道德的证据？那么，相信一个彻底的、整体的现代性，可能会导向道德败坏吗？

或许，谈一谈代际效应将会更加公平。我们是战后出生的一代，在我们的身后先是那些黑色阵营后来又是红色阵营，下方是饥荒，头顶却又是核武器的末日威胁，在正前方则又面临着对地球的全方位的破坏。确实，我们难以否认规模所带来的各种后果，不过，我们更加难以毫不迟疑地相信政治、医学、科学或经济革命能够带来无可比拟的优势。然而，我们出生于科学的时代，我们所知道的仅仅是和平与繁荣，而且，不可否认的是我们热爱着技术和消费品，尽管老一辈的哲学家和道德家教导我们要憎恨它们。对我们来说，技术并不是什么新鲜玩意儿；而且，就"现代"一词的通俗含义而言，它们也并不是现代的产物，因为它们一直都在构成着我们的世界。我们已经将它们消化、内化，抑或社会化，在这些方面，我们远远超过了前人。我们史无前例地既不相信科学技术的优点也不相信它们所可能带来的危险，不过，同样史无前例的是，我们在并未考察其内部所蕴含的是天堂还是地狱的情况下，就享用了它们的善与恶；因此，要寻找科学技术的根源，即便不诉诸白人，或者是资本主义的天性、欧洲的命运、存在的历史或普遍的理性，或许也并不是多么难的事情。时至今日，放弃对自身特殊性的信念，或许也变得简单多了。我们并不是什么天赋异禀之人，我们非常普通。当然，其他人也并不具有什么特殊性。他们跟我们一样，他们一直都是我们的同胞。请不要再认为自己是与众不同的，请不要再罪上加罪。

4.14　数不胜数的超越性

如果我们不再是全然的现代人，也不再是前现代人，那么，我们应该在何种基础上对集体展开比较呢？现在，我们知道了，我们不得不将一些非官方的转义工作增加到官方的制度之上。当我们将现代制度视为过去那非对称性的人类学所描述的文化时，我们最终所得到的只能是相对主义和一种不可能的现代化。如果反此道而为之，将之视为集体的转译工作，从而提出一种对称性的人类学，我们也就揭露了绝对的相对主义的错误。不过，这样我们也就失去了现代人所发展出来的各种资源：社会、自然、话语——

更不用说那被搁置的上帝。这是相对主义最后的困难：既然比较已经成为可能，那么到底在何种共同空间内，所有的集体——自然和社会的生产者——会发现它们同样地涉入其中呢？

它们处于自然之中吗？当然不是，因为天衣无缝的、超越的外在自然只是集体所产生的一个相对后发的结果。它们处于社会之中吗？当然也不是，因为社会仅仅是自然的对称的人工物，它是在所有的客体都被取消之时、在利维坦的神秘超越性产生之时所留下的唯一东西。那么，它们处于语言之中吗？这不可能，因为话语只是另外一个人工产物，只有作为外部实在的被指称之物与社会情境都被搁置的时候，它才有意义。它们存在于上帝那里吗？这也不太可能，对这样一个形而上学的实体而言，他作为仲裁者占据了一个遥远的位置，从而使自己能够在这两个对称性的实体——自然和社会——之间保持尽可能远的距离。它们处于存在之中吗？更不可能了，因为通过一个惊人的悖论，存在的思想已经成为残羹冷炙——是任何一种科学、任何一项技术、任何一个社会、

128　任何一部历史、任何一种语言，甚至任何一种神学都被

降低为存在物的纯粹扩展之后，所剩下的残渣。自然化、社会化、语言化、神圣化、本体论化——所有的这些"化"同样是没有道理的。所有这些操作都无法为集体提供一个安身立命之基，更不用说使集体间的可比较性成为可能。不，我们不能够从自然滑向社会、从社会滑向话语、从话语滑向上帝、从上帝滑向存在。只要它们之间仍旧截然不同，这些部门就会扮演一种制度性的角色。它们中没有任何一个可以覆盖、填充或者包含其他，也没有一个能够被用来描述转义或转译的工作。

既然这样，那么，我们又是什么呢？我们到底是立于何者之上呢？只要我们还在问这样的问题，我们就毫无疑问地存在于现代世界之中，并且着迷于建构某种内在性（immanere：栖居其中）而解构另一种内在性。用一个老套的表达，就是我们仍然停留在形而上学之中。现在，通过穿行于这些网络，我们不会再为自己寻求一个可以立于其上的基础，特别是同质性的基础。毋宁说，我们栖存于一个形而下的世界之中。那么，我们是内在的吗？进而，是与其他的力量、文本、社会、存在物并无差别的一种力量、一类文本、一个社会或一种存在物吗？

也并非如此，因为如果我们不将可怜的现象交付予自然和社会的魔掌，而是使转义者能够产生出自然和社会的话，我们实际上就是反转了超越性的方向，使之不再朝向现代。自然和社会都成为历史的相关产物。然而，既然网络之外并无他物，因此我们也并不是仅仅落入了内在性之中。我们并不需要为网络提供某种神秘的以太以便作为它们的传输介质。空白之处无须填充。现代人向非现代性的复归，最终改变了"超越性"和"内在性"这两个术语的定义。是谁告诉我们，超越性一定要有一个对立面呢？我们从未放弃过超越性，即是说，一种"传球"式的转义维持了它的在场。

在其他被称作前现代的文化之中，弥漫着某种主动性的或精神性的力量，这往往令现代人震惊不已。纯粹的物质、纯粹的机械力，在这些文化中并无立足之地。精神和能动者、神与祖先总是被混杂在一起。相比之下，从现代人的观点来看，现代世界被祛魅了，其神秘性被剥离。同时，现代世界被那些平滑的纯粹内在力量所支配，在这些力之上，是我们人类（也只有我们人类才会）强加的某些符号维度，而在其之外，或许又是尽管被搁置却仍具超越性的上帝。

现在，如果没有了内在性，如果仅仅存在网络、能动者、行动素，我们就不可能被祛魅。人类也不能随心所欲地将"符号维度"强加于纯物质力之上。这些力，就像我们一样，是超越的、活跃的、躁动的、精神性的。自然，就像社会或者被搁置的上帝一样，也不是那么容易就可以接近的。我们不再在那三个同时具有超越性和内在性的实体之间玩弄现代人的狡猾游戏，我们所得到的只有超越性的增殖。人们创造出这样一个论战术语，仅仅是为了对抗内在性的侵袭，而一旦失去了其对立术语，这个词的含义也就需要发生相应的改变。

129

这种没有对立面的超越性，我称之为"委派"（delegation）。话语、委派、发送一段信息（message）或者一个发信者（messenger），使持续在场（实存）成为可能。当我们抛弃现代世界的时候，我们并没有倒向某人或者某物，也没有立于某种本质之上，而是立于一种过程、一种运动、一种通道（passage）之上——就字面而言，在这个词的球类游戏的意义上来说，也就是立于一个传球（pass）之上。我们的起点是一个连续的并且冒险的实存——说其是连续的，正因为它是冒险的——

而不是某种本质；是一种在场，而不是永久性。我们的起点是联结本身，是通道和关系；任何存在物，如果不是从此关系中浮现出来，则都不能被接受为起点。当然，这种关系既是集体性的、实在的，又是话语性的。我们的起点也不是作为后来者的人类，亦不是更近才产生的语言。意义的世界和存在者的世界完全是同一个世界，这是一个转译、置换、委派、传递中的世界。我们应该说，对于本质的任何其他定义都是"毫无意义的"，事实上，它不具备维持在场或者持续下去的手段。所有的持久性，所有的稳定性，所有的永久性，都需要通过转义者才能获得。正是对没有对立面之超越性的这种探索，才使我们这样一个充满着教廷使臣、转义者、委派者、拜物、机器、塑像、仪器、代表、天使、军官、发言人和智天使的世界，看起来如此不现代。什么样的世界才会要求我们必须同时重视物的本性、技术、科学、神话存在物、大小宗教、政治、司法权、经济和无意识呢？当然，是我们自己的世界。当我们用转义者、委派者和转译者代替所有的本质并赋之以意义的时候，这个世界就不再是现代世界了。这就是我们现在还不承认它的原因。与那些所有的代表、天使和军官生活在一起，这看上去似乎是一个旧世界。不过，它也不像人种志学者所研究的那些文化，因为西方的人种志学者从来就没有从事过一种对称性的工作，从而将委派、转义者和转译者带回家，带回到其自己的国度。过去，人类学是建立在科学、社会或者语言的基础之上的；它总是在普遍主义和文化相对主义之间摇摆不定；最终，它所能告知我们的，不管对"他们"还是对"我们"来说，都少之又少。

130

5 重新分配

5.1 不可能的现代化

在勾画出现代制度以及它长久以来都不可战胜的原因之后，在表明了为什么拟客体的出现已经终结了批判性的革命并使我们（为了表明现代制度的内涵）不得不从纯粹的现代维度转向非现代维度之后，在重新确立了集体之间的对称性并在测度它们之间规模差异的同时解决了相对主义的问题之后，现在我们将讨论最困难的一个问题，即非现代世界（在我看来，我们正在进入这一世界，而从未真正离开过）的问题。在此基础上，我将得出本书的结论。

现代化，尽管通过暴力和鲜血几乎摧毁了所有的文化和自然，但它有一个清晰的目标。现代化的目的在于使人们能够在外在的自然定律与社会制度之间确立起区别。征服者将这一分界应用到世界各处，而杂合体则要么被归属于自然要么被归属于社会。这一分界过程的发生，同时也伴随着在科学、技术、管理、经济和宗教领域发生的一场连贯而又持续的激进革命——这完全就是一项推土机似的工作，在其身后，过去永远消失了，而在其面前，至少存在着一个被开启的未来。过去，仅仅是野蛮人的一群乌合之众；未来，则是一个文明化的别样世界。毫无疑问，现代人完全承认他们也将客体与社会、宇宙论与社会学杂合在一起。但是，这是在过去，在他们仍然停留在前现代阶段的时候。通过那些不断发生的可怕的革命，他们已经将自己与过去的联系完全切断。既然其他的文化仍然将理性的限制与社会的需求混合在一起，因此他们需要现代人的帮助，从而能够通过切断过去进而走出这种混淆的泥淖。不过，现代化者也很清楚，131即便在他们的社会中也存在着许多留存了野蛮主义的岛屿，其中，技术的有效性和社会的武断性彻底地交织在一起。但用不了多久，他们就将完成现代化，就能消灭那些岛屿，到那时，我们所有人就可以都生活在同一个地球上；我们都将成为同样的现代人，都将能够从那些摆脱（也只有它们才能摆脱）了社会利益之暴政的经济理性、科学真理和技术效力中大获裨益。

　　某些现代化者会继续唠叨不停，似乎这样一种命运是可行的，也是可取的。然而，只要将他们所持的这种观点表述出来，就能够发现其自相矛盾之处。现代制度通过否定杂合体的存在从而使其增殖。正是借助了这样一种制度，现代化者自己才能担负起杂合体增殖的责任。既然这样，那么，我们最后又是如何将科学和社会纯化的呢？长久以来，现代人的不断增加掩盖了这一矛盾。在国家、科学、技术领域不断发生的革命，通过将杂合体吞并到自然或者社会之中，从而最终将之吸收、纯化、文明化。但是我们最初指出的两个失败，即左翼的社会主义和右翼的自然主义，已经暴露出纯化的不合理性，也使矛盾更加清晰。接下来没有什么新的革命可以推动我们持续前行了。杂合体多之又多，没有人知道如何才能将之纳入现代性那陈旧的许诺之地。这导致了后现代人突然陷入瘫痪境地。

现代化对前现代人冷酷无情，但是后现代化又意味着什么呢？帝国主义的暴力至少为我们提供了一个未来，而现在征服者的突然软弱却更加糟糕；因为征服者不再仅仅与过去划清界限，现在，它又切断了自己与未来之间的联系。多可怜的人啊，在承受了现代之现实的掌掴之后，今天，我们又不得不屈服于后现代的超现实。万物都无价值，一切都是一种映象、错觉，一种不断流变的符号；但他们说，恰恰是这种软弱能够把我们从技术、科学、理性的入侵中拯救出来。摧毁一切，其最终结局不过是在伤口之上再添新伤，这真的值得吗？后现代人生活于其中的世界是一个空空如也的世界，是一个被他们自己也仅仅是被他们自己所抽空的世界，因为他们对现代人深信不疑。后现代主义是现代主义所蕴含之矛盾的一个症状，但它自己难以诊断出这一病症，因为它同样分享了现代制度的上半部分——科学和技术是外在于人类的，但是它抛弃了现代人之所以强大和伟大的原因——拟客体的增殖和人类与非人类之间的传义者的增殖，当然，后者是以人类与非人类之间的绝对分界为基础的。

然而，既然我们应该对称性地看待纯化的工作和转义的工作，那么，要解决这一矛盾就不是非常困难。即便是在西方统治最糟糕的时刻，要在自然定律与社会制度之间一劳永逸地划定一条界线，这也从未真正发生过。真实的情况往往是，在规模不断扩大的层面上，通过将特定类型的非人类与特定类型的人类混合起来，并在这一过程中将波义耳式的客体与霍布斯式的主体（更遑论那被搁置的上帝了）提取起来，从而建构出集体。更长网络的发明是一个值得关注的特殊之处，但这一特殊型并不足以将我们与他者彻底分离开来或者将我们与过去

132

的联系彻底切断。现代化者并不是一定非要继续他们的革命性任务，因为现代化从未真正发生过，更何况这种继续非常困难，它要求现代化者不断地积蓄力量且无视后现代人的窘迫境地，咬一咬牙，继续信奉其双重承诺（自然主义和社会主义）。现代化不过是对另外一种工作的官方表述而言的，这种工作更加深刻、更加不同，它过去一直都在发生，时至今日，它仍不断扩大自身规模且将持续发生下去。我们并非一定要与现代性进行斗争——不管是以反现代人的斗争方式，还是以后现代人令人大失所望的方式——因为我们所反对的仅仅是现代制度的上半部分，不过，如若我们依旧无从知晓其活力的根源，那么我们所做的就仅仅是将之强化。

然而，这样一种诊治方案对这一不可能的现代化会不会产生一定疗效呢？正如我一直所说，现代制度之所以能够允许杂合体的增殖，原因就在于它拒绝将之概念化，既然如此，那么只要否认杂合体的存在，它就能够保持其有效性。现在，如果这两部分——官方的纯化工作和非官方的转义工作——之间的尖锐矛盾变得清晰无疑，那么，现代制度是不是就不再有效了呢？现代化是不是就不可能了呢？我们是否就要变成或者变回前现代人呢？我们是不是

就必须要皈依反现代？由于缺乏选择的自由，我们是不是
不得不继续当现代人呢？尽管在后现代的黄昏中，我们已
不再信任它。

5.2 最后的考察

为了回答这些问题，我们必须首先厘清本书行文过程
中已经勾画过的各种立场，从而帮助非现代博采众家之长。
从现代人那里，我们能保留下什么呢？一切，除了他们对
其制度之上半部分的过度自信，因为这一制度需要进行某 133
些修正，从而将其下半部分也容纳在内。现代人的伟大之
处，来自他们对杂合体的增殖、对特定网络的加长、对轨
迹的持续生产、对委派的增加、对相对普遍性的不断探索
与制造。其勇气、其研究、其创新意识、其修补工作、其
充满年轻活力的过激性、其行动规模的不断增加、其对独
立于社会的稳定客体和摆脱了客体的自由社会的创造，所
有这些都是我们需要保留下来的。此外，我们要抛弃现代
人对自己的错觉（不管他们视之为积极的还是消极的），
他们甚至还试图使这些错觉普遍化到每个人身上：无神论
者、唯物论者、唯灵论者、有神论者、理性的、有效的、

客观的、普遍的、批判的，他们与其他共同体完全不同，与那种仅仅依靠历史主义才能幸存下来的过去完全脱离关系，与主体或社会可以任意为之添加范畴的自然完全分界，自我非难的控责者，事物与符号、事实与价值这些绝对二分的俘虏。

西方人自认为远离了前现代人，这是因为存在着一个外在的宏大分界。正如我所指出的，这不过是内在分界的一个输出物。后者一旦被解决，前者也就自行消失，而为尺度上的差异所取代。对称性的人类学重新分配了宏大分界。既然我们并未远离前现代人——因为我们所说的前现代人实际上也包含了我们之中的相当一部分人——那么，我也就需要对他们进行甄别。让我们接受他们所拥有的最好的部分，其中最重要的是：前现代人无法在网络与自然和社会的纯粹两极之间进行永久性的区分，他们非常着迷于思考自然和社会、事物和符号之间的杂合产物，他们确信存在着数不胜数的超越性，他们能够以各种方式来思考过去和将来（除却以进步与退步的方式），他们拥有与现代人所拥有的完全不同类型的非人类的增殖。此外，我们不能够接受他们对集体的规模所强加的各类限制、通过划定领地进行的地方化、替罪羊的形成过程、种族中心主义，最后也不能接受他们长期无视自然与社会的差别。

但是这种甄选的工作似乎难以完成，并且与我前文所言多有矛盾之处。既然更长网络的发明和集体尺度的增加，是以他们对拟客体保持沉默为基础的，那么，我又如何才能保证在保留规模改变的同时放弃允许拟客体得以扩展的不可见性呢？我又如何保证在接受规模的改变和拟客体的同时又允许它们的扩展呢？更糟糕的是，我又如何才能拒绝前现代人长期以来在自然与社会之间不做区分、如何拒绝现代人在自然与社会之间的截然二分呢？当拟客体变得清晰可见，我又该如何保持其尺度、其数量的增加以及对拟客体的追求呢？不过，这恰恰就是我漫漫求索的汞齐：保留对某种自然和某种社会的生产，而且这一自然和社会又能创造出外部真理和法律主体，从而接纳尺度的变化，不过，也绝不能忽视（复数的）自然和社会是共同生产出来的。这样一种汞齐，利用前现代人的范畴将杂合体概念化，同时又保存了现代人之纯化工作的最终成果，即一个不同于主体的外部自然。

134

我意欲追随从不稳定之实存到既已稳定化之本质之间的梯度性变化，反之亦然；要完成纯化的工作，但又要将之作为转义工作的一个特定案例；对现代人的二元论，要留其精华，去其糟粕（拟客体的隐蔽性）；对前现代人的一元论，要取其长，而避其短（长久以来他们混淆了知识和权力，从而限制了尺度的变化）。

后现代人感觉到现代人的危机并试图解决之，因此他们也进行了考察和甄选的工作。当然，我们是绝无可能保留下他们的讽刺、他们的绝望、他们的沮丧、他们的虚无主义，甚至他们的自我批判，因为上述所有优秀品质都依赖于现代主义这一概念，尽管现代主义自身也并未真正实践过这一概念。不过，只要我们将现代制度的下半部分加于其上半部分之上，后现代主义的诸多直觉就可以得到辩护。例如，我们可以保留解构，但是由于它不再有一个对立者，如此，它就变成了建构主义，并且不再与自我解构有任何牵连。我们也可以保留解构主义者对自然化的拒绝，不过，既然自然本身不再是自然的，因此，此种拒绝不但没有使我们远离科学，反而使我们更加靠近行动中的科学。我们也可以保留后现代主义者对反身性（reflexivity）的偏爱——但是由于所有的行动者都享有这一特性，因此，反身性也就不再是一种拙劣的模仿，反而成为一个积极性的概念。最后，我们接受了后现代人对某种正步式前进的、连贯而又同质的时间概念的拒绝——但不再接受他们对引用和年代错置的偏好，正是这种偏好维系着他们"过去真的已被超越"的信念。取消后现代人对现代人的错觉吧，他们的缺点将会成为优点——非现代人的优点！

非常遗憾，从反现代人那里，我们看不到任何有保留价值的东西。他们永远都处于守势，他们总是相信现代人的自我观感，并给现代人的每一条断言贴上反对的标签。他们总是反革命的，与现代人一样，他们对时间和传统持有同样奇怪的观点。他们所捍卫的价值总是其敌人所留下的残渣，事实上，他们从未明白过，现代人的伟大之处实际上恰恰来自他们所抨击的那些方面。甚至是在他们的后方保卫战中，反现代人从来也不思求新，一直担任着留给他们的一个次要角色。即便站在反现代人的立场也不能说，他们为现代人的狂热按下了制动键——反现代人实际上一直是这些现代人的最佳配角。

135   表5.1 我们需要保留和摒弃的部分

	保留部分	摒弃部分
从现代人那里	—长网络 —尺度 —实验法 —相对普遍性 —在客观的自然与自由的社会之间的最终分界	—在自然与社会之间的分界 —对转义实践的遮蔽 —外在的宏大分界 —批判性的控责 —普遍性、合理性
从前现代人那里	—事物与符号之间不存在分界 —没有对立面的超越性 —非人类的增殖 —按照强度不同而定的时间性	—总是将社会与自然秩序联结在一起 —替罪羊机制 ·种族中心主义 ·领地 —对规模的限制
从后现代人那里	—多重时间 —建构主义 —反身性 —去自然化	—对现代主义的信奉 —批判性的解构 —讽刺性的反身性 —年代错置

这一考察的得失状况似乎还不至于太不尽如人意。如果我们可以将科学和技术的客体重新整合到现代制度之中，就像拟客体和其他的很多客体——不过，我们必须要祛除其起源的神秘性，必须从孕育了这些客体的诸多事件的活跃期到其慢慢而行的冷却期（此时客体被转化到大写自然和社会的本质之中）彻底地追踪它们——一样，那么，我们就可以在摒弃现代性的同时将启蒙运动保留下来。

我们是否可以构思一种制度从而使我们能够以官方形式确认这一工作呢？这是我们必须做的工作，因为旧式的现代化已经无法将其他民族和自然吸收在内；而且，至少，这一信念也是本书的根基所在。站在其自身的立场上，如果现代世界不重新变回它事实上一直所是之状态——像其他世界一样，是一个非现代的世界——的话，那么其自身也将难以得到扩展。如果我们想要将革命性的现代化所抛诸身后的这两类实体——不再受我们奴役的自然世界和不再被任何人支配的人类大众——全部吸收进来的话，那么这种兄弟情谊则是非常必要的条件。现代时间通过在空前的范围内贬低人类和非人类，并将之抛入空空如也的过去，从而给人们造成了一种不断前进的印象。然而，现在，不可逆性已经更换了立场。如

136

果说有一件事情我们无法将之抛诸身后，那就是各种的自然和大众，他们具有同等程度的全球性。政治任务重新起航，只不过这次需要我们付出的代价是全新的。过去，为了将18世纪的公民和19世纪的工人吸纳在内，对我们的集体的构成进行彻头彻尾的改造是一项必须做的工作。今天，为了给科学和技术所创造的各种非人类腾出空间，我们同样需要对我们自身做出彻头彻尾的改变。

5.3 重新分配人类主义

在对现代制度进行修正之前，我们首先要重新定位人类，因为人类主义并没有对之给予足够公正的对待。下面是现代人所描述的并且保存下来的一些重要形象：自由能动者、建造利维坦的公民、忧伤的人类面孔、与他者的关系、意识、我思、解释、内在自我、对话中的主格与宾格、自我呈现、主体间性。但是所有这些形象都是不对称的，因为它们就像是科学客体的对应存在一样——科学客体就像是孤儿，被丢到认识论者所认为（社会学家们也这么认为）的持还原论立场的、客观的、理性的人手中。关注机器的穆尼埃（Mounier）何在？关注动物的列维纳斯（Lévinas）又在哪里？关注事实的利科

（Ricœur）又在何处？然而，我们现在知道，人类是无法被理解和拯救的，除非能够把构成人类的其他部分即物的部分，复归于人类。只要客体仍然被丢给认识论，而人类主义又以一种不同于客体的方式被建构起来，我们就难以理解人类和非人类。

那么，我们应该将人类定位于何处呢？长久以来我们就知道，拟客体、拟主体在历史中相继而行，这使我们无法将人类界定为某种本质。人类的历史多种多样，有关人类的人类学也具有天壤之别，因此，我们无法一劳永逸地为之寻求一个定义。不过，萨特非常聪明地将之直接定义为一种自由实存，这样就使之从一个没有意义的自然世界中摆脱出来。不过，很明显，这与我们在此的工作并不一致，因为我们已经将行动、意愿、意义，甚至是说话的能力赋予了拟客体。这里没有实践惰性（practico-inert），从而也就没有人类实存之纯粹自由的依附之地。若要将之与被搁置一边的上帝对立起来（或者，相反的操作，将两者协调起来）也是不可能的，因为它们两者都与自然相对，而此三者又都从现代制度那里获得了定义。那么，人类就一定要被自然所吸纳吗？不过，如果我们参考一下特定科学领域的某些特定成果——它们用神经元、冲动、自私基因、基本需求和经济计算赋之以活力，就像在描述一个机器人一样——那么，我们将永远无法从那些怪物中、从我们的面具中摆脱出来。科学赋予了人类很多种新的定义，却从未试图去取代先前的那些定义，也未将之还原为任何一个同质的定义或者将它们统一起来。它们增加了实在，而删减了实在。它们在实验室里所发明的杂合体，远比它们所声称要打破的那些东西更富异域风格。

难道我们就仅仅郑重其事地宣称人类的死亡，难道就仅仅将之消解于语言游戏之中——这种语言游戏也不过是对一些全然无法理解的非人类结构的短暂反映？不，因为我们既非处于自然之中，更非处于话语之中。不管在何种情况下，任何一种非人性的东西都无法将人类消解于其中，也无法宣称他们的死亡。他们的意志、他们的行动、他们的话语太丰富了。难道我们就该使人类成为某种具有超越性的东西，进而使之永远远离纯粹自然以避免此类问题吗？这等于是又落入了现代制度之一极的窠臼。我们是否应该使用强力，以扩展那些已经写入人权宣言或者宪法序言之中的暂时的、特殊的定义呢？这等于是又一次制造了两个宏大的分界，又陷入了对现代化的迷信之中。

如果人类没有一种稳定构造，这并不是说人类完全没有构造。如果不是使之附属于制度的两极之一，如果将之进一步推向中间，那么它就会变成转义者，甚至变成两极的交界面。人类与非人类并非制度中对立的两极。"人类"和"非人类"这两种表达是两个迟到的结果，它们不足以指代另一个维度。价值的刻度并不在于沿着连接客体极与主体极的水平直线对人类给出不同的定义，而是在于沿着界定了非现代世界的竖直轴滑动。揭示出人类所从事的转义工作，人类的构造也将显示出来。如果再次消解它，我们将不得不只能谈论非人性之物，即便是它将自己也放入《人权法案》之中。"拟人化的"（anthropomorphic）这一表达也完全低估了人性。我们应当谈论形态（morphism）。形态是技术形态、动物形态、物理形态、思想形态、理论形态、社会形态、心理形态等会集的地方。它们的联合体、它们之间的交流共同界定了人类（anthropos）[1]。各种形态的编织工——这对定义来说还不够吗？人类越是走进这一配置之中，也就越具有人性。它离得越远，也就越表现出构造的多重性，在其中人性也就更难以被轻易地分辨出来，即便它保持了人、某一个体或者自我的形象。如果试图将

1　此处及之后楷体的"人类"对应着"anthropos"一词。——译者注

人从其所搅动起来的东西中抽离出来，我们将难以为人类主义提供辩护，我们将会失去人类主义。

人类如何会受到各种机器的威胁呢？它制造了机器，它将自身化身于机器之中，它以机器的种类来划分自己的成员，它甚至用机器来建造自己的身体。人类又如何受到客体的威胁呢？它们全都是拟主体，都在其所追踪的集体内部流动。人类由客体构成，就像人类也构成了客体一样。它通过物的增殖来界定自己。它又如何为政治所蒙蔽呢？政治是人自己制造出来的，因为它借由围绕代表——代表使人能够在每时每刻说出它之所是和它之所想——的持续争论而不断重构集体。它又如何会因宗教而黯然失色？正是通过宗教，它们与其同胞联结到一起，它们也才知道自己之为人类。它又如何会受经济操控呢？如果没有商品的流通和债务的流动，如果没有社会商品（我们在物的帮助之下将之制造出来）的分配，它的暂时性构造也难以确定下来。看看这个人吧（ecce homo）：它被委派、被转义、被分配、被命令、被表述。威胁来自何方？来自那些试图将之归为某一本质之人，来自那些通过贬低物、贬低客体、贬低机器、贬低社会，通过切断所有的委派和发信者，使人类主义成为一个脆弱而又珍稀之物，一个面临被自然、社会或上帝所湮没之风险的人。

　　现代人类主义者是还原主义者，他们试图将行动化归为少数几种力量，这样，世界的其他部分也就仅仅剩下简单的缄默之力。确实，将行动重新分配于这些转义者之中，我们失去了人的还原性构造，但是我们却获得了另外一种形式，我们可以称之为非还原。人类处在自己的委派之中、处于流逝之中、处于传播之中、处于一种持续性的形式交换之中。当然，它不是一个物，但是物本身也不是物。当然，它也不是一件商品，但是商品本身也不是商品。当然，它也不是一部机器，但是任何见过机器之人都不会认为机器就真的是机械性的。当然，它也不属于这个世界，但是这个世界本身也不属于这个世界。另外，它也不存在于上帝之中，但是天堂之上帝与尘世之上帝之间又是什么关系呢？人类主义只能通过与所有这些操纵者分享自身，才能够维持自己的存在。因此，人类的本性是由其委派员、其代表、其形象、其发信者的组合。这样一个对称的共性，至少与现代人那双重非对称的共性一样有价值。在与主体／社会的关系发生转向之后，这一新的立场需要由一种修正后的制度重新书写。

5.4　非现代制度

行文至此，我已经在政府的两个分支（即物的分支与人类的分支，前者也就是所谓的科学和技术）之间简略地重新确立起对称性。我也向读者表明了在接受杂合体的增殖之后，这两个分支之间原有的权力分配已经无法名副其实地表征这一新的第三等级。一种制度是由其所蕴含的担保者来断定的。从"现代的制度担保者"部分开始我们就取消了的现代制度所拥有的四个担保者，但是只有当它们被放到一起并且被严格分隔开时，它们才有意义。第一个担保者通过使自然区别于社会的构造，从而保证了自然的超越维度，而前现代人则与之相反，他们在自然秩序与社会秩序之间制造了一种渐变性的关联。第二个担保者则通过赋予公民以人为重构社会的全部自由，从而保证了社会的内在维度。这是对社会秩序和自然秩序之间的渐变性关联的否定，而正是这种渐变联系使前现代人如果不改变其中一方，也就无法改变另外一方。不过，正如在实践中为了动员和建构自然（通过动员和建构，自然已经具有了内在性）所允许的，并（与之相反）使社会（通过在前所未

有的范围内将非人类因素征募在内,社会也具有了超越性)
具有稳定性和持久性的那一双重分割一样,第三个担保者
确保了权力的分割,确保了将政府的两个分支保持在割裂
状态,就像是被分割在两个彼此隔绝的水密舱内一样。自然,
即便是被动员起来、被建构出来,它仍然与社会毫无干系。
同样,社会,即便因客体的转义而使其具有了超越性和持
久性,它也与自然毫无关联。换句话说,拟客体正式被抛
弃了(或许可以称之为禁忌?),转译网络将隐蔽不见,
不过,作为纯化工作的一个补偿,转译网络仍然可以被追
踪和监控,直到后现代人将之完全抹杀掉为止。第四个担
保者是被搁置一边的上帝,尽管这一上帝并不在场,也不
拥有力量,但可以发挥一种仲裁的作用,从而使这一二元
论的、非对称的机制达成稳定(参见本书 2.9 节)。

　　若要对非现代制度进行一个概要的勾画,只需要将现
代制度所遗漏的部分纳入考虑范围并且甄选出那些我们希
望保留下来的担保者就足够了。我们一直都在致力于为拟
客体提供某种表征。因此,现代制度的第三个担保者必须
被抛弃,因为正是这一担保者打断了对拟客体的分析。自
然和社会并不是截然不同的两极,而是历经前后相继多个
发展阶段的社会—自然或集体的同一产物。因此,我们拟

就的新纲要的第一个担保者也就成为拟客体与拟主体之间的不可分割性。对集体的连续展现以及集体的杂合实验而言，妨碍其开展的每一个概念、每一种制度、每一次实践都是危险的，也都是有害的，甚至也可以说都是不道德的。转义的工作成为这一双重力量（自然力量和社会力量）的核心。网络从暗处浮现。中间王国开始被表征出来。在以前一文不值的第三等级，现在也变得重要起来。

不过，我亦提醒过，我们也不要指望可以完全变回前现代人。在前现代人那里，自然与社会之间的不可分割性，其缺点就在于难以在大规模的层面上开展实验，因为自然的每一次变革都需要与社会的变革相协调，反之亦然。现在，我们希望保留现代人最主要的创新：并非由人类所建构之自然（超越性）与自由操控人类自身制造之社会（内在性）之间的可分割性。然而，我们不会继续掩盖反向机制，这一机制建构了自然（内在性）并且使社会具有了长久的稳定性（超越性）。

我们是否可以保留旧的现代制度的前两个担保者，而不继续坚持其第三个担保者（我们现在已经看清楚它的欺诈性）呢？完全可以，尽管乍一看这似乎有点痴心妄想。与现代制度的主张相反，自然的超越性和客观性、社会的内在性和主观性，都产生于转义的工作，而并不是依赖于彼此的分裂。产生出一个自然或者产生出一个社会，这些工作都是委派和转译的日常工作所取得的持久而又不可逆的成就。在这一过程的最后，确实存在这样一个自然，尽管并非由我们所制造；亦存在着一个社会，我们可以自由改变之；也确实存在着无可争议的科学事实，存在着自由的公民，但是一旦我们用非现代的眼光视之，它们立刻就成为某种实践的双重结果，而且现在，这种实践是可见的，也是连续的。而现代人的观点与此恰恰相反，在他们看来，实践是不可见的，科学事实与自由公民则是它的两个彼此天各一方又完全对立的原因，而且，实践与其原因之间也彼此抵触。这样，这一新纲要的第二个担保者使我们能够重新获得现代制度的前两个担保者，而且也不会使之发生分裂。那些与自然的不断客观化（使之并入一个黑箱之中）同时又与社会的主观化（自由操控）相抵触的所有概念、所有制度、所有实践，也都被视为有害的、危险的，而且也太过简单化，甚至亦是不道德的。如果没有了第二个担保者，那么，被第一个担保者所解放出来的网络，将会依然保持其狂野且难以驯服的状态。追求客观的非人类和自由社会，这并不是现代人的错误。他们只是错在坚信，要得到这一双重产物，就必须坚持两者之间的绝对区分，并且不断压制转义的工作。

历史性在现代制度中毫无容身之地，因为它被现代制度仅仅承认的三个实体所框定。偶然的历史只存在于人类社会，革命是现代人通过与其过去完全决裂从而理解其过去的唯一方式——正如我在"革命的奇迹"部分所表明的。但是时间并不是一种平滑的、同质的流动。

141   时间依赖于一系列的联结，而联结却并不依赖于时间。在将从属于所有时间、所有本体论的所有要素重新分配为一个连续性的系列之后，我们永远不会再遭遇到关于时间是否一去不返的争论。如果我们还想恢复某种能力以便能够挑选出那些可以界定我们之道德和人性的本质要素，最根本的一点便是并不存在一种连贯的时间流可以限制我们的自由选择权。第三个担保者与其他担保者一样重要，也就是说，我们可以自由地组合各种联结，而不会再遭遇拟古主义与现代化、地方性与全球性、文化性与普遍性、自然与社会之间的两难选择。在现代表征中，自由唯一地占有了社会极，但是现在，它已经摆脱了社会极，从而进入了中间与下方的地带，并且成为人们选择与重新融合社会技术混合体的一种能力。现在，再想呼吁革命、呼吁认识论的断裂、哥白尼式的巨变，再想主张某些特定的实践方式已经永远过时，所有这些做法都注定是非常危险的，抑或是——用现代人使用的一个更加糟糕的字眼——过时的！

表 5.2 现代 / 非现代制度

现代制度	非现代制度
第一担保者：自然是超越的，却是可动员的（内在性）。	第一担保者：社会与自然之共同生产的不可分割性。
第二担保者：社会是内在的，但绝对地超越于我们（超越性）。	第二担保者：持续追踪（客观的）自然和（主观的）社会的生产过程。就此而言，的确存在着自然的超越性和社会的内在性，但是两者无法被分开。
第三担保者：自然和社会是截然不同的，纯化的工作与转义的工作毫无关联。	第三担保者：自由被重新界定为一种能力，它能够甄选出杂合体之间的结合，当然，这些杂合体不再依赖于某种同质的时间流。
第四担保者：被搁置的上帝全然不在场，却可以对政府的两个分支进行仲裁。	第四担保者：杂合体的生产，变得明晰无疑，也具有了集体性，因此，它成为一种扩展了的民主的对象，而这种民主则规范或减缓了其步伐。

　　然而，如果我对现代制度的解读是正确的，如果它在现实中允许了集体的发展但又在官方层面上禁止了其实践中许可之事，再加上我们已经让拟客体的实践具有了可见性，并且赋之以官方地位，那么，我们又该如何继续推进拟客体的发展呢？当我们提出新的担保者并以之取代旧的担保者时，难道我们不是否认了这种双重语言的可能性，进而否定了集体发展的可能性？这确实是我们想做的。这种放缓步伐、这种中庸之道、这种调节规范，正是我们在道德方面的期望。第四个担保者，或许是最重要的一个担保者，其目的就在于以一种经过规范的且获得一致认同的方式生产杂合体，取代以偷偷摸摸的方式增殖杂合体。也许，是时候重新谈谈民主了，当然，我们所要谈论的是一种扩展到物自身的民主。我们可不想再次被束缚于阿基米德的政变之中。

　　是否有必要再补充一点？在这一新的制度之中，那被搁置的上帝已经从其曾经被贬得一无是处的位置上被解救出来。上帝的问题被重新打开，非现代人再也不必费尽九牛二虎之力以便将现代人那根本不可能的形而上学普遍化，正是这一形而上学迫使他们保有了这一信仰。

5.5　物的议会

我们希望对拟客体的谨慎甄选能够成为可能，希望这不再是非官方的偷偷摸摸的行为，而是官方的正大光明之举。怀着这种将之展现、详述、宣传的渴望，我们再次认同启蒙运动的直觉力。但是，在这种直觉中却从未包含一种配得上它的人类学。它已经将人类和非人类分割开来，并且认为他者——相较而言，他们被视为前现代人——之所为肯定异于我们之所为。或许，在扩大动员范围并且增加某些网络的长度时，这种区分曾经颇有用处，但是现在，这种划分已经成为冗余之举、不道德之举和——好吧，我不再拐弯抹角——反制度之举！我们曾经现代过。很好。我们不可能再以同样的方式成为现代人。当我们在对现代制度进行修正的时候，我们继续相信科学，但是没有全盘接受它们的客观性、它们的真理、它们的冰冷无情和它们的法外治权——它们从未拥有这些属性，除非在经过认识论的肆意处理之后——而是保留了关于它们的最有趣的那部分内容，即它们的鲁莽、它们的实验方法、它们的不确定性、它们的热情、它们对杂合体的不协调的混杂，以及它们拥有的重构社会纽带的疯狂能力。我们取消的仅仅是关于它们之诞生

的神话，规避的也仅仅是它们的神秘性给民主所带来的
危险。

是的，我们确实是启蒙运动的继承者，但对我们而言，
其在合理性问题上所持的不对称立场，胸怀并不够宽广。
波义耳的继任者们已经定义了一个关于失语者的议会，即
实验室，在那里，科学家们仅仅是一些传义者，他们以物
之名叙说了整个故事。这些代表说了什么呢？正是物自身
所要说的内容，如果只有它们拥有言说能力的话。而在实
验室之外，霍布斯的继任者们却界定了共和国，在其中，
无遮蔽的公民们无法同时发声，他们商定让其中一员——
主权者，一个纯粹的传义者和代言人——代表其全体。这
位代表又说了什么呢？正是公民们所要说的话，如果他们
具有同时发声的能力的话。这一双重转译在一条平坦大道
上蹒跚而行，但是，关于此转译之质量的一个怀疑出现了。
如果科学家所谈论的是其自身而不是物的话，会发生什么
呢？如果主权者仅仅是在追求自己个人的利益而不是复述
其选民之话语的话，结果又将如何呢？在第一个例子中，
我们将会失去自然而重新落入人类争论的窠臼；在第二个
例子中，我们将会重返自然状态（State of Nature），落入
每个人对每个人之战争的泥淖。在科学表征与政治代表之

间界定一个截然的分裂，可能会导致一种双重的转译－背叛。我们永远都无法知晓科学家所从事的是转译还是背叛，也永远都不会明了代表们所做的是背叛还是转译。

在现代时期，这一双重怀疑及其绝无可能得到解决的特性，成为批判者得以继续存在的基础。现代主义总是选择这一配置，不过，它只是一直对这两类代表持怀疑态度却并没有将它们归为同一个问题。认识论者所考虑的是科学实在论以及科学对物的忠诚；政治学家关心的则是代表体系以及选举产生的相关官员和代言人的相对忠诚问题。他们所有人都痛恨传义者，而渴望一个直接的世界、一个没有转义者的世界。所有人都仅仅认为这是获得忠诚的表征所要付出的代价，却从未明了问题的解决方案就在于政府的另一个分支。

在本书的行文过程中，我已经向大家表明了，一旦科学论对这一劳动分工进行重新考察之后将会出现什么样的结果；表明了现代制度并未能建构一个公共的栖居之地，以容纳现代人遗传给我们的那些社会—自然，既然如此，现代制度自身在转瞬之间也就轰然倒塌。对于表征，并不是存在两个问题，而仅仅是一个。也并未存在两个分支，亦仅仅存在一个，只有当游戏快结束之时、只有将它们两个放到一起进行考察之后，才能够分清其产物。科学家之所以看上去背叛了外在的实在，仅仅是因为他们一直都是在同时建构他们的社会和自然。主权者之所以看上去背叛了其选民，也仅仅是因为他们将公民和能够支撑利维坦的大量的非人类搅和到一起。对科学表征的怀疑仅仅来自这一信念，即若无社会的污染，人类便可直接通达自然。"消灭社会因素吧，你最终将会拥有忠诚的表征"，某些人会如是说。"消灭客体吧，你最终将会拥有忠诚的代表"，其他人则如此疾呼。他们所有的争论都产生于现代制度强力实施的权力分配。

144

再来讨论一下关乎代表之忠诚度问题的这两类表征和这一双重怀疑，如此，我们将会定义一种物的议会。在其内，集体的连续性将会被重新形构出来。再也不会有无遮蔽的真理，当然，再也不存在无遮蔽的公民。转义者占据了所有的空间。启蒙运动也终于占据了一席之地。自然在场了，不过是与它们的代表即科学家一起在场，而科学家则以其自己的名义说话。社会也在场了，但是与从古至今就一直作为其基石的客体站到了一起。举例而言，我们让其中一个代表谈论一下极地地区的臭氧层空洞，另一个描述一下孟山都的化工产业，第三个讲一讲孟山都化工产业中的产业工人，再一个代表新罕布什尔州（New Hampshire）的投票者，第五个谈一谈极地地区的气象问题，再让另外一个以国家的名义说话；只要他们谈论的是同一件事情，谈论的是他们所有人一起创造的某个拟客体、一起创造的某个客体—话语—自然—社会（它所拥有的各种新属性会让我们都大吃一惊；其网络也借由化学、法律、国家、经济和卫星从我的冰箱扩展到南极地区），这能有什么问题吗？这些在过去毫无立足之地的杂合物和网络，现在占据了所有的位置。它们就是那些需要被表征的东西，自此之后，在其周围所环绕的将会是聚集到一起的物的议会。"匠人所弃的石头，已作了房角的头块石头"（《马可福音》12:10）。

　　然而，我们并不是通过召唤另外一场革命以凭空捏造这一议会。如果我们能够反思一下我们的过去，如果我们能够回溯过去并能明白我们根本从未现代过，如果我们能够将被霍布斯和波义耳撕裂为两半的符号重新黏合为一个可确认的符号，若能如此，那么，我们需要做的就仅仅是认可我们过去之所为。作为一半的政治在科学和技术中被建构出来，而作为另一半的自然则在社会中被建构出来。让我们将这两半重新拼合起来，这样，政治的任务就可以再次启航。

如果仅仅要求公开承认已经发生的事情，这一要求是不是太低了？我们难道不应该努力去获得一个更加荣耀、更加革命性的行动纲领，而非仅仅强调当科学家、政治家、消费者、实业家和公民参与到大量的社会技术争论（每天的报纸中都能读到这些内容）中时，在其共同实践中隐约可见的那些部分？本书自始至终都发现，官方的表征成效显著；而且，也正是在旧的现代制度之下，这种表征允许了杂合体的探险与增殖。现代主义不是一个错觉，而是一种积极的操作。如果我们能够勾画出一种新的制度，那么我们同样也会深深地改变拟客体的进程。另外一种制度将会同样有效，但是它将产生出完全不同的杂合体。表征的改变，目前看上去还只能是依赖于停留在书面层面且仅有只言片语的一种制度，对此我们是否寄予了太多的希望？或许是这样吧。不过，有时候我们也需要一些新的公文以召集新的议会。当我们的先辈们为公民创造出权利并且试图将工人们纳入社会结构之中时，他们的使命同样令人敬畏。在将比较人类学的那些分散主题归拢起来之后，我已经尽到了作为哲学家和制宪会议成员的职责。其他人将能够召集起一个物的议会。

　　我们别无选择。如果不对我们共同的栖居之所进行一些改造，对那些我们无法继续支配的文化而言，我们永远都不可能将之吸收进来；同样，对那些我们永远都无法控制的环境而言，我们也将失去接纳它的可能性。自然和他者都不会成为现代的。必须改变我们做改变的方式，否则，1989奇迹之年柏林墙的倒塌将毫无意义，它给了我们独一无二的现实教训。

参考文献

Althusser, Louis (1992),*L'avenir dure longtemps*, Paris: Stock.

Arendt, Hannah (1963), *Eichmann in Jerusalem: A report on the banality of evil*, New York: Viking Press.

Augé, Marc (1975), *Théorie des pouvoirs et idéologie*, Paris: Hermann. Augé, Marc (1986), *Un ethnologue dans le métro*, Paris: Hachette.

Authier, Michel (1989), 'Archimède, le canon du savant', in *Élements d'histoire des sciences*, ed. Michel Serres, pp. 101-28, Paris: Bordas.

Bachelard, Gaston (1967), *La Formation de l'esprit scientifique*, Paris: Vrin.

Barnes, Barry (1974), *Scientifc Knowledge and Sociological Theory*, London:Routledge & Kegan Paul.

Barnes, Barry and Steven Shapin, eds. (1979), *Natural Order: Historical studies in scientifc culture*, London: Sage.

Barthes, Roland ([1970] 1982), *The Empire of Signs*, New York: Hill & Wang.Barthes, Roland ([1985] 1988), *The Semiotic Challenge*, New York: Hill &Wang.

Bastide, Françoise (In press)*Oeuvres de sémiotique des textes scientifiques*, Forthcoming, 1994.

Baudrillard, Jean (1992), *L'illusion de la fin, la grève des événements*, Paris: Galilée.

Bensaude-Vincent, Bernadette (1989), 'Lavoisier: une révolution scientifique', in *Élements d'histoire des sciences*, ed. Michel Serres, pp.363-86, Paris: Bordas.

Bijker, Wiebe E., Thomas P. Hughes and Trevor Pinch, eds. (1987), *The Social Construction of Technological Systems: New directions in the sociology and history of technology*, Cambridge, MA.: MIT Press.

Bloor, David ([1976] 1991), *Knowledge and Social Imagery* (2nd edn. with a new foreword), Chicago: University of Chicago Press.

Boltanski, Luc. (1990), *L'amour et la justice comme competences*, Paris:A.-M. Métailie.

Boltanski, Luc and Laurent Thévenot (1991), *De la justification.Les économies de la grandeur*, Paris: Gallimard.

Bourdieu, Pierre and Loïc Wacquant (1992), *Réponses: Pour une anthropologie réflexive*, Paris: Le Seuil.

Bowker, Geoffrey and Bruno Latour (1987),'A booming discipline short of discipline: social studies of science in France', *Social Studies of Science*, 17: 715-48.

Braudel, Fernand (1985), *The Perspective of the World: 15th to 18th century*, New York: Harper & Row.

Callon, Michel (1986), 'Some elements of a sociology of translation: domestication of the scallops and the fishermen of St Brieux Bay', in *Power, Action and Belief: A new sociology of Knowledge?*, ed. John Law, pp. 196-229, London: Routledge & Kegan Paul.

Callon, Michel, ed. (1989), *La science et ses réseaux: Genèse et circulation des faits scientifiques*, Paris: La Découverte.

Callon, Michel (1992), 'Techno-economic networks and irreversibility', in *A Sociology of Monsters: Essays on power, technology and domination*, ed. John Law, vol. 38, pp. 132-64. 38. London:

Routledge Sociological Review Monograph.

Callon, Michel and Bruno Latour (1981), 'Unscrewing the Big Leviathans: how do actors macrostructure reality?', in *Advances in Social Theory and Methodology: Toward an integration of micro and macro sociologies*, ed. Karin Knorr and Aron Cicourel, pp.277-303, London: Routledge.

Callon, Michel and Bruno Latour (1992),'Don't throw the baby out with the Bath school! A reply to Collins and Yearley', in *Science as Practice and Culture*, ed. Andy Pickering, pp. 343-68. Chicago: University of Chicago Press.

Callon, Michel, John Law and Arie Rip, eds. (1986), *Mapping the Dynamics of Science and Technology*, London: Macmillan.

Cambrosio, Alberto,Camille Limoges and Denyse Pronovost (1990), 'Representing biotechnology: an ethnography of Quebec science policy', *Social Studies of Science* 20: 19s-227.

Canguilhem, Georges ([1968] 1988), *Ideology and Rationality in the History of the Life Sciences*, transl. A. Goldhammer, Cambridge, MA: MIT Press.

Chandler, Alfred D. (1977) *The Visible Hand:The managerial revolution in American business*, Cambridge, MA: Harvard University Press.

Chandler, Alfred D. (1990), *Scale and Scope: The dynamics of industrial capitalism*, Cambridge, MA: Harvard University Press.

Chateauraynaud, Francis (1990), *Les affaires de faute professionnelle: Des figures de défaillance et des formes de jugement dans les situations de travail et devant les tribunaux*, doctoral thesis, Paris:École des Hautes Érudes en Sciences Sociales.

Clastres, Pierre (1974), *La société contre l'Etat*, Paris: Minuit.

Cohen,I. Bernard (1985)，*Revolution in Science*, Cambridge, MA.: Harvard University Press.

Collins, Harry, M. (1985), *Changing Order: Replication and induction in scientific practice*, London and Los Angeles: Sage.

Collins, Harry M. and Steven Yearley (1992), 'Epistemological chicken'，in *Science as Practice and Culture*, ed. Andy Pickering, pp. 301-26, Chicago: University of Chicago Press.

Collins, Harry M. and Trevor Pinch (1982), *Frames of Meaning: The social construction of extraordinary science*, London: Routledge & Kegan Paul.

Conklin, Harold (1983), *Ethnographic Atlas of the Ifugao: A study of environment*, New Haven, CT and London: Yale University Press.

Copans, J. and J. Jamin (1978), *Aux origines de l'anthropologie francaise*, Paris:Le Sycomore.

Cunningham, Andrew and Perry Williams, eds. (1992) *The Laboratory Revolution in Medicine*, Cambridge: Cambridge University Press.

Cussins，Adrian (1992).'Content,embodiment and objectivity: the theory of cognitive trails,' *Mind*, 104.404:651-88.

Dagognet, François (1989), *Éloge de l'objet: Pour une philosophie de la marchandise*, Paris: Vrin.

Deleuze, Gilles (1968), *Différence et répétition*, Paris: Presses Universitaires de France.

Deleuze, Gilles and Félix Guattari ([1972] 1983), *Anti-Oedipus: Capitalism and schizophrenia*, Minneapolis: University of Minnesota Press.

Descola, Philippe ([1986] 1993), *In the Society of Nature, Native Cosmology in Amazonia*, Cambridge: Cambridge University Press.

Desrosières, Alain (1990), 'How to make things which hold together: socialscience, statistics and the state', in *Discourses on Society*, P. Wagner, B. Wittcocq and R. Whittley, eds., Dordrecht: Kluwer Academic Publishers, pp. 195-218.

Douglas, Mary (1983), *Risk and Culture: An essay in the selection of technical and environmental dangers*, Berkeley: University of California Press.

Durkheim, Emile ([1915] 1965), *The Elementary Forms of the Religious Life*, New York: Free Press.

Durkheim, Emile and Marcel Mauss ([1903] 1967), *Primitive Classifications*, Chicago: University of Chicago Press.

Eco,Umberto (1979), *The Role of the Reader: Explorations in the semiotics of texts*, London: Hutchinson.

Eisenstein, Elizabeth (1979), *The Printing Press as an Agent of Change*, Cambridge: Cambridge University Press.

Ellul, Jacques (1967), *Technological Society*, New York: Random House.

Fabian, Johannes (1983), *Time and the other: How anthropology makes its object*, New York: Columbia University Press.

Favret-Saada, Jeanne (1980), *Deadly Words: Witchcraft in the bocage*, trans. Catherine Cullen, Cambridge: Cambridge University Press.

Funkenstein, A. (1986), *Theology and the Scientific Imagination from the Middle Ages*, Princeton: Princeton University Press.

Furet, François ([1978] 1981), *Interpreting the French Revolution*, transl. Elborg Forsher, Cambridge: Cambridge University Press.

Garfinkel, Harry (1967), *Studies in Ethnomethodology*, Englewood Cliffs, NJ:Prentice Hall.

Geertz, Clifford (1971), *The Interpretation of Cultures: Selected essays*, New York: Basic Books.

Girard, René(1983), 'La danse de Salomé', in *L'auto-organisation de la physique au politique*, ed. Paul Dumouchel and Jean-Pierre Dupuy, pp. 336-52, Paris: Le Seuil.

Girard, René ([1978] 1987), *Things Hidden Since the Foundation of the World*, Stanford, CA: Stanford University Press.

Girard, René (1989), *The Scapegoat*, Baltimore, MD: Johns Hopkins University Press.

Goody, Jack (1977), *The Domestication of the Savage Mind*, Cambridge: Cambridge University Press.

Goody, Jack (1986), *The Logic of Writing and the Organization of Society*, Cambridge: Cambridge University Press.

Greimas, Algirdas Julien (1976), *On Meaning: Selected writings in semiotic theory*, Minneapolis: University of Minnesota Press.

Greimas, A.J. and J. Courtès, eds. (1982), *Semiotics and Language: An analytical dictionary*, Bloomington: Indiana University Press.

Habermas, Jüirgen ([1981]1989), *The Theory of Communicative Action*, Boston, MA: Beacon Press.

Habermas, Jürgen ([1985] 1987), *The Philosophical Discourse of Modernity: Twelve lectures*, transl. Frederick Lawrence, Cambridge, MA: MIT Press.

Hacking, Ian (1983), *Representing and Intervening*, Cambridge: Cambridge University Press.

Haraway, Donna (1989), *Primate Visions: Gender, race and nature in the world*, London: Routledge & Kegan Paul.

Haraway, Donna (1991), *Simians, Cyborgs, and Women: The reinvention of nature*, New York: Chapman & Hall.

Haudricourt, A.G. (1962), 'Domestication des animaux, culture des plantes et traitement d'autrui', *L'Homme* 2: 40-50.

Heidegger, Martin (1977a), 'Letter on Humanism', in *Basic Writings*, ed. David Farrell Krell, pp. 189-242, New York: Harper & Row.

Heidegger, Martin (1977b), *The Question Concerning Technology and Other Essays*, New York: Harper Torch Books.

Hennion, Antoine (1991), 'La médiation musicale', doctoral thesis, Paris: École des Hautes Études en Sciences Sociales.

Hobbes, Thomas ([1914] 1947), *Leviathan, or the Matter, Forme and Power of a Commonwealth Ecclesiastical and Civil*, London: J. M. Dent.

Hollis, Martin and Stephen Lukes, eds. (1982), *Rationality and Relativism*, Oxford: Blackwell.

Horton, Robin (1967), 'African traditional thought and Western science,' *Africa* 37: 50-71, 155-87.

Horton, Robin (1982), 'Tradition and modernity revisited' in *Rationality and Relativism*, ed. Martin Hollis and Stephen Lukes, pp.201-60, Oxford: Blackwell.

Hughes, Thomas P. (1983), *Networks of Power: Electric supply systems in the US. , England and Germany, 1880-1930*, Baltimore, MD.: Johns Hopkins University Press.

Hull, David L. (1988), *Science as a Process: An evolutionary account of the social and conceptual development of science*, Chicago: University of Chicago Press.

Hutcheon, Linda (1989), *The Politics of Postmodernism*, London: Routledge.

Hutchins, Edward (1980), *Culture and Inference. A Trobriand case study*, Cambridge, MA.: Harvard University Press.

Jameson, Frederic (1991), *Postmodernism or the Cultural Logic of Late Capitalism*, New Brunswick: Duke University Press.

Jonsen, Albert R. and Stephen Toulmin (1988), *The Abuse of Casuistry. A history of moral reasoning*, Berkeley: University of California Press.

Kidder, Tracy (1981), *The Soul of a New Machine*, London: Allen Lane.

Knorr, Karin (1981), *The Manufacture of Knowledge: An essay on the constructivist and contextual nature of science*, Oxford: Pergamon Press.

Knorr-Cetina, Karin (1992) 'The couch, the cathedral and the laboratory: on the relationships between experiment and laboratory in science', in *Science as Practice and Culture*, ed. Andrew Pickering, pp. 113-38, Chicago: University of Chicago Press.

Lagrange, Pierre (1990), 'Enquête sur les soucoupes volanres', *Terrain* 14: 76-91.

Latour, Bruno (1977), 'La répétition de Charles Péguy', in *Péguy écrivain. Colloque du centenaire*, ed. Centre Charles Péguy, pp. 75-100, Paris: Klincksieck.

Latour, Bruno (1983), 'Give me a laboratory and I will raise the world', in *Science Observed*, ed. Karin Knorr-Cetina and Michael Mulkay, pp. 141-70, London: Sage.

Latour, Bruno (1987), *Science In Action: How to follow scientists and engineers through society*, Cambridge, MA.: Harvard University Press.

Latour, Bruno (1988a), *Irreductions. Part II of The Pasteurization of France*, Cambridge, MA.: Harvard University Press.

Latour, Bruno (1988b), *The Pasteurization of France*, Cambridge, MA: Harvard University Press.

Latour, Bruno (1988c), 'The prince for machines as well as for machinations', in *Technology and Social Change*, ed. Brian Elliott, pp.20-43, Edinburgh: Edinburgh University Press.

Latour, Bruno, (1988d), 'A relativist account of Einstein's relativity', *Social. Studies of Science* 18: 3-44.

Latour, Bruno (1990a), 'Drawing things together', in *Representation in Scientific Practice*, ed. Michael Lynch and Steve Woolgar, pp. 19-68, Cambridge, MA.: MIT Press.

Latour, Bruno (1990b), 'The force and reason of experiment', in *Experimental Inquiries: Historical, philosophical and social studies of experimentation in science*, ed. Homer Le Grand, pp. 49-80, Dordrecht: Kluwer Academic Publishers.

Latour, Bruno (1992a), *Aramis, ou l'amour des techniques*, Paris: La Découverte.

Latour, Bruno (1992b), 'One more turn after the social turn: easing science studies into the non-modern world', in *The Social Dimensions of Science*, ed. Ernan McMullin, pp. 272-92, Notre

Dame: University of Notre Dame Press.

Latour, Bruno and jocelyn De Noblet, eds. (1985), *Les "Vues" de l'esprit. Visualisation et Connaissance Scientifique*, Paris: Culture Technique.

Latour, Bruno and Steve Woolgar ([1979] 1986), *Laboratory Life: The construction of scientific facts* (2nd edn with a new posrword), Princeton, NJ: Princeton University Press.

Law, John (1986), 'On the methods of long-distance control vessels navigation and the Portuguese route to India', in *Power, Action and Belief: A new sociology of knowledge?*, ed. John Law, pp. 234-63, London: Routledge & Kegan Paul.

Law, John, ed. (1992), *A Sociology of Monsters: Essays on power, technology and domination*, vol. 38, London: Routledge Sociological Review Monograph.

Law, John and Gordon Fyfe,eds. (1988), *Picturing Power: Visual depictions and social relations*, London: Routledge.

Lévi-Strauss, Claude ([1952] 1987), *Race and History*, Paris: UNESCO.

Lévi-Strauss, Claude ([1962] 1966), *The Savage Mind*, Chicago: University of Chicago Press.

Lévy, Pierre (1990), *Les technologies de l'intelligence: L'auenir de la pensée à l'ère informatique*, Paris: La Découverte.

Lynch, Michael and Steve Woolgar, eds. (1990), *Representation in Scientific Practice*, Cambridge, MA.: MITPress.

Lyorard, Jean-François (1979), *The Postmodern Condition: A report on knowledge*, Minneapolis: University of Minnesota Press.

Lyotard, Jean-François (15 April 1988), 'Dialogue pour un temps de crise (interview collective)', *Le Monde*, p. xxxviii.

MacKenzie Donald A. (1981), *Statistics in Britain. 1865-1930*, Edinburgh: The Edinburgh University Press.

MacKenzie, Donald A. (1990), *Inventing Accuracy: A historical sociology of nuclear missile guidance systems*, Cambridge, MA.: MIT Press.

Mauss, Marcel ([1923] 1967), *The Gift: Forms and functions of exchange in archaic societies* (with a foreword by E. Evans-Pritchard), New York: W. W. Norton.

Mayer, Arno (1982), *The Persistence of the Old Regime: Europe to the Great War*, transl. Jonathan Mandelbaum, New York: Pantheon.

Mayer, Arno (1988), *Why Did the Heavens not Darken? The 'Final Solution' in History*, New York: Pantheon.

Moscovici, Serge (1977), *Essai sur l'histoire humaine de la nature*, Paris: Flammarion.

Pavel, Thomas (1986), *Fictional Worlds*, Cambridge, MA: Harvard University Press.

Pavel, Thomas (1989), *The Feud of Language: A history of structuralist thought*, New York: Blackwell.

Péguy, Charles (1961a), 'Clio. Dialogue de l'histoire er de l'âme païenne', in *Oeuvres en prose*, pp. 93-309, Paris: Gallimard, Éditions de La Pléï-ade.

Péguy, Charles (1961b), *Oeuvres en Prose 1909-1914*, Paris: Gallimard, Éditions de la Pléïade.

Pickering, Andrew (1980), 'The role of interests in high-energy physics: the choice between charm and colour', *Sociology of the*

Sciences 4: 107-38.

Pickering, Andrew, ed. (1992), *Science as Practice and Culture*, Chicago: University of Chicago Press.

Pinch, Trevor (1986), *Confronting Nature: The sociology of neutrino detection*, Dordrecht: Reidel.

Rogoff, Barbara and Jean Lave, eds (1984), *Everyday Cognition: Its development in social context*, Cambridge, MA.: Harvard University Press.

Schaffer, Simon (1988), 'Astronomers mark time: discipline and the personal equation', *Science In Context* 2, 1: 115-45.

Schaffer, Simon (1991), 'A manufactory of OHMS: Victorian metrology and its instrumentation', in *Invisible Connections*, eds, S.Cozzes and R. Bud, pp.25-54, Bellingham Washington State: Spi Press.

Serres, Michel (1974), *La Traduction (Hermès III)*, Paris: Minuit.Serres, Michel (1987), *Statues*, Paris: François Bourin.

Serres, Michel (1989), 'Gnomon: les débuts de la géométrie en Grêece' , in *Éléments d'histoire des sciences*, pp.63-100, Paris: Bordas.

Serres, Michel (1991), *Le tiers instruit*, Paris: Bourin.

Serres, Michel and Bruno Latour (1992), *Éclaircissements: Cinq entretiens avec Bruno Latour*, Paris: Bourin.

Shapin, Steven (1990), '"The Mind is its own Place": Science and Solitude in seventeenth-century England', *Science in Context*, 4, 1: 191-218.

Shapin, Steven (1992),'History of science and its sociological reconstruction', *History of Science* 20: 157-211.

Shapin, Steven (1984), 'Pump and circumstance: Robert Boyle's literary technology', *Social Studies of Science* 14: pp. 481-520.

Shapin, Steven (1989), 'The invisible technician', *American Scientist* 77: 553-63.

Shapin, Steven and Simon Schaffer (1985), *Leviathan and the Air-Pump: Hobbes, Boyle and the experimental life*, Princeton, NJ: Princeton University Press.

Smith, Crosbie and Norton Wise (1989), *Energy and Empire: A biographical study of Lord Kelvin*, Cambridge: Cambridge University Press.

Stengers, Isabelle (1983), *États et processus*, doctoral thesis, Brussels: Université Libre de Bruxelles.

Stocking, G.W., (ed.). (1983), *Observers Observed. Essays on ethnographic fieldwork*, Madison: University of Wisconsin Press.

Stocking, G.W., ed. (1986), *Objects and Others: Essays on museums and material cultures*, Madison: University of Wisconsin Press.

Strum, Shirley and Bruno Latour (1987), 'The meanings of social: from baboons to humans', *Information sur les Sciences Sociales/Social Science Information* 26: 783-802.

Thévenot, Laurent (1989), 'Équilibre et rationalité dans un univers complexe', *Revue Économique* 2: 147-97.

Thévenot, Laurent (1990), 'L'action qui convient: Les formes de l'action', *Raison pratique* 1: 39-69.

Tile, Mary (1984), *Bachelard. Science and Objectivity*, Cambridge: Cambridge University Press.

Traweek, Sharon (1988), *Beam Times and Life Times: The world of high energy physicists*, Cambridge, MA.: Harvard University Press.

Trevor-Roper, Hugh (1983), 'The Highland tradition of Scotland', in *The Invention of Tradition*, ed. Eric Hobsbawm, pp. 15-41, Cambridge: Cambridge University Press.

Tuzin, Donald F. (1980), *The Voice of the Tambaran: Truth and illusion in the Iharita Arapesh religion*, Berkeley: University of California Press.

Vatimo, Gianni (1987), *La fin de la modernité: Nibilisme et herméneutique dans la culture postmoderne*, Paris: Le Seuil.

Warwick, Andrew (1992), 'Cambridge mathematics and Cavendish physics: Cunningham Campbell and Einstein's relativity 1905-1911'. Part 1: The uses of theory', *Studies in History and Philosophy of Science*, 23: 625-56.

Weber, Max ([1920] 1958), *The Protestant Ethic and the Spirit of Capitalism* (with an introduction by Antony Giddens), New York: Charles Scribner's Sons.

Wilson, Bryan R. , ed. (1970), *Rationality*, Oxford: Blackwell.

Woolgar, Steve (1988), *Science: The very idea*, London: Tavistock.

Zimmerman, Michael E. (1990), *Heidegger's Confrontation with Modernity: Technology, politics and art*, Bloomington: Indiana University Press.

Zonabend, Françoise (1989), *La presqu' île au nucléaire*, Paris: Odile Jacob.

索　引

1　应为 transcendence，transcendance 是 transcendence 的法语对应词。——译者注

1　应为 Vattimo。——译者注

图书在版编目（CIP）数据

我们从未现代过：对称性人类学论集 / (法) 布鲁诺·拉图尔著；
刘鹏, 安涅思译. —— 上海：上海文艺出版社, 2022（2023.8重印）
（拜德雅人文丛书）
ISBN 978-7-5321-8328-9

Ⅰ. ①我…　Ⅱ. ①布…②刘…③安…　Ⅲ. ①社会人类学—文集
Ⅳ. ①C912.4-53

中国版本图书馆CIP数据核字（2022）第048889号

发 行 人：毕　胜
责任编辑：肖海鸥　李若兰
特约编辑：邹　荣
书籍设计：左　旋
内文制作：重庆樾诚文化传媒有限公司

书　　名：我们从未现代过：对称性人类学论集
作　　者：［法］布鲁诺·拉图尔
译　　者：刘　鹏　安涅思
出　　版：上海世纪出版集团 上海文艺出版社
地　　址：上海市闵行区号景路 159 弄 A 座 2 楼 201101
发　　行：上海文艺出版社发行中心
　　　　　上海市闵行区号景路 159 弄 A 座 2 楼 206 室　201101　www.ewen.co
印　　刷：上海盛通时代印刷有限公司
开　　本：787×1092　1/32
印　　张：12.75
字　　数：196 千字
印　　次：2022 年 7 月第 1 版　2023 年 8 月第 3 次印刷
ＩＳＢＮ：978-7-5321-8328-9/B.083
定　　价：72.00 元
告 读 者：如发现本书有质量问题请与印刷厂质量科联系　T：021-37910000

Nous n'avons jamais été modernes. Essai d'anthropologie symétrique, by
Bruno Latour, ISBN: 9782707148490

Copyright © Éditions LA DECOUVERTE, Paris, France, 1991, 2006
(www.editionsladecouverte.fr)

Simplified Chinese translation copyright © 2021 by Chongqing
Yuanyang Culture & Press Ltd.
All rights reserved.

版贸核渝字（2018）第 004 号

拜德雅
Paideia
人文丛书

(已出书目)